KB236320

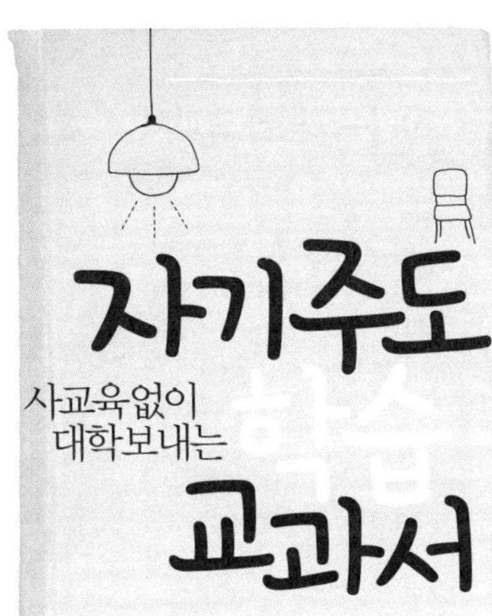

사교육 없이
대학 보내는

자기주도 학습 교과서

사교육 없이 대학 보내는

자기주도학습 교과서

글 ㅣ 코칭맘스쿨
2011년 4월 25일 1판 1쇄 발행
2011년 5월   1일 1판 2쇄 발행
2011년 7월 30일 1판 3쇄 발행
2011년 11월 21일 1판 4쇄 발행
2012년 8월   8일 1판 5쇄 발행

* 이 책을 만든 사람들
책임 기획 ㅣ 김경아

* 이 책을 함께 만든 사람들
본문 디자인 ㅣ 김효정
표지 디자인 ㅣ 디박스 이기연 님
교정 ㅣ 안종군 님(미래채널 실장)
종이 ㅣ 제이피씨 정동수 님
출력 ㅣ 알래스카 커뮤니케이션 박영철 님, 장준우 님
제작 및 인쇄 ㅣ 태성인쇄사 김태철 님, 김태현 님

* 도움을 주신 분들
스쿨카드넷 ㅣ 진각유 님 ㅣ 이승범 님

펴낸이 ㅣ 김경아
펴낸곳 ㅣ 행복한나무
출판등록 ㅣ 2007년 3월 7일. 제 2007-5호
주소 ㅣ 서울시 마포구 서교동 394-25 동양트레벨 1303호
전화 ㅣ 02-322-3856 팩스 ㅣ 02-322-3857
홈페이지 ㅣ www.ihappytree.com
문의(출판사 e-mail) ㅣ book@ihappytree.com
문의(지은이 e-mail) ㅣ jinssem@gmail.com
※ 이 책을 읽다가 궁금한 점이 있을 때는 지은이 e-mail을 이용해주세요.

ⓒ 코칭맘스쿨, 2011
ISBN 978-89-93460-15-5
"행복한나무" 도서번호 030

글 코칭맘스쿨 | 기획 김경아

자기주도

사고육없이
대학 보내는

교과서

수능 성적을 올리는 것은 사교육이 아닌 자기주도학습이다!

행복한
나무

이상적인 교육이란 높은 목표의식과 학습의지를 가진 자기주도학습입니다

대한민국의 교육 현실은 학생들은 물론 학부모에게도 너무나 냉혹하고 무정하기만 합니다. 그토록 빈번하게 교육 제도를 바꾸면서도, 변화에 어떻게 준비하고 대응해야 하는지에 대해서는 그 누구도 가르쳐 주지 않습니다. 공부는 학생 본인 하기 나름이라고는 하지만 최소한 교육 환경에 대한 정보를 주면서 공정한 경쟁을 할 수 있게 해 주어야 합니다. 그러나 이에 대한 책임과 역할은 전적으로 학부모, 특히 엄마들의 몫이 되고 있는 실정입니다. 그나마 전업 주부인 엄마들은 나은 편입니다. 변화된 교육 환경에 대해 잘 모르지만 최소한 주변에 물어볼 수 있는 시간적인 여유는 있으니까요. 그러나 아이들의 곁을 지켜 줄 수 없는 워킹맘들이 느끼는 불안감과 고통은 이루 말할 수 없습니다.

많은 비용을 들여 학원과 과외 등 사교육을 시키면 이 짐이 좀 가벼워질 수 있을까요? 그러나 사교육의 공로로 대학입시까지 성공했다는 사례는 주변에서 들어 보지 못했을 것입니다. 당장 이 책을 읽고 있는 우리 엄마들의 가정도 사교육으로 이렇다 할 효과를 거두지 못하고 있는 형편아닌가요? 엄마들이 바라는 이상적인 교육이란 높은 목표의식과 학습의지를 가진 아이들이 자기주도적인 공부를 하고, 자신의 진로를 성실히 준비해 나가는 모습일 것입니다. 그러나 현실에서는 자신들의 노후 대비는 나중으로 미루고 수년간 막대한 사교육비를 지불해 왔음에도 불구하고 날이 갈수록 침체 일로를 걷고 있는 아이들에 대한 실망과 불안만 커지고 있습니다.

코칭맘스쿨이 교육 강좌와 책을 통해 만나는 대다수 엄마들은 30대 후반에서 40대 후반, 대학입시로 치자면 1980년~1993년도에 고3 겨울을 보낸 학력고사 세대입니다. 이른바 '4당 5락'과 '실력 3, 눈치 7'이라는 말이 절대적인 금언(金言)으로 받아들여지던 시기를 거치신 분들입니다. 이 왕년의 고참자(old-timer)들이 사고력 중심의 평가와 창의적 역량이 요구되는 다양한 현 교육과 평가 시스템을 잘 이해한다는 것이 오히려 이상한 일인지 모릅니다. 우리 엄마들에게 온전히 과거의 경험과 개인의 노력만으로 입시전략을 세우고 자녀교육에서 성공하라는 것도 어쩌면 말 자체가 되지 않습니다. 그래서 우리 코칭맘스쿨은 현 교육체계에 대한 대응 전략과 최상위권에 도달할 수 있는 올바른 학습법을 학력고사 세대 엄마들의 눈높이에 최대한 맞추어 전달하고자 합니다.

이와 더불어 사교육에 의존하지 않고도 엄마들의 각성과 노력에 의해 얼마든지 자녀 교육에서 성공할 수 있다는 것을 입증하고, 부모의 재력과 학력이 대물림되는 순환의 고리를 끊고자 합니다. 또 코칭맘스쿨과 함께라면 아는 것이 없고, 말하지 못해서 답답했던 엄마들의 속을 시원하게 만들 것입니다. 코칭맘스쿨의 이러한 사명감과 노력들은 이미 수많은 가정들에서 열매를 맺고 있습니다. 우리의 진정성을 믿고 자녀 교육의 지침들을 성실히 따르신다면, 사교육의 굴레를 벗고 자녀교육에 성공한 최상위권의 엄마로 거듭나실 것입니다.

코칭맘스쿨은 어두운 방안을 밝히는 등불처럼 대한민국 교육 현실을 밝히는 밝은 빛이 될 것을 약속드립니다. 책이 나오기까지 사명감을 갖고 함께 해 주신 우리 코칭맘스쿨 연구진과 스쿨카드Net팀, 그리고 행복한나무에 감사드립니다.

코칭맘스쿨 리더 진각유 드림

Part 1. 브랜드와 진로 설계   020

Part 4. 자기주도학습의 시작과 훈련   184

Part 7. 역전을 부르는 수학

자녀교육, 문제의 본질은 생존 경쟁이다

'스펙'이 일상적인 용어가 되어 버린 시대

'스펙'이라는 용어가 어느새 엄마들 사이에서 일상적인 용어가 되어 버렸습니다. 2004년에 국립국어원에 신조어로 등록된 '스펙'은 영어 단어인 'Specification'의 준말로, 학력과 학점, 토익 점수를 비롯한 영어 자격증, 그 밖의 관련 자격증과 같이 구직자들이 기업에 자신의 능력을 증명하기 위한 요소들을 가리킵니다. 이렇듯 취업을 할 때나 필요했던 '스펙'이 최근 엄마들의 최대 관심사가 된 것은 '입학사정관제도'의 영향이 큽니다.

교육 당국이 '입학사정관제도'를 대학 입시 선진화 방안으로 제시하고, 각 대학이 이를 대입 전형에 반영하기 시작하면서 아이의 '스펙'을 고민하지 않을 수 없기 때문입니다. 수능, 내신, 논술, 구술 면접, 포트폴리오 준비와 스펙 쌓기까지, 이제는 공부만 열심히 한다고 해서 좋은 대학에 들어갈 수 없는 시대가 되어 버렸습니다.

대학 입시 제도가 생겨난 이래 우리나라의 교육 정책은 평균 3년 6개월 만에 한 번씩 바뀌었다고 합니다. 그러나 최근 몇 년 사이의 대입과 교육 제도는 과거와는 비교할 수 없을 만큼 급진적으로 변화하였습니다. 지금의 엄마 세대는 학력고사 시험 한 번으로 지원 가능한 대학과 학과를 가늠할 수 있었지만, 지금은 자율성과 다양성이라는 명분 아래 대입 전형의 종류만 해도 2,500개가 넘을 정도로 복잡해지고 있고, '스펙'과 같은 신조어가 등장할 만큼 상황이 빠르게 변화하고 있습니다. 만약 중·고등학교에 다니는 자녀를 둔 엄마들 가운데 이러한 교육의 변화를 대수롭지 않게 생각하는 사람이 있다면, 다음 세 가지 경우 중 하나일 것입니다.

첫째, 자녀의 능력이 출중하여 자기 스스로 진로를 준비할 수 있는 경우, 둘째 자녀의 진로에 별 관심이 없는 경우, 셋째 현 세태와 무관하게 아이를 키우려는 상위 차원의 교육관을 가진 경우입니다. 그러나 코칭맘스쿨에 참여하고 있는 사람들은 이 세 가지 경우 중 어디에도 속하지 않는 평범한 엄마들입니다. 따라서 현 상황을 슬기롭게 헤쳐 나가고자 하는 욕구가 누구보다 강하다고 할 수 있습니다.

엄마의 책임은
어디까지일까요?

요즘 같은 교육 환경과 입시제도하에서 아이를 원하는 대학에 보내려면 도대체 얼마만큼 노력을 해야 하는 것일까요? 학업 성취와 진로 목표의 달성은 근본적으로 아이의 몫입니다. 아무리 엄마가 적극적이라고 해도 공부까지 대신해 줄 수는 없습니다. 그렇지만 우리나라와 같이 급변하는 교육 환경 속에서 엄마의 역할은 매우 중요합니다. 엄마가 교육 환경에 대해 얼마만큼 이해를 하고 있고, 변화에 적절하게 대응하느냐에 따라 결과가 판이하게 달라질 수 있기 때문입니다. 다시 말해서 대학 진학은 부모의 역할이 많은 영향을 미치기 때문에 예전처럼 '개천에서 용 나는' 경우는 희박합니다.

코칭맘스쿨에서 만난 부모님들 중에는 '공부는 아이 스스로 하는 것'이라는 신념을 갖고 있는 분들이 많습니다. 그러나 막상 대학 입시를 앞두게 되면 입시 정보가 부족하여 쩔쩔매시곤 합니다. 교육 환경 변화와는 상관 없이 무조건 공부만 해서는 노력한 만큼 성과를 거둘 수 없다는 사실을 간과한 결과라고 할 수 있습니다.

공부를 열심히 하면 높은 성적을 거두는 것이 당연하지만 큰 그림에서 진로를 어떻게 지도하고 관리하느냐도 학습성과를 거두는 데에 있어 매우 중요하다는 것을 명심해야 합니다. 그렇다고 해서 자녀의 사교육에 투자하라는 말은 아닙니다. 오히려 이 책에서는 사교육에 투자할수록 자녀의 경쟁력이 약해진다는 취지로 말씀드릴 것입니다. 코칭맘스쿨에서는 엄마의 책임이 경제적인 부담 측면이 아니라 수시로 바뀌는 교육 정책에 대해 올바르게 이해하고, 자녀의 특성에 맞는 꾸준한 지도를 하는 것에 있다는 것을 강조하고 있습니다.

언론에서는 연일 상위권 대학 진학 결과와 가정의 경제력의 상관관계를 보여 주면서 '사교육을 통한 부의 대물림'과 '교육의 형평성'을 질타하고 있습니다. 얼핏 보면, 주류 언론이 사회적 평등을 위해 노력하는 것 같이 보이지만, 기사 어디에도 이를 타개할 대안은 언급하고 있지 않습니다. 오히려 은근히 교육의 양극화를 기정 사실화하고, 저소득층 또는 교육 수준이 낮은 가정의 아이들이 공부를 못하는 것은 당연하다는 식의 논리를 펴고 있습니다. 또한 사교육은 학생의 성적을 올리는 데 기여하고 있으며, 명문대에 진학하는 데도 필요하다고 강조하고 있습니다. 물론 각종 통계 자료가 말해 주듯이 경제력과 학력은 상관관계가 있습니다. 그러나 부모의 경제력이 자녀의 성적에 직접적인 원인이 된다거나, 사교육이 대입 결과에 지대한 영향을 미친다는 것은 사실과 다릅니다.

전문직, 사무직 종사자의 자녀들의 성적이 높고, 고소득 가정 자녀들의 명문대 진학률이 높은 것은 상대적으로 자녀의 진로와 학습에 많은 관여를 할 수 있기 때문입니다. 즉, 꾸준한 관심과 노력으로 교육과 진로에 관한 정보를 찾고 그 정보를 바탕으로 아이에게 맞는 지도를 해 온 결과가 높은 학력과 명문대 진학률로 나타나고 있는 것입니다.

코칭맘스쿨은 특정 계층이 독점하고 있는 교육 정보를 좀 더 많은 가정과 학부모님들이 같이 공유할 수 있어야 한다고 생각합니다. 어려운 살림탓에 사교육을 마음껏 시켜 주지 못해 미안하고, 아이들의 뒤처진 성적이 마치 좋은 머리를 물려 주지 못한 탓이라고 여기시는 부모님들에게 우리는 자녀의 가능성을 옥죄는 부정적 사고를 버리시기를 단호히 말하려고 합니다. 코칭맘스쿨은 사교육 없이도 엄마의 적극적인 참여 의지가 있으면 성공적인 자녀교육을 할 수 있으며, 올바른 학습법을 실천한다면 부모의 학력 및 경제력과 무관하게 아이들의 성적을 최상위권으로 올릴 수 있다는 사실을 입증할 것입니다.

학원과 과외를 시키더라도 목적과 기준이 있어야 합니다

궁극적으로 코칭맘스쿨의 목표는 사교육에 의존하지 않고도 성공하는 자녀교육의 길을 제시하는 것입니다. 단, 우리가 지향하는 자녀교육의 '성공'은 평소의 성적보다 높은 커트라인(Cut-off Score)의 대학 또는 학과에 진학시키는 데에 있지 않습니다. 코칭맘스쿨은 비록 대학입시 전략을 제시하고는 있지만 대학 진학 이상의 가치를 추구합니다. 대학 진학 자체가 인생에 있어서의 성공을 의미하지는 않기 때문입니다. 일부 입시 컨설팅 업체들은 자녀의 비전과 적성에 관계없이 명문대에 입학하기만 하면 모든 삶의 문제가 해결되는 것처럼 무책임하게 이야기하고 있지만 대학도 하나의 과정에 지나지 않으며, 자녀가 경쟁력 있는 사회인으로 성장하고 행복한 삶을 사는 것이야말로 궁극적인 성공이라고 할 수 있습니다. 따라서 이 책은 우리 자녀들의 사회 진출과 미래의 경쟁력에 뿌리를 두고, 이러한 바탕 위에서 학습 지도와 대입 전략을 논할 것입니다.

지금의 입시 경쟁은 생존의 경쟁, 즉 청년 실업과 안정된 고용 문제 등과 같은 사회적 이슈(Issue)에 뿌리를 두고 있습니다. 따라서 자기주도적 문제해결 능력같은 자녀의 경쟁력 확보에 소홀한 채 당장의 점수에만 집착한다면 성적이 잘 오르지 않을 뿐만 아니라 설사 점수가 올랐더라도 진로에 대한 방황과 취업의 어려움으로 인해 이후 더 많은 비용을 지불하게 될 수도 있습니다. 모든 학생들과 부모님의 로망인 서울대 졸업장이 취직을 보장하지 못하고 있고, 9급 공무원 시험에 유학파 박사들이 몰리는 것이 현실이기 때문입니다.

그렇다고 무작정 사교육을 그만 두라고 말하는 것은 아닙니다. 학원을 보내고 과외를 시키더라도 목적과 기준이 있어야 한다는 것입니다. 현명한 사교육은 '선택'과 '활용'을 어떻게 하느냐에 달려 있습니다. 이 책은 그 방안에 대해 설명하고 있습니다. 일반적으로 사교육은 입시제도가 복잡할수록, 그리고 수험생에 대한 관찰 기간이 길수록 발흥(發興)하게 되어 있습니다. 대입 제도가 복잡한 것은 대학의 학생 선발 자율권을 보장한 결과이고, 입학사정관제도와 같이 학생의 오랜 학습 과정을 관찰하는 것은 다양한 잠재력을 측정해야 한다는 요구에서 비롯되었습니다. 그런데 이러한 발전적 변화가 오히려 사교육을 부추기는 요인이 되는 것은 학생, 학부모에게 올바른 정보가 제공되지 못한 원인이 있습니다. 따라서 코칭맘스쿨은 현 입시제도와 교육 환경에 최적화된 학습 지도법을 엄마들에게 제공함으로써 사교육의 각종 폐해를 줄이고, 자녀들의 미래 경쟁력과 직결되는 자기주도학습을 정착시켜 나갈 수 있도록 도울 것입니다.

코칭맘스쿨의 목적은 다양한 입시제도 속에서 어떻게 방향을 잡아야 할 것인지를 고민하는 엄마들을 위한 것입니다. 그러므로 우리는 고매하고 이상적인 교육적 가치관을 주장하거나, 반대로 현행 입시에만 초점을 맞춘 단기적이고 편협한 교육 정보를 전달하는 것은 지양합니다. 이 책은 아이의 브랜드를 만들어가는 과정에서 출발하여 입시 문제, 그리고 자기주도학습의 실천법까지 최상위권에 도달하기 위한 실질적이고 필수적인 교육지침을 다루고 있습니다.

1~3부에서는 자녀의 진로와 학습 지도의 가장 기본이 되는 교육 관점의 프레임(Frame)을 엄마의 내면에 세우는 것을 목적으로 하고 있습니다. 즉, 엄마들로 하여금 현재의 교육 제도가 지니고 있는 문제점을 스스로 진단하고 이에 능동적으로 대처할 수 있는 능력을 키울 수 있도록 하는 것입니다. 이러한 측면에서 볼 때, 자녀교육은 '브랜드 전략'에서 출발해야 합니다. 여기서 '브랜드 전략'이란, 대학 입시와 진로 지도의 최종 목표를 장차 경쟁력 있는 사회인으로 독립할 내 아이의 브랜드를 만들어 나가는 데에 두는 것을 말합니다.

코칭맘스쿨에서는 이를 위해 최상위권의 자질과 공통점을 분석하여 밝혀낸 공부의 기본을 설명하고, 이를 내 자녀가 이를 체화할 수 있도록 하기 위한 엄마의 지도 원칙을 제시합니다. 더불어 엄마들이 가장 어려워하고 궁금해 하는 수능과 현행 입시제도에 대한 정보를 엄마의 눈높이에서 제공함으로써 교육 환경의 무지에서 비롯된 갈증을 해소시키고자 합니다. 또한 선행학습과 사교육이 지니고 있는 문제점과 실체를 낱낱이 밝혀, 사교육을 맹신하는 풍토를 개선하고, 자녀들의 무너진 학습의 자립 기반을 되살리고자 합니다.

4~7부에서는 구체적인 실천 전략에 대해 다룹니다. 4부에서는 자기주도학습을 습관화하는 지도법에 대해 다루고 있으며, 5~7부에서는 자기주도학습에 바탕을 둔 국어, 영어, 수학의 지도법을 제시하고 있습니다. 여기에서 제시한 지도법을 충실하게 이행한다면 자녀가 공부의 주인이 되어 최상위권까지 성적을 높일 수 있을 것입니다.

한 권이라는 한정된 지면에 코칭맘을 위한 적용의 지침을 모두 담을 수는 없었습니다. 왜냐하면 자녀교육에 올바른 기준과 원칙은 있지만 아이들의 개별적인 특성과 상황에 맞는 세부적인 적용은 누구도 대신해 줄 수 없는 엄마의 역할과 책임이니까요. 이 책은 가전제품의 사용설명서 같은 매뉴얼이 아닙니다. 엄마가 아이의 곁에서 코치로 중심을 잡아 주듯이, 우리는 어떠한 도전과 변화 앞에서도 흔들리지 않는 견고한 자녀지도 원칙을 제시할 것입니다. 분명한 점은 이 책을 손에 쥐어든 용기로 엄마는 이미 성공하는 코칭맘의 반열에 서시게 되었다는 사실입니다. 힘을 내어 믿고 끝까지 따라 오시기를 진심으로 바랍니다.

코칭맘스쿨 드림

자기주도
학습
자기주도
학습
자기주도
학습
자기
주도
학습
자기
주도
학습
How to study

브랜드와
진로 설계

88만 원 세대, 내 아이도 캥거루족이 될 수 있다

"앞으로 무슨 일을 하며 살아야 할지 생각은 해 보았지만 아직은 잘 모르겠어요."

"꿈이 아직 확실하지 않아요. 이것도 되고 싶고, 저것도 되고 싶고…"

'캥거루족'이라는 단어는 '88만 원 세대'와 함께 지금의 20대를 대표하는 단어로, 여러 매체에서 인용하고 있다. 이는 대학을 졸업하여 독립할 나이가 되었지만 취직을 하지 못해 부모에게 얹혀 사는 젊은이들을 가리킨다. 표현만 다를 뿐 캥거루족은 전 세계적인 현상이다. 미국에서는 중간에 낀 세대(betwixt and between)라 하여 '트윅스터(Twixter)'라고 부르고, 프랑스에서는 독립하지 않으려는 아들과 엄마와의 갈등을 다룬 코미디 영화 제목을 인용하여 '탕기(Tanguy)'라고 한다. 이탈리아에서는 '맘모네(Mammone)', 영국에서는 '키퍼스(Kippers)', 캐나다는 '부메랑 키즈(Boomerang kids)'라는 용어를 사용한다. 가까운 일본에서는 프리(free)와 아르바이트(arbeit)를 합성한 '프리터(Freeter)'라는 용어를 사용한다.

　　그런데 문제는 세계 여러 나라 가운데에서도 유독 우리나라 청년들의 고통이 더 심각하다는 데에 있다. 먼저 교육비의 부담이 세계 어느 나라에서도 찾아볼 수 없는 높은 수준이다. 대학 등록금을 감당하지 못해서 20대에 벌써 수천 만 원의 빚더미에 앉아 있는가 하면, 신용불량자도 부지기수다. 참여연대와 21세기한국대학생연합 등이 지난 2010년 '대학 등록금 문제에 대한 대학생 설문조사'를 공동으로 실시한 결과, 전체 대학생 응답자의 88.6%가 등록금 마련 때문에 고통을 느끼고 있는 것으로 나타났다. 서울 주요 10개 사립대학의 2010년 기준 평균 등록금은 827만 7,000원이며, 가장 비싼 연세대는 907만 5,000원에 이른다.

　　등록금이 전부가 아니다. 엄마들은 자녀가 대학에만 들어가면 과외라도 해서 용돈 정도는 스스로 벌어서 쓸 것이라 기대하지만, 취업 포털 잡코리아의 2010년 조사에 의하면 대학생의 60% 이상이 한해 250만 원이 넘는 비용을 취업 과외에 지출하고 있고, 이마저도 10명 가운데 7명은 부모의 도움에 의존하고 있는 것으로 나타났다. 바늘 구멍보다 좁아진 취업문을 돌파하기 위하여 해외 어학 연수를 떠나거나, 취업에 대비하여 학원에서 강의를 듣거나, 심지어 2중, 3중의 복수 전공 과정을 밟기도 한다.

　　한편 지금 우리 사회는 급격한 산업 구조 조정 이후 경제적 활로를 찾지 못하고 있으며, 그 충격은 가장 취약한 계층인 20대 청년층에게 고스란히 전해지고 있다. 대학 진학률은 1995년 51.4%에서 2008년 세계 최고 수준인 83.8%로 높아져, 대학 졸업생은 33만 명에서 56만 명으로, 23만 명이나 늘어났다. 학력 인플레이션과는 반대로 소위 좋은 일자리라고 불리는 공공 기관, 대기업 등의 채용 인력은 외환 위기 전인 1995년 413만 개에서 2008년 372만 개로 10% 가까이 줄어서, 4년제 대학 졸업자 10명 중 3명은 직장의 문턱도 밟아 보지 못하고 있는 실정이다. 그나마 일자리를 얻은 이들도 절반 이상이 비정규직이다. 2011년 기준으로 대졸 이상 실업자는 35만 명을 돌파했으며, 그 숫자는 매년 급등하는 추세이다.

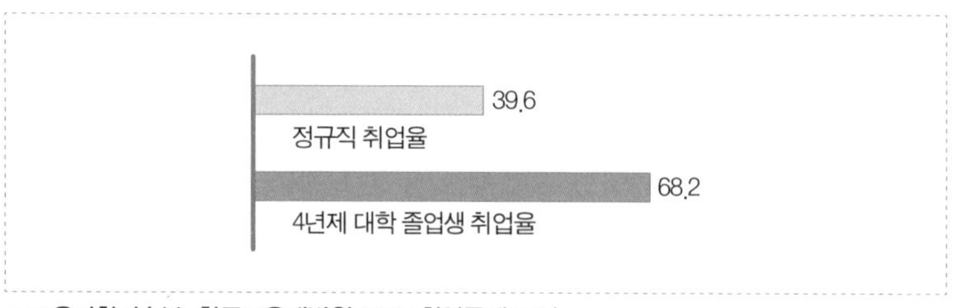

▲ 교육과학기술부-한국교육개발원 2009 취업통계 조사

우리 아이의 미래를 위한 교육,
어떻게 접근해야 하나?

"솔직히 전공 공부를 못 따라가겠어요. 재미있는 수업도 있기는 한데, 대부분 입학할 때 생각했던 것과 많이 다르고…"

이러한 현실 앞에서 상위권 대학에 진학만 하면 인생의 모든 문제가 해결된다고 말할 수 있을까? 더 노골적으로 서울대 졸업자는 만사가 형통하여, 성인이 되기를 유예하는 '모라토리엄 인간(Moratorium Man)'과는 전혀 무관한 삶을 살까? 반대로 명문대 졸업장이 없으면 본격적인 경쟁을 시작하기도 전에 경쟁의 대오에서 이미 낙오했다고 말할 수 있을까?

교육과학기술부는 건강 보험 DB와 연계하여 가장 정확한 대학별 취업률 자료를 2010년부터 '대학 알리미'에 공시하고 있다. 이에 따르면 서울 주요 14개 대학 가운데 취업률이 60%를 넘긴 대학은 7개에 불과하고, 서울대의 취업률은 54.2%로 12위권에 머문 것으로 나타났다. 물론 자발적 미취업자를 모두 반영한 통계는 아니지만, 사교육 업체들이 주장하는 것처럼 대학 간판이 사회 진출을 보장해 주는 시대는 분명히 지났음을 보여 주고 있다.

따라서 대학 진학은 사회 진출을 위한 경쟁력을 확보하는 과정으로 보아야지 그 자체가 목적이 되어서는 안 된다. 자신이 무엇을 바라고 어떤 특장점을 갖고 있는지조차 모른 채 상위권 대학만을 보고 달리다가는 사회 진출 시점에서 중·고등학교 사춘기 때와 비교할 수 없을 만큼 지독한 방황을 겪게 될 수도 있다.

서울대 대학생활문화원이 2007년 신입생 3,300명을 대상으로 실시한 조사에 의하면 '전공 결정자'(법대, 경영대, 음대, 미대, 간호대 등) 중 61%가 '전공이 불만족스럽다'고 응답했고, 인문대, 사회대 등 계열별 입학자 역시 59.7%가 선택한 계열에 불만족하는 것으로 나타났다. 그 이유로는 '흥미(적성)에 안 맞는다', '학업 능력에 부족을 느낀다'는 대답이 가장 많았고, '전망이 불투명하다', '사회적으로 인정을 못 받는다' 등의 미래에 대한 불안감도 큰 요인으로 작용하고 있었다. 전체 신입생 40%에 달하는 학생이 적성이 아닌 '합격 가능성, 취업 전망, 가족·교사 권유' 등으로 학과를 선택하고 있으므로 어쩌면 당연한 귀결인지도 모른다.

다음 그래프는 한국교육개발원 '한국 고교생의 대입 준비 과정의 특징과 과제(2010)'에서 조사한 우리나라 고교생의 전공 선택 시점으로, 신입생의 40%가 적성에 관계없이 전공을 선택했다는 서울대의 경우가 상대적으로 양호한 수준이었음을 보여 주고 있다. 전체 고등학생의

63%가 고3 이후에 전공을 선택했고, 37%는 입학 원서를 작성하는 시점에서야 학과를 결정하였다. 자신의 적성과 비전에 관계없이 대학에 진학한 사람들이 과연 미래를 위한 준비를 제대로 할 수 있을지 의문이다.

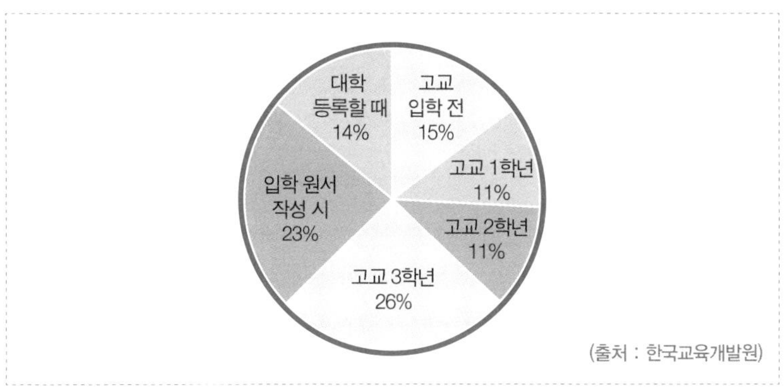

▲ 고교생의 전공 선택 시점

　명문대의 프리미엄이 사회에서 큰 역할을 하고 있는 것을 부인하는 것이 아니라, 중요한 것은 사회적 경쟁 심화로 인해 명문대 졸업자라고 해서 모든 검증 과정을 무사 통과할 수 있었던 시대는 이미 오래 전에 끝이 났다는 것이다. 오히려 능력을 갖춘 비명문대생들이 도전할 수 있는 가능성은 더 다양해지고 있다. 따라서 자녀의 미래 대비는 대학 졸업장의 서열이 아닌, 올바른 전공 선택을 통한 경쟁력 제고에 초점을 맞추어야 한다. 하지만 학교와 학원 어느 곳도 내 아이의 적성에 맞는 전공을 책임지고 찾아줄 역량이 없으므로, 자녀가 진로를 찾도록 도와주는 역할은 다른 누구도 아닌 엄마가 맡아야 한다.

사회가 요구하는 경쟁력은 열정과 인성이다

이 책은 코칭맘을 위한 학습 지도서이지만, 책 전반부에는 자녀의 미래와 올바른 진로 지도에 관한 내용이 많다. 그 까닭은 '어떻게(How)' 성공적인 공부를 시킬 것인가에 대한 해답은 '무엇(What)'을 준비시켜야 하며, '왜(Why)' 공부해야 하는지를 분명히 함에 있기 때문이다. 그리고 이에 대한 답을 보다 명확하게 찾기 위해 기업들이 핵심 인재로 요구하는 자질이 무엇인지부터 살펴보고자 한다. 다음은 글로벌(Global) 선진 기업들이 표명하고 있는 인재상들이다.

제네럴 일렉트릭(GE)	소니(SONY)	메릴린치(Merrill Lynch)
Energy : 열정과 에너지 Energize : 동기 부여 능력 Edge : 집중/결단, 최고 지향 Execution : 실행력	Curiosity : 호기심 Persistens : 인내와 고집 Flexibility : 사고의 유연성 Optimism : 낙관적 삶의 태도 Risk-taking : 위험 감수 용기	분석력 열정 혁신 지향 인간적 매력

위 세 기업의 인재상에서도 확인할 수 있듯이 세계적 기업들이 모두 최우선적으로 강조하는 인재의 기본은 '열정'이다. 기업들은 치열한 약육강식(弱肉强食)의 정글에서 생존을 위해 미래 성장 동력을 끊임없이 찾고 있으며, 자사의 인재들이 열정을 가지고 이에 앞장서기를 바라고 있다. 주어진 요구에 맞추어진 일만 하는 구성원은 기업에게 단기 부속품 이상의 의미를 주지 못한다. '열정' 다음으로 글로벌 기업들이 중요시하는 자질은 인간적 매력, 도덕성을 포함한 '인성(Personality)'이다. 경영자 리더십의 첫 번째 덕목이기도 한 '인성'은 다른 지적 능력보다 오랜 시간에 걸쳐 형성되고, 일관된 교육을 필요로 하며, 가정에서 부모의 교육관이 결정적인 영향을 미친다.

그렇다면 국내의 기업들이 중요시하는 인재상은 무엇일까? 전국경제인연합회가 회원 기업을 대상으로 한 조사(2008)를 살펴보면, 국내 기업들도 글로벌 기업과 거의 동일한 인재상을 갖고 있음을 알 수 있다. 즉, 가장 중요한 자질로는 '도전 정신과 성취 의식'이며, 그 다음으로는 '도덕성과 올바른 가치관'이다.

이처럼 국내외의 모든 기업들이 한결같이 강조하는 '열정, 도전 의식, 성취 의식, 인성, 도덕성' 등과 같은 자질들은 사실 대학 이전, 10대의 교육에서 거의 판가름이 난다. 반면에 엄마들이 그토록 중요하게 생각하는 대학 순위는 기업이 인재를 판단하는 기준이 되지 못하고 있다. 물론 기업이 신입사원을 선발할 때는 구직자의 역량에 대한 정보가 부족하기 때문에 불가피하게 출신 대학을 주요 선발 기준으로 삼는다. 이는 통계적으로 기업이 중시하는 '열정, 도전 의식'과 대학 입시 성적 간

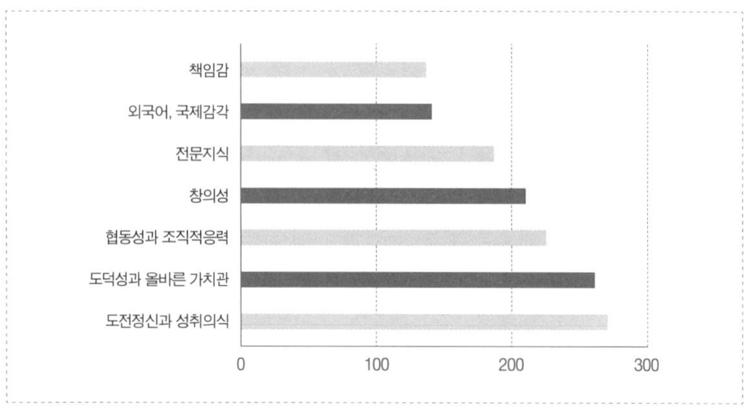

▲ 전국경제인연합(2008), 기업이 원하는 인재상. 전경련산업본부

에 어느 정도 상관 관계가 있기 때문이지, 덮어놓고 특정 대학을 선호해서가 아니다. 그리고 명문대 출신이라도 상기한 자질이 보이지 않으면 채용에 있어 재고의 여지조차 두지 않는다. 역으로 하고자 하는 '열정'이 발견되면 출신 학교의 낮은 네임벨류(Name Value)는 직원 선발 과정에서 얼마든지 정상 참작될 수 있다.

입사 이후에는 업무 처리 능력과 성과로 모든 것이 설명되므로 더더욱 출신 대학의 이름이 평가에 미치는 영향력은 낮아진다. 우리나라 최고의 기업이라고 할 수 있는 '삼성전자'의 최근 임원 인사 결과를 보면 이같은 사실이 좀 더 명확하게 드러난다. 주요 사장단 55명 중 40% 가량은 SKY와 거리가 먼 대학 출신이다. 인사 관리가 철저하기로 이름을 떨치는 '관리의 삼성'에서 나타나는 현상이다.

이러한 시대적 흐름은 자녀교육의 무게 중심이 어디에 있어야 하는지를 분명히 보여 준다. 기업이 말하는 핵심 인재의 전형은 스스로 목표를 설정하고 자신에게 가장 적합한 공부법을 찾는 '자기주도형 학생'과 별 차이가 없다. 그래서 학원의 도움이 없이는 무엇을 어떻게 공부해야 할지 모르고, 자신감도 잃어버리는 아이들은 이미 미래의 경쟁력을 상실하고 있다고 봐도 무방하다. 또 평생을 좌우할 전공을 선택함에 있어 아무런 주관을 갖지 못하는 학생은 대학에서 몇 년 동안 공부하는 시간을 가져도 기업이 원하는 핵심 인재가 될 가능성은 매우 낮다고 말할 수 있다. 따라서 88만 원 세대, 캥거루족들의 등장은 사회적, 구조적 모순이 가장 큰 영향을 미쳤지만 사회가 원하는 인재로 키우지 못한 부모도 그 책임을 면할 수 없다.

이제 자녀들의 진로 지도와 학습 지도의 방향은 분명히 전해졌다고 본다. 만약 다수가 가고 있는 길이라고 해서, 또 현실적으로 가장 쉬운 방법이라고 해서 사교육에 내 아이의 진로와 학습을 맡기고 있다면, 자녀의 미래 경쟁력을 위해서라도 하루 빨리 돌이키는 것이 좋다. 그리고 사회가 요구하는 경쟁력의 방향과 조건에 자녀교육의 틀을 맞추기 시작해야 한다.

올바른 진로 지도가
학습 설계보다 우선이다

자녀의 진로 지도의 올바른 순서는 다음과 같다. 진로 지도에서 가장 중요한 것은 '내 자녀 이해하기'이다. 진로 지도에 관한 모든 판단은 반드시 '내 아이가 어떤 특성을 가지고 있느냐'에서 출발해야 한다. 자녀에 대한 몰이해에서 비롯된 시행착오와 혼란, 갈등의 결과가 얼마나 참혹한지는 이루 말할 수 없을 지경이다.

'내 자녀 이해하기'의 다음 단계는 내 아이에 맞는 '브랜드 전략의 수립'이다. 멀게는 장래의 꿈과 인생의 비전, 가깝게는 전공의 선택이 이에 해당한다. 마지막은 '목표를 위한 학습 설계'로 브랜드 전략상의 목표를 위해 실천해야 할 구체적인 학습의 방법과 내용을 그려 보는 것이다. 진학하고자 하는 대학도 이 단계에서 결정한다.

그러나 일반적인 가정의 자녀 진로지도를 관찰해 보면, 위에서 우리가 제시한 진로 지도의 역순인 경우가 대부분이다. 가장 먼저 결정

▲ 올바른 진로 지도 과정

하는 것은 목표로 하는 대학이다. 그리고 그 대학에서 자녀의 성적으로 갈 수 있는 학과를 찾은 후에 사회적 선호가 높은 직업과의 관련성을 억지로 끼워 맞춘다. 마지막 단계에 가서야 자녀가 그 학과에 적성이 맞는지를 따져 본다. 자녀에게 꿈과 비전을 묻는 것은 초등학교 때뿐이고, 아이가 중·고등학교에 입학하면 엄마들에게는 안정적인 직장과 명문대 티켓(Ticket) 확보가 제일 급한 과제가 된다. 그러나 진로 지도의 본질을 거스르는 이 욕심과 조바심으로는 성공적인 사회 진출은 물론 코 앞에 닥친 대학 입시 관문도 뚫기가 힘들다. 그 이유는 올바른 진로 지도의 각 단계를 보면서 설명하도록 하겠다.

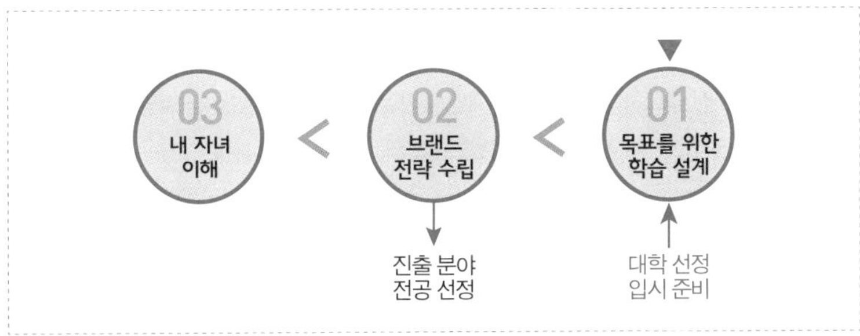

▲ 잘못된 진로 지도 과정

현명한 엄마는
아이의 관점에서
생각하고 느낀다

　가장 급한 것은 내 아이를 정확하게 이해하는 것이다. 엄마는 자녀가 성공적인 인생을 살아가도록 돕는 코치이자 전략가이다. 따라서 마치 리더를 모시는 참모의 심정으로, 고객을 공략하는 마케터의 시각으로 타깃(Target)을 아는 데에 먼저 집중해야 한다. '사냥을 잘 하려면, 사냥감처럼 생각해야 한다.'는 말이 있다. 즉, 자녀의 진로를 지도하기 위해서는 아이의 관점에서 생각하고 느껴야 한다. 그래야만 답이 나온다.

> 자신에게 가장 중요하다고 생각되는 개인적 자질(성격 또는 재능 등)을 설명하고, 그것 때문에 지원자 본인이 가장 자랑스러웠던 경험에 대해 기술하십시오.
>
> ▶ 연세대학교 수시 문제 중

　일상적인 공부를 시키고자 할 때도 마찬가지이다. 아이가 엄마인 나와의 대화를 왜 꺼려하는지, 수학 공부를 싫어하게 된 이유가 무엇인지 알지 못하면서, 자녀의 학습을 지도할 수는 없다. 엄마는 철저하게 자녀의 입장에서 미래에 대한 기대와 불안감을 느껴야 하고, 공부를 방해하는 유혹의 실체와 강도를 알고 있어야 하며, 공부를 시작하기 전의 무기력함이 어떠한지도 공감해야 한다.

내 아이를 이해하는 데 있어서 사춘기의 아이들은 꿈, 성격, 선호하는 분야, 심지어 재능까지도 계속 변화할 수 있다는 점을 간과해서는 안 된다. 이렇다 저렇다 자녀에 대해 규정하기보다는 그 변화를 관찰하고, 아이의 목소리를 듣고자 하는 노력이 중요하다. 많은 아이들은 공통적으로 '내 말을 듣지도 않고, 이해하려고 하지 않는다.'면서 부모에 대한 불만을 털어 놓는다. 정작 내 아이를 이해하겠다고 달려들면서, 엄마의 선입관이나 기대, 가치들이 앞서서는 곤란하다. '변화'는 '충분한 이해' 이후의 단계이다. 마치 자서전을 대필하는 작가처럼 적극성과 중립성을 유지한 채 아이들의 말에 귀를 기울이도록 하자. 또한 최대한 객관적인 시각을 유지하되, 현재의 학업 성적을 가지고 가능성을 제한하지 않도록 한다.

"너 좋으라고 하는 소리야. 앞으로 네가 편하게 살려면 공부를 잘 해야 해."

아이의 꿈을 알자

정상적인 환경에서라면 모든 엄마와 아이는 미래에 대한 희망찬 꿈을 꾸고 살아간다. 공부 갈등으로 자녀와 심리적 대치 상태에 놓여 있는 엄마라 하더라도 자녀의 미래에 대해 물으면, 절대로 '포기, 비관, 낙오' 등의 단어를 쓰는 법이 없다. 지금은 자녀에 대한 실망과 부정적 감정이 크지만 미래에 대한 희망의 끈을 놓지 않기 때문이다. 내일이 없는 것처럼 살아가는 아이들에게도 본인이 생각하는 미래는 존재한다. 그러나 마음만 앞설 뿐 정작 미래를 위한 준비는 취약하고 의지는 무기력하다. 아이들의 표현을 그대로 쓰자면, 찌질하게 살기 싫어서 열심히 공부하거나 사회에 일찍 나가 돈을 벌겠다는 것이 고작이다. 엄마도 자녀에 대한 꿈이 있지만 어떻게 그 꿈이 실현할 것인지 구체적인 답을 하지 못하는 경우가 많다.

아이들의 꿈이 얼마나 추상적이고, 제한적인지를 보여 주는 흥미로운 조사가 있었다. 한국직업능력개발원의 자료(2007)에 따르면 중·고등학교 청소년에게 자신이 갖고 싶은 직업에 대해 물었더니 정확하게 대답을 한 사람은 절반에도 미치지 못했다. 한국직업사전에 수록된 직업의 숫자만도 1만 2,000개에 이르지만 교사, 의사, 연예인 등 10개의 직업에 80% 이상의 꿈이 편중되어 있었다. 또 자신의 적성에 대해 알고 있는 청소년의 비율도 14%에 불과했다. 희망 직업의 순위를 보면 우리 아이들이 얼마나 자신의 적성에 대해 모르고 있고, 진로에 대한 정보 또한 얼마나 부족한지가 여실히 드러난다.

순위	초등	중등	고등
1	교사	교사	교사
2	의사	의사	회사원
3	연예인	연예인	공무원
4	운동선수	법조인	자영업
5	교수	공무원	간호사
6	법조인	교수	의사
7	경찰	경찰	연예인
8	음식 분야	음식 분야	경찰
9	디자이너	디자이너	엔지니어
10	프로게이머	운동선수	디자이너

자신의 적성을 잘 안다 : 14%

자신이 갖고 싶은 직업에 대해서 잘 모른다 : 46%　　▶ 한국직업능력개발원, 2007

중학생의 선호하는 직업 중 1위는 교사, 5위가 공무원이다. 고등학생들은 학력의 한계를 느끼게 되면서 눈높이가 점차 낮아지고 있지만 선호하는 직업 중 1위가 교사로, 중학생과 동일하고 공무원은 3위로 더 높은 순위에 위치한다. 초등학생이라고 해서 원대한 포부를 갖고 있지는 않다. 희망 직업의 순위는 어른들의 '안정 지상주의'가 아이들 진로 계획에 얼마만큼 영향을 미치고 있는지를 잘 보여 준다.

교사, 공무원, 의사와 같은 안정적이고 사회적 명망이 높은 직업을 폄하하려는 것이 아니다. 다만 아이들이 자신의 특성과 자질을 너무 모르고 있다는 것이 문제이고, 획일적인 기준으로 인해 자기 발전의 열정까지도 잃어버리지 않을까 걱정이다.

학습에 몰입하게 만드는 열정의 엔진은 예외 없이 '무엇을 피해야 한다'가 아니라 '무엇을 하고 싶다'는 긍정적인 꿈이다. 따라서 내 아이가 주도적으로 인생을 개척해 나가고, 행복한 꿈을 실현시키기를 바란다면 더 넓은 세상을 보여 주고, 다양한 경험을 제공하여 아이 스스로 꿈을 꾸도록 해야 한다.

부모와 아이가 함께 알아가는 과정, 자기소개서

'3학년 선생님들은 요즘 너무 힘들어요. 학생부하고 자기소개서 분량이 얼마 안 될 것 같지만 채워 넣을 내용이 없으니……. 담임 선생님이 애들에 대해 무엇을, 얼마나 안다고 그 많은 분량을 다 채워 넣을 수 있겠어요?'

진로 지도의 첫 단계인 '내 아이를 이해한다는 것'은 수동적으로 아이를 관찰하고 대화하는 것에 그치지 않는다. 아이도 자신이 무엇을 원하고 또 무엇을 잘 하는지 모르는데, 어떻게 엄마가 내 자녀에 대해 말할 수 있겠는가? 따라서 '자녀 이해'는 본격적인 진로와 학습 지도 계획에 앞서, 아이가 자신을 이해할 수 있도록 돕는 과정이라고 보아야 한다.

이러한 측면에서 자기소개서 작성은 '자기 이해' 또는 '자녀 이해'를 위한 구체적인 미션이라 할 것이다. 앞으로 계속 설명을 이어가겠지만, 이 책을 읽고 있는 엄마와 아이들은 거의 모두가 대학 입시를 위해서 자기소개서를 작성해야 한다(특목고 진학 준비에도 자기소개서 작성은 절대적으로 필요하다.). 참고로 주요 대학 정원의 70~80%까지 점유하고 있는 수시모집 전형의 필요 서류에는 크게 학생부, 추천서, 자기소개서, 학업계획서 등이 있다. 이 가운데에서 수시전형 특히 입학사정관제도는 '자기소개서'와 '학업계획서'를 평가의 가장 중요한 자료로 활용한다. 많은 경우 학업계획서가 자기소개서에 포함되기도 하지만 분리해서 설명하자면 자기소개서는 지금까지 축적된 자신의 역량과 특성에 관한 과거의 기록이고, 학업계획서는 대학에서의 학업에 관한 미래의 기록이라고 말할 수 있다.

자녀 이해와 아이의 꿈 찾기는 자기소개서 준비와 함께 하는 것이 좋다. 자녀가 고등학교 진학 전이거나 특목고를 계획하고 있지 않다면, '너무 이른 준비가 아닌가'라고 반문할 수 있다. 그러나 현 고입과 대입 제도는 진로를 일찍 정할수록 유리하도록 되어 있고, 무엇보다 고2, 3학년에 올라가서 피상적으로 자기소개서를 작성하는 최악의 경우는 반드시 피해야 한다. 자기소개서는 지속적인 수정, 보완을 통해 업데이트(Update)해야 할 대상이다. 자녀가 초등학생이라도 아직 이르다고 생각하지 말고 바로 시작해 보자.

> 1. 자신의 성장 과정과 가족 환경에 대해 기술하세요.(1,000자)
> 2. 지원 동기와 지원한 분야를 위해 어떤 노력과 준비를 해 왔는지 기술하세요.(1,000자)
> 3. 입학 후 학업계획과 향후 진로계획에 대해 기술하세요.(1,000자)
> 4. 고등학교 재학 중 자기주도학습 경험과 교내외 활동을 서술하세요.(1,000자)
> 5. 자신의 미래 목표를 위하여 노력했던 과정과 역경 극복 사례, 그리고 목표를 세웠던
>   동기에 대해 서술하세요.(1,000자)
>
> ▶ 한국대학교육협의회 표준 자기소개서 문항(2010. 9. 발표)

자기소개서 작성법은 다음과 같다. 먼저 한달 정도의 여유를 갖고 아이가 자신에 대해 3~4장 이상 분량의 소개서를 작성하게 한다. 질문은 꼭 대학 입시의 양식을 따를 필요는 없고, 아이의 눈높이에 맞추어 엄마가 몇 가지 질문과 기준들만 제시해 주도록 한다. 자녀가 좀처럼 진도를 못나간다고 해서 엄마가 도와주려고 해서는 안 된다. 대신 아이가 영감(Inspiration)을 받을 수 있도록 사회에서 열심히 일을 하고 있는 친인척을 멘토로 만나게 하거나, 귀감이 되는 인물의 삶을 보여주는 영화나 전기, 자서전을 접하게 하는 것이 좋다.

아이들은 아직 지적, 정서적으로 미숙하여 자기를 바라보고 표현하는 프레임(Frame)이 생성되어 있지 않지만, 충분한 재료가 주어지고 사고의 물고를 트는 방아쇠(Trigger)만 당겨진다면 자신의 꿈과 비전을 구체화하는 자기소개서를 얼마든지 스스로의 힘으로 작성할 수 있다. 따라서 엄마는 성급하게 간섭하지 말고 적절한 자극을 부여하는 데에 최선을 다해야 한다.

완성된 자기소개서는 다시 한 달의 기간 동안 아이 스스로 절반 이

내의 분량으로 줄이게 한다. 힘들게 작성한 자기소개서를 줄여야 한다는 아쉬움이 크겠지만, 내용을 축약하는 과정에서 아이는 무엇이 자기에게 중요한 것인지를 고민하고, 보다 정돈된 언어로 표현하는 능력을 배우게 된다. 그리고 마지막으로 한 번 더 1장으로 내용을 축약하도록 한다. 단, 자기소개서는 1회성 이벤트로 끝나지 않도록 최소 6개월에 한 번씩은 업데이트(Update)하도록 하고, 이전 내용은 폐기하지 말고, 이력으로 관리한다. 그리고 이렇게 자기소개서를 작성하는 과정에서 다음 단계인 '브랜드 전략수립'도 자연스럽게 이어진다.

또한 지속적으로 업데이트된 자기소개서는 사춘기의 거센 풍랑에서 중심을 지키게 하는 정신적 지지대 역할을 하게 된다. 아이들의 정서적 혼란과 방황은 나아가야 할 방향이 어디인지 모르기 때문이다. 이상과 현실 간의 부조화와 자기 평가에서 오는 좌절감, 분노가 제어되지 못하면 그 정도가 더욱 심해진다. 덩달아 엄마는 '이 아이가 전에는 안 그랬는데, 왜 갑자기 변했지?'라고 당황하며, 강제력을 행사함으로써 문제가 더 나빠지기도 한다. 그런데 자기소개서를 중심으로 아이가 자신의 내면과 미래의 꿈을 돌아보게 하면, 이러한 정서적 혼란은 상당 부분 정리될 수 있다. 엄마 역시 자기소개서를 매개로 하여 자녀와 소통하면서 아이가 추스를 수 있을 때까지 기다리는 여유와 용기를 얻는다.

브랜드 전략 수립으로
내 아이를 마케팅하라

코칭맘들이 '내 자녀 이해하기'로 무장하였다면 다음으로는 '브랜드 (Brand) 전략'을 수립해야 한다. 엄마들에게는 자녀 진로지도와 교육에 있어 '브랜드', '전략'이라는 단어를 쓰는 것이 매우 생소하게 느껴질지 모르겠다. 그래서 오늘날 브랜드가 갖는 중요성과 복합적 의미를 먼저 살펴보도록 하자.

과거에 브랜드는 통상적으로 기업명, 상표 등을 가리키는 것이었지만, 현대 비즈니스(Business)에서는 한층 복잡한 개념과 전략적인 중요성을 갖게 되었다. 과잉 생산, 가격과 품질의 평준화 등으로 인해 고객의 구매 선택이 브랜드의 영향을 받게 되면서, 브랜드가 상품의 기획, 마케팅, 유통, 판매 등 전 영역의 핵심으로 자리 잡고 있다. 즉, 기업은 같은 품질과 조건에서 왜 자신이 선택되어야 하는지를 브랜드를 통해 고객들에게 설명하고, 더 나아가 더 높은 가격을 주장할 수 있는 근거

▲ 브랜드 전략 수립

로 삼는다. 한 공장에서 같은 소재로 만들어진 의류도 어떤 라벨(Label)이 붙느냐에 따라 10배 이상의 비싼 가격에 팔린다는 사실을 상기해 보면 좀 더 쉽게 이해할 수 있다. 그리고 브랜드 중요성의 인식은 비즈니스 영역을 넘어, 병원이나 학교와 같은 마케팅의 불모지에까지 확장되고 있다. 가까운 예를 든다면, 전국의 특목고와 자율형 고교, 고교선택제의 변화를 맞게 된 서울 지역 고교들이 학교의 브랜드를 알리는 데에 나서고 있다. 하물며 더욱 치열한 경쟁에 내몰리고 있는 우리 자녀들이 브랜드의 중요성을 간과해서는 안 될 것이다.

"우리 자녀의 브랜드는 세상 누구와도 바꿀 수 없는 가치를 가지고 있습니까?"

현대 사회에서는 개인도 넓은 의미에서의 상품이라고 할 수 있다. 막연하게 '열심히 공부하면 되겠지'라고 생각하면서 젊은 시절을 보내는 구시대적 마인드(Mind)로는 경쟁에서 살아남기 힘들다. 개인의 브랜드를 차별화할 전략적 방향으로 정하고, 그에 따라 선택적으로 자신의 가치를 높임으로써 고객들로부터 선택받는 존재가 되어야 한다. 수십 대 일의 경쟁률을 보이는 대학 입시에서부터 수천 대 일의 대기업 채용 시장에 이르기까지 개인 브랜드를 구축하고 관리하는 것은 두말할 나위 없이 중요한 과제가 된 것이다.

달리 말하자면, 이미 만들어진 상품을 무작정 시장에 가지고 가서 파는 세일즈(Sales)와 같이 대학 졸업장만을 달랑 들고 사회에 나가서는 안 된다. 우리의 브랜드 전략은 시장의 필요를 찾아 그에 맞는 역량을 갖추고, 단순 비교가 어려운 무형의 가치를 부여함으로써 반드시 필요한 인재로 인정받는 창조적 활동이 되어야 한다.

TIP. **마케팅**(Marketing)**과 세일즈**(Sales)**의 차이**

"이제까지 마케팅은 기업에서 세일즈에 관한 기능적인 업무를 의미하는 데 지나지 않았다. 즉, 생산되는 제품과 이를 판매하기 위한 시장을 찾는 데 초점을 맞춰 온 것인데, 이는 지극히 기업 중심적인 관점이라고 할 수 있다. 진정한 마케팅은 고객, 즉 현실, 욕구, 가치에서부터 출발한다. '고객에게 무엇을 팔고 싶은가'가 아니라 '고객이 무엇을 사고 싶어 하는가'를 따지는 것이다. '생산된 제품이나 서비스로 가능한 것이 이것이다'가 아니라 '고객이 가치를 느끼고, 필요로 하며, 간절히 찾고 있는 만족이 이것이다'라고 말해야 한다."

▶ 출처 : 피터 드러커, Management : Tasks, Responsibilities, Practices

아이와 엄마 모두 세일즈가 아닌 마케팅을 하겠다고 생각한다면, 현재의 학력에 맞추어진 단기적 대응의 자세를 버리고, 진로에 대한 전략적이고 미래 지향적인 브랜드 전략을 세워야 한다. 장기적인 브랜드 구축의 관점에서 본다면 지금 우리 자녀의 최대 목표인 대학 입시도 본인의 브랜드를 만들어 가는 과정의 일부인 것이다. 내 자녀의 진로 지도에 있어서 브랜드의 역할과 필요성을 충분히 공감하였으리라 믿는다. 그럼 좀 더 구체적으로 브랜드 전략을 구성하고 있는 내용은 무엇이며, 어떤 과정을 거치면서 구축되는지 알아보자.

브랜드 전략 수립이란, 쉽게 말해서 '현재의 나'를 꿈꾸고 기대하는 '미래의 나'와 일치시키기 위한 가장 빠른 길을 찾는 과정이다. 그러므로 전 단계에서 우리는 자기소개서 등의 작성을 통해 자녀는 '내가 누구인지', 엄마는 '내 아이가 어떤 기질과 잠재력을 가졌는지'를 알아가는 것에서 브랜드 전략은 이미 시작되었다고 볼 수 있다. 단, 브랜드 전략 수립을 위한 자기소개서에는 과거와 현재의 자신의 모습에서 '미래의 나'에게로 초점이 옮겨진다. 그렇다고 흔히 아이들이 어떤 직업을 갖겠다고 말하는 수준은 이 단계에서 필요로 하는 브랜드가 될 수 없다. 같은 직업군 내에서도 여러 성향의 사람들이 경쟁하고 있고, 자신의 일에 대한 가치관도 제각각이므로, 직업 하나로 '미래의 나'를 규정하기에는 너무 부족하다. 최소한 자신의 브랜드를 설명할 수 있는 다음의 세 가지 요소를 찾고 정해야 한다.

— 비전(Vision) : 자기 브랜드의 존재 이유와 미래의 방향을 제시

— 미션(Mission) : 비전 달성을 위한 구체적인 과제

— 퍼스낼러티(Personality) : 자기만의 고유한 개성과 인격

브랜드 전략과 공부의 관계

많은 엄마와 아이들이 브랜드 전략을 세우기 위한 정보가 너무 부족하다는 어려움을 호소한다. 그러나 품질이 검증되지 않는 민간의 인적성 검사업체나 고가의 진로 컨설팅 업체를 이용하는 것은 가급적 지양할 것을 권한다. 비용도 많이 들지만 무엇보다 아이들은 계속 변화하고 있고, 또 몇 번의 검사로 미래를 재단(裁斷)함으로써 잠재력과 가능성 자체를 제한할 가능성이 높기 때문이다. 그래서 우리는 브랜드 전략을 위해 다음의 두 가지 공공 서비스를 이용할 것을 강력히 추천한다.

첫째, 교육과학기술부의 위탁으로 한국직업능력개발원에서 운영하는 커리어넷(www.career.go.kr)으로 현재 학교에서 직업 탐구 활동에 많이 활용하고 있다. 단, '직업흥미검사, 직업적성검사, 직업가치관검사, 진로성숙도검사'의 검사지로 자녀의 직업 선호도나 성향의 윤곽은 파악할 수 있지만 향후 계획을 수립함에 있어서는 다소 부족한 부분들이 있다. 따라서 이를 보완할 수 있는 고용노동부 산하 한국고용정보원이 개발한 '유스워크넷(www.work.go.kr/youth)'을 반드시 병행하여 이용하도록 한다. 이 웹사이트에서는 초·중·고를 각각 구분하여 진로와 직업에 관한 각종 검사와 함께 해당 연령대에 맞는 방대한 정보들을 제공하고 있다. 약 1,000여 개의 직업들이 무슨 일을 하고, 어떤 사회적 가치를 창출하는지에 대한 것에서부터 필요 능력과 연봉, 전망에 이르기까지 매우 구체적인 정보를 얻을 수 있다.

자신의 미래에 대한 브랜드 전략이 수립되고 나면, 어떤 아이도 학

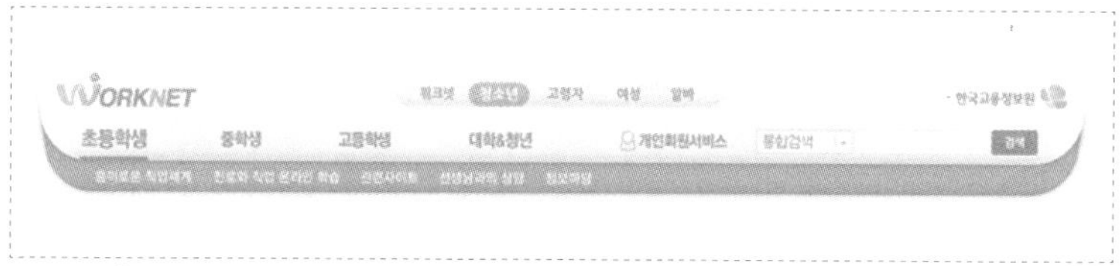

▲ 워크넷(www.work.go.kr/youth) 홈페이지 메뉴

교생활과 청소년기를 권태롭고 무의미한 기간으로 여기지 않게 된다. 자신이 결정한 구체적인 꿈이 있으며, 해야 할 일들이 있기 때문이다. 따라서 자연스럽게 자기주도적인 학습 태도를 취하게 된다. 사실 공부의 성과가 나타나지 못하고 과도한 사교육비가 지출되는 가장 큰 요인은 아이의 낮은 목표 의식과 그로 인한 학습 의지의 부족이라고 할 수 있다.

우리는 공부를 스스로 할 수 있는 아이, 더 나아가 높은 학업 성취를 이루는 자녀로의 변화는 브랜드 전략 수립에서 비롯된다고 본다. '열심히 공부하기만 하면 되겠지'라는 생각은 지금의 교육환경에서는 전혀 통하지 않는다. 다음 장에서 깊이 다루게 될 현 대입제도의 가장 대표적 특성은 '자율성'과 '다양성'이다. 입시제도의 변화로 인해 대학은 수능시험의 줄 세우기에 의존하지 않고도 학과별 필요에 입각한 전형을 만들어 학생을 선발할 수 있게 되었다. 그리고 비록 지금의 입시제도가 지나치게 복잡해서(2011학년도 대입 기준 2,500개 이상의 입시전형) 학생, 학부모의 혼란을 야기한 문제는 있지만, 다른 한편으로는 그만큼 브랜드 전략을 가지고 오랜 시간 미래를 준비한 학생에게는 절대적으로 유리하다고 할 수 있다. 그렇게 때문에 자녀의 브랜드를 고민하고 장기적인 진로를 탐색하는 노력이 당장의 공부보다 훨씬 중요한 투자일 수 있다.

'브랜드 전략'은 대기업에서만 사용하는 거창한 개념이 아니라 우리 모두가 준비해야 할 '생존의 방식'이라고 하였다. 우리 자녀들도 자신의 진로와 비전을 세분화하고(Segmentation), 좋아하고, 잘할 수 있는 영역을 선택해서(Targeting), 그 분야의 인정받는 브랜드가(Positioning) 되도록 해야 한다. 이와 같은 전략 안에서 목표하는 대학과 학과를 정한 후에 정시, 수시, 입학사정관제, 특별전형 등과 같은 입시 전술과 올바른 학습방법을 갖추어 나가면 된다.

엄마가 빨리 공부를 시켜야겠다는 절박한 심정으로 명문대 입학의 필요성과 사회에서의 생존 경쟁만을 부정적인 메시지로 전달한다면, 효과가 즉시 나타나는 것처럼 보여질 수 있다. 그러나 아무리 긍정적이거나 둔해 보이는 아이도 얇은 유리잔처럼 깨지기 쉽고 민감한 10대의 정서를 갖고 있다. 두려움으로 설득된 아이들은 단기간에 공부의 성과를 보일 수 있지만, 머지 않아 스트레스에 압도되어 작은 실패에도 무기력해지거나 공격 성향을 보이기도 한다. 현실로부터 떨어져 모든 수용 체계를 닫는 일부 아이들의 '도피 행태' 역시 미래에 대한 두려움과 스트레스를 견디지 못한 결과일 가능성이 높다.

미래는 아이들에게 있어 도전할 가치가 있는 가능성의 영역이어야 한다. 따라서 미래의 자각을 위한 자극은 두려움보다는 꿈이라는 긍정적인 형태로 주어져야 한다. 또 현재 하고 있는 공부도 그 방향과 목적이 분명해야 한다. 이러한 측면에서 앞으로도 우리는 자녀의 진로 지도와 교육의 해법을 계속 '브랜드 전략'의 관점으로 이어가도록 하겠다.

학습 효과를
극대화하는 것은
자존감이다

이 책은 사교육에 의존하지 않고 자녀교육에 성공하기를 원하는 엄마들을 위한 지침서이다. 그런데 국·영·수와 같은 주요 과목의 학습 설계로 바로 들어가지 않고 '브랜드와 진로 설계'로 첫 장을 여는 까닭은 학업 성취가 얼마나 좋은 교육을 받고, 어떤 공부법을 따랐는지의 스킬(Skill)에서 판가름 나는 것이 아니기 때문이다.

외적으로는 우리가 '브랜드 전략'이라고 부르는 인생의 비전과 목표, 그리고 그에 부합하는 진로의 경로가 명확해야 하며, 내적으로는 인생의 목표를 반드시 실현시킬 것이라는 강인한 의지와 긍정적인 자기 확신이 뒷받침되어야 높은 학업 성취가 가능하다. 이 두 기본 가운데 자기 이해에서 출발한 '브랜드 전략'은 지금까지 살펴보았기 때문에 이번에는 공부를 힘 있게 밀고 나갈 수 있는 추진력으로서의 내적 에너지에 대해 설명하고자 한다.

공부에 있어서 자존감

코칭맘스쿨에서는 이 내적 에너지를 '자아존중감(Self-esteem)'의 줄임말인 '자존감(自尊感)'이라고 부른다. 이 말의 원래 의미는 '자신의 존재 가치를 인정하고 사랑하는 긍정적인 자아관을 말한다. 당장 입시가 코앞에 닥쳤거나, 급락하는 성적으로 고민하는 엄마들은 '지금 그런 걸 따질 때냐'라는 반응을 보일지도 모르겠다. 그러나 자존감이라는 내적 에너지가 학습에 얼마나 큰 영향을 미치는지를 알게 된다면, 바로 다음 달이 대입시험이라도 자존감을 점검하는 일을 소홀히 할 수 없을 것이다. 즉, 공부의 기본인 '브랜드 전략'과 '자존감'은 당장 눈에 보이지는 않지만 같은 시간에 같은 내용을 공부하더라도 학생들 간의 학업 성취도와 대학 진학의 결과는 엄청난 차이를 가져온다.

> '자존감은 기본적으로 우리 자신에 대한 신념의 집합이다.
> 자존감은 내가 다른 사람의 사랑과 관심을 받을 만한 사람이라는 생각과
> 나는 주어진 일을 잘해 낼 수 있다고 믿는 믿음이다.'
>
> ▶ 조세핀 킴(하버드대 교육학과)

현 대입의 다양하고 복잡한 전형 요소들은 대학 간의 치열한 경쟁의 산물이다. 대학들은 어떤 학생이 대학 교육을 거쳐 경쟁력 있는 사회인으로 배출될 것인지, 그 가능성을 측정하는 데에 혼신의 노력을 다하고 있다. 그래서 대학 수학능력 시험에 만족하지 못하고, 추가로 논술과 면접, 입학사정관 등을 통해 학생들의 학력과 잠재력, 인성까지도

측정해 보려고 하는 것이다. 이러한 대학 입시 추세는 기업과 사회의 요구가 반영된 것이기 때문에 앞으로 더욱 강화될 수밖에 없다.

이 변화하는 대입 흐름에서 '자존감'이 갖는 의미와 비중은 이전보다 훨씬 커졌다고 할 수 있다. 먼저 수시 전형, 특히 입학사정관제만 보아도 그렇다. 이 제도에서 학생을 평가하는 가장 중요한 요소는 자기소개서이다. 자기소개서에는 현재의 긍정적, 도전적인 자아관과 이를 가능하게 한 성장 배경, 고난 극복의 경험이 설득력 있게 드러나야 한다. 또 지원하게 된 계열, 학과에서 이루고자 하는 목표를 구체적으로 명기하도록 하고 있는데, 진학 선택에 대한 자기 확신의 근간이 없이는 제대로 쓸 수 없다. 자존감이 낮은 학생은 자기소개서를 건조하게 나마 채울 수는 있을지는 몰라도 왜 자신이 뽑혀야 하는지에 대해서 대학을 설득시키지는 못한다.

자존감은 논리적 사고의 핵심 연결고리

자존감은 문제 풀이의 논리적 사고 구조에 없어서는 안 될 핵심 연결고리이기도 하다. 수능 시험장에서 문제를 풀고 있는 우리 아이들의 모습을 떠올려 보자. 여러 과목 중 특히 수학 시험에서 자신의 능력에 대한 믿음이 흔들리게 되면 엄마들도 한 번쯤은 경험했던 것처럼 '백지 상태'로 머릿속이 리셋(reset)되거나, 사고력과 문제해결 능력이 급격히 떨어지게 된다. 자신감을 잃고 부정적인 정서가 침투하면 그때부터는 걷잡을 수 없게 되지만, 반대로 '할 수 있다'는 자기 확신을 굳건히 하고 침착하게 문제에 접근하면 깨어졌던 논리적 사고 구조까지도 연결되어 해결의 실마리를 찾을 수 있다. 흔히 중요한 시험 성패의 절반은 그날의 컨디션이 좌우한다고 한다. 그러나 시험에 영향을 미치는 것은 당일에 한정된 컨디션이 아니다. 바로 평소에 수험생의 정서를 주관하고 있는 자존감이 얼마나 견고한지가 드러내는 결과라고 보아야 한다.

높은 수준의 사고력이 요구되는 논술에서는 어떠한가? 학력고사식 시험은 수험생의 자존감과 상관없이, 일정 정도는 유형 암기와 반복적인 훈련을 통해 반사적으로 답을 찾을 수 있다. 그러나 논술은 대학이 다양한 답이 나올 수 있는 가능성을 열어 두고 수험생 사고의 넓이와 깊이를 보고자 한다. 더욱이 오늘날의 논술은 수리적 분석에서부터 고전 문학, 인문학과 예술 분야에 이르기까지 통합 교과형으로 제시문을 주고, 응용력과 창의력, 비판적 사고력을 필요로 하는 글을 무려 5시간에 걸쳐 쓰도록 한다. 따라서 이 긴 시간 동안 단 한순간이라도 '잘 해낼 수 있다'는 긍정과 확신을 놓쳐서는 안 된다. 즉, 논술에서 필요한 극도의 초인적 정신력과 논리적 사고 구조는 오직 자존감만이 지탱할 수 있는 것이다.

공부역전은 자존감을 갖는 것에서 시작한다

평소 일상적인 공부도 어찌 보면 시험의 긴 연장으로 자존감을 절박하게 필요로 한다. 책상에 앉기 전부터 아이들에게는 공부에 대한 공포, 두려움, 열등감 등이 파도처럼 쉼없이 몰아친다. 엄마들은 공부를 시작조차 하지 않으려는 아이들을 의지박약 탓을 하며 다그치지만, 이는 '의지의 강함'과는 전혀 다른 영역의 문제이다. 자존감, 즉 긍정적인 자아관과 자기 확신이 공부를 시작하고 이끌어 가는 용기가 되어야지, 의지력만을 가지고 학습에 임했을 때에는 문제 해결을 위한 사고력은 잘 작동하지 않으며, 공부 자체에 대한 거부감과 공포심만 커지는 부정적 결과를 초래할 수 있다.

특히 학교생활에 있어 성취의 경험이 없고 아무런 자기 확신도 없는 아이가 공부를 시작하려면 우리가 상상하는 수준 이상의 자존감이 동력으로 공급되어야 한다. 과거 학교에서 배웠던 '활성 에너지(Activation Energy)'라는 용어를 떠올려 보자. 안정적인 상태로 멈춰 있던 물체가 움직이거나 화학적인 변화를 일으키기 위해서는 변화의 과정에서 사용되는 수준보다 훨씬 많은 에너지가 필요한데, 이 변화를 발생시키는 최소 에너지를 '활성 에너지'라고 한다. 가령, 달리고 있는 자동차는 조금만 엑셀을 밟아서 연료를 추가해도 속도를 더할 수 있다. 그렇지만 한번 멈춰선 자동차를 구동시키고자 할 때에는 달리는 차의 몇 배에 해당하는 연료와 힘을 활성 에너지로 공급해야 한다.

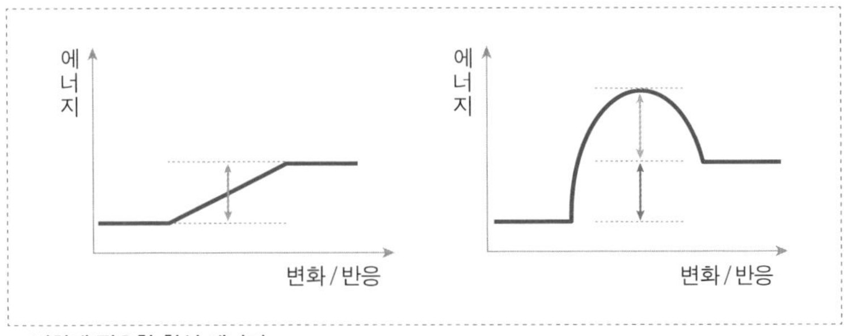

▲ 변화에 필요한 활성 에너지

위 그림은 일반적으로 엄마들이 생각하는 '공부하는 자녀로의 변화 추이'이다. 적절한 수준의 자극과 동기부여, 그리고 환경 조성만 있으면, 평소에 놀던 아이가 공부하는 모범생으로 바뀔 것이라고 생각한다. 그러나 멈춰선 자동차를 움직이는 데에 훨씬 많은 양의 활성 에너지가 필요하듯이 에너지 투입이 어떤 한계를 넘어선 후에야 아이들은 공부를 시작할 수가 있다. 그리고 그 활성 에너지의 실체가 바로 자존감인 것이다.

공부를 시작할 자존감을 잃은 아이들은 그냥 그 자리에 머물러 있지 않는다. 학년이 올라갈수록 자신에게 주어진 기대치와 현재의 모습 간의 괴리가 커지게 되면서, 전보다 더 깊은 '무기력(Helplessness)'에 빠지곤 한다. 펜실베니아대 심리학과의 마틴 셀리그만(Martin Seligman) 교수는 '무기력증은 선천적인 성향에 의한 것이라기보다는 학습된 결과'라는 것을 동물 실험을 통해 입증하였다.

셀리그만의 연구팀은 몇 마리의 개들을 상자에 가두고 반복적으로 전기 쇼크를 주며 아무리 애써도 피할 수 없도록 만들었다. 그리고 나서 이 실험을 경험한 개들을 일반 개들과 섞어서 동일한 전기 충격을 주었다. 단, 이번에는 전기가 흐르지 않는 공간을 만들어 몇 번을 시도 한 후에 개들이 전기 충격으로부터 충분히 도망갈 수 있게 만들었다. 새롭게 참가한 개들은 전기 충격이 가해지자 이리저리 뛰며 전기자극 이 없는 공간을 찾아 피했지만, 이전에 도망갈 수 없다고 학습된 개들 은 저항하지 않고 그 자리에 주저 앉아 끙끙거리기만 했다.

학습된 무기력증에 빠진 개들은 고통받는 환경을 돌파할 힘을 갖고 있고, 피할 기회가 있었지만 시도조차도 하지 않은 것이다. 우리 아이 들은 엄마의 손길이 닿지 않는 학교에서 오래 전부터 공부에 관한 무기 력함에 길들여져 왔다. 벗어날 수 없는 전기 충격에 학습된 개들처럼, 몇 번의 시도 끝에 자신은 공부를 잘하지 못하는 존재라는 결론에 이른 친구들이 참 많다. 한없이 낮아진 자존감 때문에 '난 못하니까 시도하 지 않겠다.'라고 말하면서 성적부진의 악순환을 반복한다. 게임에 빠져 자기 파괴적인 일상을 보내거나, 과격한 일탈 행위를 하는 아이들도 상 당 부분 자신의 존재 기반인 학교에서의 무기력을 자기만의 방식으로 돌파해 보려던 끝에 문제아로까지 다다른 것이다.

칭찬할 구석이 안 보이고, 다시 공부로 돌아갈 가능성이 낮은 아이 들일수록 더더욱 자존감을 높여 주어야 하는 이유가 바로 여기에 있다. 무기력하고 상처받은 마음에서 자기의 브랜드를 가꾸고, 비전을 위해 공부하려는 의지를 이끌어 내려면 자존감이라는 활성 에너지를 폭포 수 같이 쏟아부어야 한다.

"마음은 급하고 공부는 해야겠는데, 공부가 손에 잡히지가 않아요.

막상 시작하면 어떻게든 할 것 같기도 한데, 머리가 복잡하니까 그냥 놀 때가

많아요."

'공부가 제일 쉬웠다'는 1990년대의 장승수 씨부터 최근의 박철범 씨, 김영준 씨까지 꼴찌에서 최상위권으로 역전에 성공한 이들의 수기는 '나도 할 수 있다'는 자존감이 얼마나 놀라운 능력을 발휘할 수 있는지를 말해 주고 있다. 자존감이 높다면 대입까지의 기간이 얼마 남지 않았어도 충분히 역전할 수 있다. 반면 시간적 기회가 넉넉히 남아 있고, 공부할 수 있는 여건을 완벽하게 갖춰 놓고 있어도 자존감이 무너진 아이들은 좀처럼 희망을 찾기가 어렵다.

아이의 자존감은
엄마의 관점에 달려 있다

앞 장에서 우리는 내 아이만의 독특한 브랜드를 정하고, 그에 맞는 가치를 부여하여 사회에서의 경쟁력이 될 수 있도록 할 것을 권면하였다. 그러나 습관적으로 엄마들은 자녀들의 미래 가능성을 상대적인 학업 성적의 관점으로 보려 한다. 아이들의 공부도 미래를 위한 준비라기보다 현재의 순위 경쟁에서 밀리지 않기 위한 방어 차원에서 이해한다.

다음 그림은 일반적인 중·고생의 성적의 분포를 보여 주는 정규 분포도이다. 대다수의 엄마들은 자녀를 이런 정규 분포상의 어느 위치에 찍어 놓고 어떻게 하면 우측 하단의 최상위권이 속한 쪽으로 조금이라도 이동시킬 것인지를 고민한다. 그리고 엄마의 관심과 관점은 그대로 아이에게 전달되어 공부의 이유와 방향도 모른 채 앞서 가는 친구의 뒤통수만을 바라보며 뛴다. 주지해야 할 것은 이 정규 분포 안에서는 최상위권의 몇 명을 제외하고 모두가 경쟁에서 뒤처진 루저(loser)일 수 있

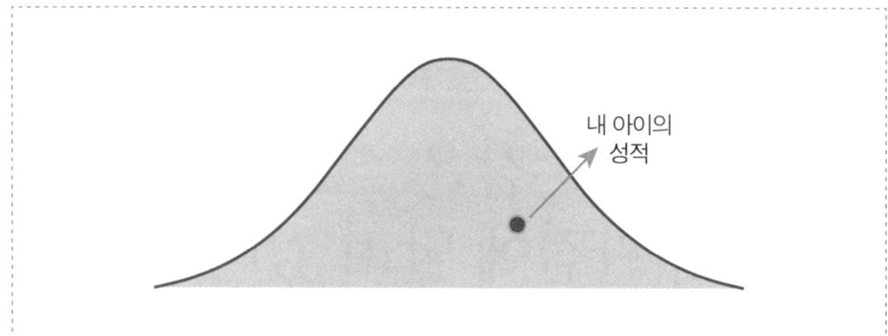

▲ 중·고생의 성적 분포도

으며, 자신만의 가치를 확신하는 자존감을 유지하기가 어렵다는 점이다.

정말 내 아이가 공부에서 만족을 느끼고, 높은 성취를 거두는 사람이기를 바란다면, 아이의 자존감을 최우선 가치에 둘 수 있어야 한다. 즉, 다음 그림처럼 성적의 정규 분포상에 위치해 있는 아이의 가치를 빼내어 새로운 관점으로 바라보아야 한다. 당장의 성적에 민감해 하고 경쟁심에 불타오를 것이 아니라 내 아이만의 고유한 브랜드의 가치를 보려는 전면적이고 실질적인 관점의 변화를 갖자는 것이다. 그래야만 비로소 자존감이 자녀의 중심에 자리 잡게 된다.

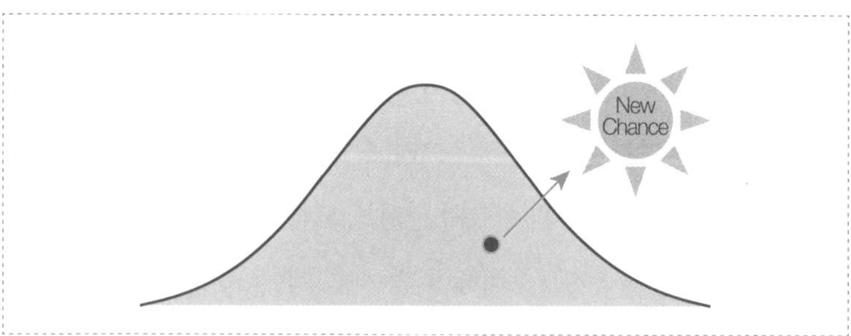

▲ 아이의 고유한 브랜드 가치를 빼 낸 그림

조선 중기를 대표하는 시인 백곡(栢谷) 김득신(金得臣, 1604~1684)과 그의 아버지 김치(金緻)의 교육관을 보면 자녀의 자존감을 높이기 위한 엄마의 역할을 배울 수 있다.

어릴 때 천연두를 앓았던 김득신은 10세에 이르러야 겨우 글을 배우기 시작했지만, 수만 번 읽은 글도 자신이 읽었는지조차 기억하지 못하는 우둔한 사람이었다. 그러나 김득신은 공부에 대한 열정의 끈을 한 번도 놓지 않았고, 그 결과 만 번 이상 읽은 책에 대한 내용을 담아 ≪고문36수독수기(古文三十六首讀數記)≫라는 명저를 남겼다. 또 오늘날에도 믿기 힘든 59세의 나이에 문과에 급제하여 안풍군에 봉해지기까지 조선 최고의 시인으로 추앙받았다. 그의 묘비에는 다음과 같은 글귀가 적혀 있다.

"재주가 남만 못하다고 스스로 한계를 짓지 말라. 나보다 어리석고 둔한 사람도 없겠지만 결국에는 이룸이 있었다. 모든 것은 힘쓰는 데 달렸을 따름이다."

이 글은 주변의 손가락질과 조롱에도 김득신의 학업을 지탱했던 힘이 바로 내면의 자존감이었음을 짐작할 수 있게 한다. 그리고 그 자존감은 명문가 정3품 부제학을 지낸 그의 아버지 김치(金緻)에 의해 길러진 것이었다. 얼마나 이 가정에 희망이 없어 보였던지 주변 사람들은 우둔한 아들을 포기하라고까지 말할 정도였다. 그렇지만 "나는 저 아이가 저리 미욱하면서 공부를 포기하지 않는 것이 대견스럽네."라며

아들을 부끄러워하지 않았고, 나이 스물에 처음 작문을 해 낸 아들에게
"더 노력해라, 공부란 꼭 과거를 보기 위해서 하는 것이 아니다."라고
용기를 북돋아 주었다.

김득신의 예는 오늘날로 치면 특수 학교에서 교육을 받으면서 정규
교육과정의 학생들과 경쟁해야 하는 경우라고 말할 수 있을지 모르겠
다. 우리 자녀 중 백곡 김득신만큼 지적 장애를 겪고 있는 이가 있을까?
그럼에도 불구하고 아이들은 공부 앞에서 무기력하며, 엄마는 자녀의
낮은 성적을 부끄러워한다. 엄마는 아이들에게 '나도 할 수 있다'는 믿
음을 갖도록 노력과 칭찬을 아끼지 말아야 한다. 설사 실망스러운 성적
을 개선할 수 있는 방법을 좀처럼 찾을 수 없다 하더라도 아이가 자기
에게 대한 믿음을 잃지 않도록 인내하며 자존감을 지켜 주어야 한다.

성적에 관한 엄마의 질타는 분풀이 이상의 아무런 도움이 되지 못
한다. 어떤 엄마는 형편없이 낮은 점수 앞에서 부끄러운 줄도 모르고
태연자약한 아들이 밉기도 하거니와, 화내기라도 하지 않으면 자기 잘
못을 끝까지 모를 것 같아서 더 열을 낸다고 한다. 하지만 생각이 없어
보이는 아이도 일부러 강한 척하는 것일 뿐 마음 한 구석에서는 눈물을
흘리고 있다. 그리고 엄마가 질책이 아닌 격려를 하였을 때 자존감의
싹은 돋아나고 자신의 행동에 스스로 책임지려는 태도도 생겨나게 된다.

자존감 회복의 출발은 신뢰 회복에 있다

사실 자존감을 찾고, 지키는 것은 궁극적으로 본인의 몫이다. 그래서 아이들의 무너진 자존감과 무기력한 모습에 대한 모든 책임이 엄마에게만 있는 것처럼 주장하는 것같아 마음이 몹시 불편하다. 엄마에게 자녀 양육 개선점들을 설명하기에 앞서 자녀들의 마음가짐과 생활 태도에 대해 먼저 지적하는 것이 올바른 순서일 수 있다. 그러나 아이들에게 스스로를 돌아보라고 말하기에는 오늘날의 교육 환경이 너무도 척박하며, 학교와 학원 어느 곳도 아이의 자존감을 잡아 줄 수 있을 만한 여건을 갖추지 못했기 때문에 결국 엄마에게 이 책무를 맡길 수밖에 없는 것이다.

자존감을 높이는 교육에서 가장 시급한 것은 자녀와의 '신뢰 회복'이다. 코칭맘스쿨 참여자들을 비롯해서 깨어진 신뢰로 인한 대화 단절의 고통을 호소하는 엄마들이 많다. 학습 지도는 고사하고 학교생활,

식사 등에 관한 일상적 대화까지 거부하는 아이들도 있다. 어떤 엄마는 '자기 좀 가만히 내버려 두라'는 자녀에게 '과연 무엇을 할 수 있는지' 묻기도 한다.

코칭맘스쿨에서는 '진로 지도, 학습 코칭'의 입장에서 자녀와의 '신뢰'를 쌓기 위한 엄마의 노력이 최선이라고 조언한다. 이는 극단적인 가정에만 국한된 이야기가 아니다. 겉으로 드러나지 않아서이지 아이들과의 갈등을 불안정하게 봉합해 놓은 수많은 일반 가정에서도 학교생활, 성적, 진로 선택 등으로 조그마한 충격만 가해지면 바로 축적된 문제들이 폭발하듯 돌출될 수 있다. 그러므로 아이의 자존감을 높이는 학습 지도를 하기 전에 먼저 자녀들이 엄마의 말을 듣고 신뢰하는 정상적인 관계인지부터 점검할 필요가 있다.

그런데 엄마를 신뢰하지 못하는 아이들에게는 어떤 문제가 있는 것일까? 엄마는 성적의 정규 분포에 갇혀 있어서는 안 되고, 자녀의 브랜드 가치를 외부에서 찾을 수 있는 관점의 변화가 있어야 한다고 설명하였다. 엄마의 말을 들으려 하지 않는 아이들은 바로 이런 엄마의 상대적 시선에 상처를 받아 왔다고 보면 된다. 자신의 성적과 상관없이 무조건적으로 믿어 주고 사랑해 줄 것이라 믿었던 엄마가 학년이 올라갈수록 '공부 잘하는 나'만을 바란다는 느낌을 받을 수 있다. 이때의 정서적 상실감은 신뢰 관계의 훼손으로 이어진다. 그리고 아이들은 더 이상 자신은 엄마의 자랑스러운 존재가 되지 못한다는 생각에 엄마를 거부하고 외면하는 방어기제를 작동시킨다.

미국 서부 샌프란시스코(San Francisco)의 금문교(Golden Gate Bridge) 건설

과 관련된 이야기를 하나 해 보자. 금문교 아래에는 아찔한 급류가 흐르고 있어서 쳐다만 봐도 빨려 들어갈 것 같은 느낌을 받는다. 이렇게 위험한 지형에서 처음 다리를 건설할 당시에는 이렇다 할 안전 장치를 하지 않았다. 그렇다보니 11명의 인부가 작업 중 떨어져 사망하는 사건이 발생했다. 건설사는 더 이상의 피해가 발생하지 않도록 안전 그물망을 설치함으로써 떨어지는 사람이 있더라도 구조가 가능하도록 만들었다. 그리고 나서는 단 한 명의 인명사고도 발생하지 않았다. 당연한 것처럼 들릴지 모르겠으나 놀라운 사실은 그물 위로 추락한 사람들을 구조했다는 것이 아니라 아무도 떨어진 사람이 없었다는 점이다.

어떻게 이런 변화가 가능했을까? 바로 인부들의 마음 속에 어떤 일이 있더라도 이 안전 그물망이 자신의 생명을 지켜주리라는 믿음이 있었기 때문이다. 금문교 건설의 인부들과 같이 자존감이 낮은 아이들도 안전망과 같은 엄마의 존재가 필요하다. 발 아래로 무시무시한 급류가 흐르는 것처럼 우리 자녀들의 정서도 불안하기 그지없다. 그래서 아이들은 혹여 방황으로 생활이 무너지고, 성적이 떨어진다고 해도 엄마만은 안전망이 되어 그 자리에서 자신을 굳건하게 받쳐 줄 것이라 믿고 싶어한다. 그런데 작은 성적의 등락에 자신보다 더 흥분하고 좌절하는 엄마를 본다면, 아이들은 그 믿음을 거두고 더 이상 엄마의 말에 신뢰와 권위를 부여할 수 없게 될 것이다.

따라서 지금은 자녀와 관계가 어떠함을 막론하고 신뢰 회복을 위한 변화된 모습을 보여 주어야 할 때이다. '너는 존재하는 것만으로 엄마

삶의 가치이자 기쁨이다'라는 진정성을 나누는 노력을 아끼지 말아야 한다. 상위권 아이들이 다니는 학원이 어디이고, 최근 주목받는 강사가 누구인지를 알아보는 것이 엄마의 역할이 아니라는 점을 다시 한 번 기억하자.

자존감을 지키는 학습 설계, 자기주도학습법

이 책에서 코칭맘의 학습 비도 방법을 다룬다고 해서 결코 '엄마 주도 학습'을 대체 적용하려는 것이 아니다. 어디까지나 엄마는 아이가 '자존감'과 '독서 능력'이라는 핵심 능력을 갖추어, '브랜드 전략'에 입각한 자기주도학습을 하도록 코칭하는 역할을 감당하는 존재일 뿐이다. 오히려 엄마가 주도하는 공부는 자녀를 끌려다니는 자존감 낮은 아이로 만들 위험이 크다.

물론 학습 습관, 질서가 잡혀 있지 않은 초기에는 엄마의 적극적인 참여가 요구된다. 그러나 자녀의 사전 동의에 의해서만 엄마는 가이드를 줄 수 있으며, 모든 의사 결정의 최종 결정은 아이 스스로 내리도록 하고, 그 결과에 대해서도 본인이 책임지도록 해야 한다. 엄마의 평소 성격과 신념을 발휘해서 밀어붙이고 싶은 충동이 일어날 수 있지만, 길고 어려워 보이는 코칭의 본분을 지키는 것이 결국에는 소기의 성과를 거두는 유일한 길임을 잊어서는 안 된다.

코칭맘스쿨에서는 엄마들이 따라야 할 롤모델(Role Model)로 고대 그리스 아테네의 최전성기를 이끌었던 '페리클레스(Pericles, BC 495~429)'를 제시한다. 페리클레스는 막후 정치(幕後政治)에 능한 사람으로 자기주도학습을 코칭해야 하는 우리 엄마들에게 분명한 가르침을 준다. 페리클레스는 '겉모습은 완벽한 민주정치였지만, 실제로는 한 사람이 지배하는 아테네'를 만든 지혜로운 사람이었다. 작은 도시국가였던 아테네는 세력이 확장되면서 국가적 주요 사안들이 증가하였고, 그에 따라 신속하고 일관된 의사결정과 추진이 필요하게 되었다. 즉, 자칫 우민화(愚民化)될 수 있는 직접 민주주의보다는 황제에 의한 중앙집권적 통치가 필요한 시점이었다.

그러나 아테네 시민들은 자신들의 손으로 일군 민주주의에 대한 자부심과 그 가치를 지키고자 하는 열망이 강했다. 이때 탁월한 정치 지도자였던 페리클레스는 같은 상황, 같은 문제로 갈등을 빚었던 로마의 '줄리우스 시저(Julius Ceaser)'와는 달리 장막 뒤에 숨어서 모든 의사결정과 주권이 시민들에게 있는 것 같이 보이도록 만들었다. 그 결과 황제가 되려 했던 시저는 암살당한 반면에, 페리클레스는 민주 정치 문화의 꽃을 피우며 수십년간 아테네를 통치했다.

페리클레스 통치의 비밀은 과정과 절차상으로는 시민들이 의사결정을 주도하게 만들었다는 데에 있다. 앞에서 설명한 '브랜드'의 결정에서부터 이후에 나올 '학습목표 및 계획수립'에 이르기까지 엄마는 정보와 가이드만을 제공하고, 모든 판단은 아이들이 내리도록 해야 한다.

그러나 어떤 정보를 어떻게 가이드하느냐에 따라 강요 없이도 얼마든지 엄마가 옳다고 여기는 방향으로 아이들이 따르게 할 수 있다. 물론 간혹 의도하지 않는 방향으로 결정했을 때 당장은 답답하고 화가 나겠지만 아이의 결정을 수용하고 존중해야 한다. 엄마의 생각이 옳다면 결국은 엄마의 뜻으로 돌아오게 되어 있다. 또는 엄마가 당시에 잘못 판단했음을 깨닫는 효과를 거두기도 한다.

만약 자신의 생각이 더 지혜롭고 빠른 길이라고 생각한 나머지 아이의 결정을 묵살한다면 저항감만 불러일으킬 뿐 누구도 원치 않은 길로 접어들 수 있다. 등에 칼이 꽂힌 채로 '브루투스 너마저!'를 외쳤던 시저의 비극을 재현하기를 원치 않는다면 학습의 주도권을 자녀에게 돌려라. 이제부터 페리클레스와 같이 아이들의 뒤에서 지혜로운 학습 지도를 어떻게 해 나갈 수 있는지에 대해 알아보도록 하자.

자기주도
학습
자기주도
학습
자기주도
학습
자기
주도
학습
자기
주도
학습
How to study

Part 2.

수능과 입시의
올바른 이해

파란만장한
대학 입시의 변천사

"표준 점수에 등급, 백분위까지 요즘 성적표는 봐도 이해가 안 가요."

"같은 대학, 같은 학과 안에서도 입시전형이 여러 가지라서 갈피를 못잡겠어요."

현재 예비 중학생~고교 1학년의 자녀를 두고 있는 우리 코칭맘들은 연령대가 대체적으로 30대 후반에서 40대 후반이다. 대입 시험을 치른 시점으로 따지자면 1980년~1993년도에 포진된 학력고사 세대이다. 학력고사가 대학 입학 시험으로 바뀐 배경에는 서슬퍼런 1980년 신군부가 있었음을 기억하는 엄마들이 있을지 모르겠다.

12.12 이후 정권을 잡은 군사 정권은 국민적 지지를 얻고자 당시 극렬했던 상류층의 과외를 단속하는 한편, 사교육의 온상이라고 지목된 대학별 본 고사를 폐기하고 예비 고사와 본 고사를 대입 학력고사 하나

로 통합하는 '7. 30 교육개혁'을 실시하였다. 그로부터 대입수학능력시험(이하 '수능')이 등장한 1994년까지 획일화, 주입식, 암기 등으로 특징지어진 학력고사 체제하에서 고등학교 시기를 보냈다.

학력고사를 거친 엄마 세대는 지금의 자녀들과 근본적으로 상이한 교육적 배경을 갖고 있다고 보아야 한다. 따라서 엄마들이 과거 자신의 경험에만 의지해서는 세대 간의 골을 메울 수 없다. 과거 본인들의 중·고교 시절을 떠올리며 자녀의 학습 지도를 한다는 것은 시행착오를 일으킬 위험이 높다. 그래서인지 대다수의 엄마들에게 아이들 공부에 관해서 해 줄 수 있는 말은 '공부하라. 빈둥거리지 말아라'라는 잔소리 말고는 없는 듯하다. 그리고 세세한 학습 지도와 입시 전략은 학교만 바라보든지 아니면 고액의 사교육비를 들일 수밖에 없다고 생각한다.

치열한 입시 경쟁을 거쳤고, 나름대로 열심히 공부했다고 자부하는 엄마들도 수천 개에 이르는 대학 입학 전형 앞에서는 예외 없이 우왕좌왕하게 된다. 엄마들을 무시해서가 아니다. 워낙 현 세대와는 공부 환경이 다르기 때문에 과거의 노하우를 활용하기가 어렵기 때문이다. 더욱이 엄마들은 많은 비용을 요구하는 사교육 업체를 제외하고는 바뀐 교육 현실과 대응 방안에 대한 정보를 얻을 수 있는 이렇다 할 채널도 가지고 있지 않다. 엄마가 계속 무지한 채로 있어야 더 많은 수익을 거둘 수 있는 사교육 업체들이 온전한 정보를 줄 리도 만무하다.

현재의 대입 제도 파악에 앞서 대한민국 대입과 수능 시험의 변천사를 먼저 짚어 보자.

연 도	내 용	연 도	내 용
1945~1953	대학별 입학 시험	1981	예비 고사 + 내신
1954	연합 고사 + 본 고사	1981~1985	학력고사 + 내신
1955~1961	본 고사 + 내신(권장)	1986~1987	학력고사 + 내신 + 논술
1962	국가자격고사	1988~1993	학력고사 + 내신 + 면접
1963	국가자격고사 + 본 고사	1994~1996	수학능력시험 + 내신 + 본 고사
1964~1968	대학별 고사	1997~2001	수학능력시험 + 학생부 + 논술
1969~1972	예비 고사 + 본 고사	2002~현재	수학능력시험 + 학생부 + 논술 + 면접 + 추천서 + 입학사정관 등
1973~1980	예비 고사 + 본 고사 + 내신		

'파란만장'이라는 표현이 부족할 정도이다. 대한민국의 대입 제도는 평균 3년 10개월에 한 번꼴로 수술대에 올랐다. 대입 제도의 변화는 이전 것에 대한 문제점 보완이 주된 목적이었지만, 당대 집권 세력의 교육 이념을 반영하기 위한 성급한 변화들도 많았다. 이로 인해 학생과 학부모들이 겪어야만 했던 고통과 혼란은 지금도 계속되고 있다. 가령 1993학년도 대학 입시를 준비했다가 이듬해까지 재수한 학생들을 보자. 이들은 역사상 가장 많은 종류의 대입 시험을 치른 셈이다. 1993학년도에 학력고사, 내신, 면접을 준비했고, 1994학년도는 이전과는 전혀 다른 유형인 대학수학능력시험과 본 고사에 이르기까지 그동안 존재했던 모든 대입 관련 시험들을 거쳐야만 했다.

하지만 지금의 우리 아이들이 처한 환경은 앞의 표에서도 볼 수 있는 바와 같이 이전과는 비교를 불허할 만큼 복잡하고 어렵다. 언론이나 사설 입시 기관마다 발표는 다르지만, 2011학년도 기준으로 대입 전형의 종류는 2,500~3,000개에 이른다고 한다. 대학별 입시 전형만 가지고

도 웬만한 사전 두께만큼의 책을 만들 수 있을 정도이다.

그렇다고 해서 지레 겁먹을 필요는 없다. 봇물 터지듯 쏟아져 나오는 각 대학들의 입시 전형들을 조금만 자세히 들여다 보면 나름대로의 원칙과 특성을 찾아낼 수 있으며, 오히려 단 한번의 시험으로 당락이 좌우되었던 과거보다 기회가 훨씬 많다는 사실을 알게 될 것이다. 여기에 대비하기 위한 혜안과 정보는 소수의 사교육 입시 기관과 컨설팅 업체만 독점할 수 있는 것도 아니다. 이 책만 있어도 교육, 입시 제도의 변화를 관통하는 시야를 가질 수 있다.

대학수학능력시험,
그 끝없는 변화

　'대학별 본 고사 — 학력고사 — 대학수학능력시험'으로 이어지는 큰 틀의 제도적 변화는 학생, 학부모에게 큰 충격이었지만, 각각의 제도 안에서도 상당한 수준의 조정이 있어 왔다. 특히 현 입시 제도의 중심인 대학수학능력시험은 출제 범위, 성향, 난이도 등에서 마치 널을 뛰듯이 큰 변동 폭을 그리고 있다.

　그렇다고 이 변화 과정이 절대 수능의 발전사라고 말할 수 없는 것은 누가 봐도 뻔한 교육 정책의 판단 실수를 조정하기 위해 온탕과 냉탕을 오간 결과이기 때문이다. 물론 주입식 암기를 버리고 대학에서 필요한 학습 능력인 사고력과 응용력, 창의력을 측정하겠다는 수능의 패러다임 전환은 대학 입시 제도 역사상 가장 드라마틱하고 긍정적인 변화임에 분명하다. 대학수학능력시험의 주요 변곡점이 되었던 해와 그 특성은 다음과 같다.

연 도	특 성
1994	• 최초의 수능 시험. 1993년 8월 20일과 11월 16일, 두 번 시행 • 수능의 취지를 충분히 살리지는 못하였지만, 학력고사 유형과는 확실한 차별화 • 2회 시험 간 난이도 조정 실패로 다음 연도부터는 연 1회만 시행 • 배점은 언어/수리 I/수리 II/외국어 각 60/40/60/40, 총 200점
1997	• 1994~1996학년도에 시행된 대학 본 고사 폐지, 수능 의존도가 크게 높아짐. • 배점을 총점 400점으로 늘림. • 수능 시작 이래 2005학년도 수능까지 총 13차례 중 가장 난이도가 높았던 시험
1999	• 6차 교육과정의 최초 수학능력시험, 수리 탐구 II 영역에 선택 과목 제도가 도입 • 쉬워진 출제 경향으로 수능 최초 만점자가 배출
2001	• 난이도 조절 실패로 만점자가 66명이나 배출되는 등 물수능이라는 불명예 • 수능 만점자가 내신과 제2외국어 영역 변환표준 점수로 서울대의 특차 전형에 탈락
2002	• 과도하게 난이도를 조절, 전체 평균 점수가 66.5점 폭락하여 불수능이라는 별칭 • 수능 시험의 특차 전형이 폐지되었으며, 최초로 9등급제가 도입 • 당시 학생들은 특정 분야만 우수하면 대학에 입학할 수 있다는 이해찬 당시 교육부 장관의 정책에 피해를 입었다면서 자신들을 '이해찬 세대'라고 명명
2005	• 7차 교육과정에 따른 최초의 수능 시험. 언어/수리/탐구/외국어 영역별 점수가 120/80/120/80, 총 400점에서 언/수/외 각 100점, 탐/제2외 각 50점으로 변경 • 탐구 영역은 사회(11개 과목)와 과학(4개 과목) 각 영역에서만 최대 4과목을 선택하는 선택형 수능이 시작 • 휴대폰을 이용한 조직적 부정 행위로 314명의 시험 결과가 무효 처리됨.
2006	• 과목별 난이도 조절 실패. 언어는 95점대 이상이 12% 이상을 차지, 수리에서는 '가, 나'형 간, 탐구 영역은 선택 과목 간의 난이도 차이로 '로또 수능'이라 불림. • 화학 II 만점자의 표준 점수는 73점, 물리 II 만점자는 64점의 표준 점수 부여
2008	• 성적표에 표준 점수를 비롯한 각종 상대 평가의 점수를 배제하고, 9개의 등급만 표기. 1점 차이로 등급이 갈리고, 변별력이 떨어지는 등 수능 등급제에 대한 불만 폭증 (2009년도부터 수능 등급제 폐지)

위 표에서 확인할 수 있는 것처럼 수능은 일관된 방향성을 갖고 발전을 해 왔다라고 하기보다는 당시 정부의 교육관을 허겁지겁 반영하느라 극단적인 변화를 반복해 왔다고 할 수 있다. IMF 이전(1998학년도 입시)까지는 성장과 효율성이 최고의 덕목과 가치였고, 대학 입시도 이에 부

응하여 줄 세우기에 여념이 없었다. 그래서 서열을 세우고 줄을 정확하게 그을 수 있게 수능의 변별력을 매우 높게 가져 갔으며, 대학은 수능 하나만으로도 충분히 학생들의 학력을 서열화할 수 있어서 자율적 학생 선발에 대한 요구가 상대적으로 적었다.

반면 무너진 경제와 과거의 정치적 실패, 과오를 바로잡고자 들어선 IMF 이후의 정부는 이전과는 너무나 다른 정치적 노선을 갖고 있었다. 입시 제도와 교육 문제의 접근에서는 순수 민주주의적 가치, 특히 평등을 너무 급작스럽고 거칠게 밀어붙였다. 그 결과 2001학년도의 물수능, 2006학년도 로또 수능 사태가 있었고, 이상화된 교육 이념으로 학력 저하가 컸던 '이해찬 세대'의 등장, 2009학년도의 9등급 표기제(석차, 표준 점수 미공개)에 따른 대혼란이 발생했다. 그리고 대학수학능력시험의 변별력에 불만이 컸던 상위권 대학을 중심으로 다른 대안들을 강구하게 만들었다.

가령 주요 대학들은 학생 선발에서 내신의 반영 비율을 올리라는 정부의 지침에 명목상으로는 수용했지만, 내신 등급 간의 점수 격차를 매우 작게 만들어 실질 반영 비율을 매우 낮게 만들었다. 이로써 정부 정책을 충실히 따른 서울대와 서울교대 등 몇몇 대학을 제외하고, 특목고 학생도 수능과 논술 성적으로 내신의 불리함을 얼마든지 극복할 수 있게 되었다. 또한 대학들은 논술의 난이도와 비중을 높이고, 수시 모집이나 특별 전형에서 특목고 출신 학생들이 유리한 다양한 입시 전형을 실시함으로써 부족해진 수능 시험의 변별력을 보완하고 있다.

대입 제도 변화에 대처하는 우리들의 자세

대학 입시 제도와 대입 수능 시험의 변화, 그리고 그 끝에서 다양화, 자율화의 명분으로 무한이 증가해 버린 대입 전형 요소들……. 불과 몇 년 전만 하더라도 '논술－수능－내신'으로 이어지는 준비를 '죽음의 트라이앵글'이라 부르면서 정부 정책을 원망했지만, 지금은 다음 그림처럼 팬타곤, 헥사곤 등 전형 요소가 늘어나면서 엄마들은 불평할 기운조차 잃어버린 듯하다.

그러나 우리가 누누이 강조하듯이 절대 위축되거나 뒤로 물러서서는 안 된다. 자녀의 특성을 가장 잘 이해하고, 그 미래를 책임감 있게 고민할 수 있는 존재는 엄마뿐이다. 절대 사교육 업체나 입시 컨설턴트가 이 역할을 대신해 줄 수 없다. 지금 엄마들에게 무엇보다 필요한 것은 현 입시 제도의 특성과 방향에 관한 올바른 지식과 이해, 그리고 통찰력이다.

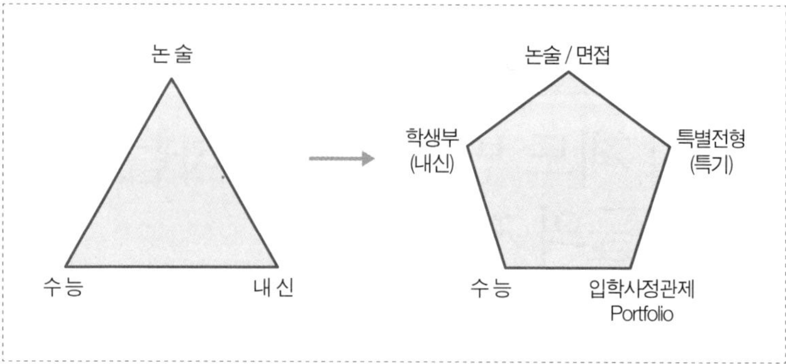

▲ 죽음의 트라이앵글에서 다양한 전형 요소로 바뀐 정책

익숙하지 않은 내용을 습득하는 것은 누구에게나 머리 아프고 어려운 일이지만, 단언하건데 정상적인 사고력을 지닌 엄마라면 누구나 전문성을 지닌 자녀의 브랜드 전략가가 될 수 있다.

앞에서 다룬 진로 지도의 원칙과 공부의 기본만 확실히 알고 있는 상태에서 이 부분의 지식만 더해 주면 된다. 지금 몇 년간의 수고로 내 아이의 진로와 인생이 바뀔 수 있다는 점을 명심하고, 두 눈을 크게 부릅뜨고 끝까지 따라오시기를 바란다. 또, 이 배움을 시작하기 전에 그동안의 자녀 지도에 착오와 실패를 불러왔던 모든 통설과 옆집 엄마에게 들은 지식들은 과감하게 버려야 한다. 우리는 이 백지 위에 그 어느 매체에서 들려 주었던 것보다 명쾌하고 분명하게 교육과 입시의 변화를 관통하는 본질을 설명해 나갈 것이다.

코칭맘의 필수 정보 1
_대입 기본 구조를 꿰뚫어라

이제까지 교육 환경의 큰 물줄기를 보았다면, 이제 세부적인 입시 전략 수립의 기본이면서 가장 필요한 정보를 '코칭맘의 필수 정보'라는 이름으로 설명해 보도록 하겠다. 단, 교과 과정과 대학 입시 제도는 매년 상당한 폭의 변화가 있으므로, 이 장에서는 특정 해의 입시에 국한되지 않는 선에서 '대입 기본 구조', '입학사정관제에 대한 이해', '수능과 논술의 이해', '성적표 해독법'을 다루도록 한다.

코칭맘의 필수 지식을 '대학입시 기본 구조'에 대한 이해로 시작하는 이유는 초등학교에서 중·고등학교까지의 모든 교육과정이 대학 입시 제도를 기준으로 설계되기 때문이다. 따라서 현 교육 시스템의 정체성에 맞추어 자녀 학습을 지도하기 위해서는, 자녀가 대입을 치를 때까지 수년이 남아 있다고 하더라도 대입 제도의 특성을 반드시 이해하고 있어야 한다. 가장 최근에 있었던 '2009 개정교육과정'이 '2014 대입 제도개편안'으로 최종 확정되는 것도 이와 같은 맥락에서이다.

모집 시기 - 수시 모집과 정시 모집

대입 구조의 가장 큰 틀은 '수시 모집 전형'(이하 '수시'), '정시 모집 전형'(이하 '정시')이라고 부르는 모집 시기별 전형의 구분이다. 수시는 말 그대로 기간의 제약 없이 학생을 모집하는 것을 가리킨다. 보통 수능 시험 이전에 학생부와 서류 중심의 선발과정을 밟고, 대학별로 논술 시험, 면접 등을 실시한 후에 수능 점수를 최소 조건으로 적용하여 수능 결과 발표 직후에 합격자를 확정한다. 정시는 수능 발표 이후에 '가/나/다'군의 3개의 정해진 기간에 원서접수를 받는 방식으로, 학생들은 각 군별로 1회씩만 원서를 쓸 수 있다.

수시에서는 수능 시험일 이전에 전형 심사를 실시하고, 예비 합격자를 발표한다. 그러나 주요 대학들은 'ㅇ개 영역에서 ㅇ개 등급 이내'와 같이 수능 최저 학력 기준을 전제로 하고 있기 때문에 예비합격을 했다고 하더라도 수능 시험준비에 소홀해서는 안 된다. 또 수시 전형은 지원의 횟수에 제한을 두고 있지 않기 때문에 많은 학생들이 5개 이상의 대학에 원서를 넣는다. 하지만 각 대학, 학과마다 전형 요소와 요구 사항이 제각각이기 때문에 다수의 대학에 지원하는 것은 수능 시험을 비롯한 전체적인 준비를 소홀하게 만들 수 있다. 따라서 자신에 브랜드 전략에 맞는 소수의 학교에 집중하는 것이 바람직하다.

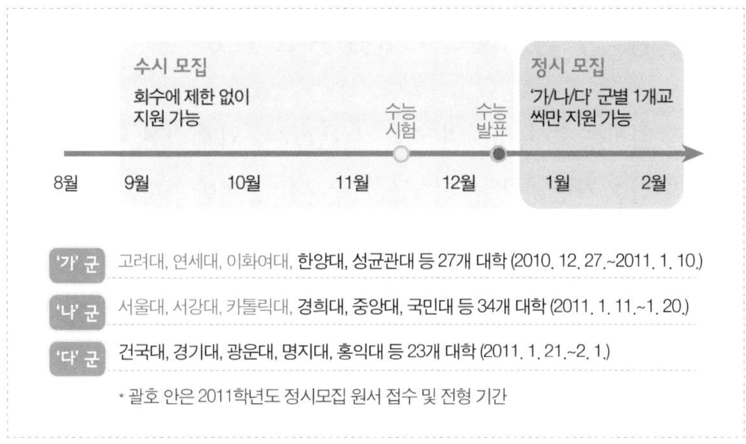

▲ 서울 소재 4년제 대학의 군별 분포 현황

정시의 경우 수능 결과 발표 이후에 원서 접수가 진행되는 만큼, 수능 점수를 가장 중요한 선발의 기준으로 삼고 학생부, 논술 등을 추가로 반영하는 것이 일반적이다. '가, 나, 다' 세 개의 군에 각 1개씩, 총 3개의 대학에 지원이 가능하다(산업대와 전문대는 이에 상관없이 지원 가능). 위의 표는 서울 소재 4년제 대학의 군별 분포를 나타내고 있는데, 색자(色字)로 쓰여진 몇몇을 제외한 대다수 대학들은 복수의 군에서 학생을 선발한다. 가령 '가, 나, 다'군 모두에 입학전형을 개설한 서울시립대에는 한 학생이 각 군별 3번 모두를 지원할 수 있다. 그러나 한 개 학교에 올인하는 것은 매우 부적절한 지원 형태이고, 대개의 경우에는 수능 영역별 성적과 내신을 분석하여, '가, 나, 다'군에 각각 '하향 적정 상향'의 전략적인 지원 조합을 구성한다.

전형 방법 - 일반 전형과 특별 전형

대학 입시는 수시, 정시의 모집 기간별 분류 외에 전형 요소의 성격에 따라 '일반 전형'과 '특별 전형'으로 구분한다. 일반 전형은 모든 수험생이 지원할 수 있는 보편적인 유형으로, 수능 성적과 학생부, 논술 또는 면접 등을 통해 선발한다. 특별 전형은 대학이 정한 특정 자격 요건이나 특수한 재능 및 적성을 보유한 학생을 선발하는 방식이다. 대학의 자율적 학생 선발 권한을 최대한 보장해 주고 있는 현 입시 추세에서는 특별 전형의 비중이 급격히 커지고 있다.

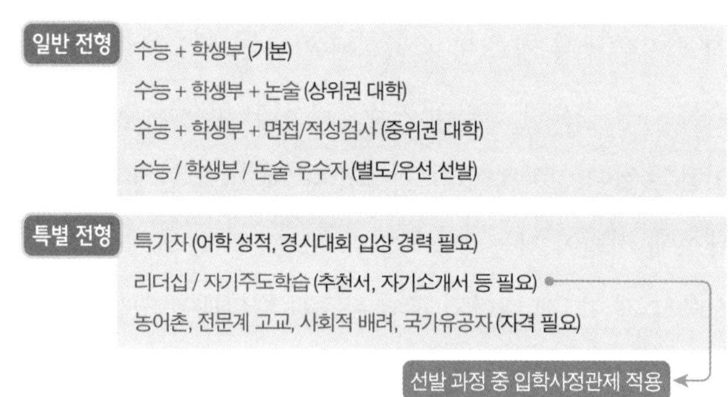

먼저 일반 전형의 기본 틀은 '수능+학생부'로 대부분의 중·하위권 학교가 이 방식으로 학생을 선발하고 있지만 상위권 대학으로 갈수록 변별력 확보를 위해 '수능+학생부'와 함께 다른 전형 요소를 추가한다. 논술과 면접이 주된 전형 요소이며, 일부 대학은 학과적 특성에 맞는 적성 검사를 실시하기도 한다. 이 밖에도 학생부 우수자 전형, 수능

100% 전형, 논술 우수자 전형 등 특정 전형 요소의 비중을 절대적으로 높게 설정하는 유형도 있다. 이러한 대학별, 학과별 전형의 특성을 감안할 때, 브랜드 전략과 진로 경로가 일찍 정해진 학생들이 대입에서 확실히 유리하다고 할 수 있다.

특별 전형의 경우 선발 성격에 따라 특기자 전형, 리더십 추천 전형, 자격 중심 전형으로 크게 분류할 수 있다. 각 전형에 대해 알아보자.

특별 전형의 첫 번째 유형은 외국어, 수학·과학, 예술, 스포츠 등 특정 과목이나 분야에 우수한 역량을 가진 학생을 선발하는 전형으로, 해당 분야의 특기자임을 증명하는 객관적인 자료를 각 학교의 기준에 맞추어 준비하여야 한다. 여기서 객관적인 자료란, 공인된 어학성적이나 올림피아드 입상 실적, 예체능 분야의 대회 수상 실적, 전문 교과 이수 경력과 같은 소위 '스펙'을 말한다. 단, 이런 특기자 전형의 정원이 매우 작고 경쟁률이 치열해서, '영어 하나 잘하면 대학가겠지' 또는 '올림피아드에서 수상하면 가산점은 받지 않을까?' 등의 막연한 생각으로 특정 과목에 과도하게 투자하는 것은 매우 위험한 선택이라 할 수 있다. 교과 관련 대외 수상 실적은 특기자 전형 외에는 어디에서도 반영하지 않으며(입학사정관 제도의 평가 요소가 아님.), 특기자 전형은 정말 뛰어난 소수들 간의 경쟁임을 알고 있어야 한다.

두 번째 유형으로는 '리더십·자기주도학습' 전형이 있는데, 각 학교마다 글로벌 인재 전형, 학교장 추천 전형, 리더십 우수자 전형 등으로 이름은 다르지만 '리더십, 잠재력, 자기주도적 학습 태도 면에서 모범이 되는 학생'을 선발한다는 것에서 공통점을 발견할 수 있다. 그러나 이러한 역량과 특성은 정량적으로 평가할 수 없기 때문에 심층적인 판단을 위한 추천서 및 추가 관련 자료 제출이 필요하고, 입학사정관의 참여에 의한 평가가 이루어진다. 소위 말하는 '입학사정관제'가 바로 여기 특별 전형 내 '리더십·자기주도학습 전형'에 주로 해당된다고 하겠다.

특별 전형의 마지막 유형으로는 자격 중심 전형이 있다. 자격 중심 전형이란, 말 그대로 지원자의 학업 능력과는 별도로 일정한 자격을 요구하는 전형을 의미한다. 사회기여자 전형(국가 유공자, 국위 선양자 자녀 대상), 기회균형 전형(기초 생활 수급자, 저소득층 자녀 대상), 농어촌 학생 전형, 전문계 고교 출신자 전형 등이 이에 해당한다. 학교별로 지원자격이 다르므로, 해당 학생의 경우에는 모집 요강의 조건을 숙지할 필요가 있으며, 자격을 충족하더라도 일정한 학력 수준을 요구하는 경우가 많기 때문에 지원학생의 학업능력 또한 고려해야 한다.

전형 방식 - 일괄 합산, 단계별 합산, 우수자, 입학사정관 전형

이번에는 전형 방식으로 대학 입시를 분류해 보자. 많은 학부모들이 전형의 종류에 대해서만 관심을 갖고 전형 방식에 대해서는 무지한 경우가 많은데, 비슷한 지원자들이 몰린 상황에서는 전형 방식에 대한 이해와 준비가 당락에 크게 영향을 미칠 수 있으므로, 반드시 알아 둘

| **일괄 합산 전형** | 수능(A%) + 학생부 (B%) + 논술/면접 (C%) = 총점 (총점순으로 선발) |

예) 수능(400점) + 학생부(400점) + 논술(200점) = 총점(1000점) 합산 총점순 선발
Who? **수능, 학생부 모두 일정수준의 점수를 얻은 학생**

| **우수자 전형** | 수능, 학생부, 논술/면접 등 전형 요소 중 어느 한 가지 점수만으로 100% 선발 |

예) 수능우수자 전형 : 수능 성적으로만 평가하여 선발
교과 성적 우수자 전형 : 학생부 교과 성적으로만 평가하여 선발
Who? **특정 전형 요소에서 특출한 역량, 성적을 갖고 있는 학생**

| **단계별 합산 전형** | 서류 전형으로
정원의 1.5~3배수 선발 |  | 논술/면접 고사 등을 실시하여
점수 합산 후 최종 선발 |

예) 1단계 : 수능 + 학생부 성적으로 정원의 3배수를 선발
2단계 : 3배수를 대상으로 논술고사 실시, 총 합산 점수로 최종 선발
Who? **1단계를 통과할 기본적인 성적을 가지고 상위권 대학에 지원하려는 학생**

| **입학사정관 전형** | 서류 전형으로
정원의 3~5배수 선발 |  | 입학사정관 평가로 최종 선발 |

예) 1단계 : 학생부와 제출 서류로 정원의 5배수를 선발
2단계 : 5배수를 대상으로 입학사정관의 포트폴리오 심사 및 면접으로 최종 선발
Who? **자신만의 잠재력을 가지고, 그 잠재력을 꾸준히 발전시켜온 학생**

필요가 있다. 전형 방식은 위의 표처럼 네 가지로 나누어진다.

첫 번째 '일괄 합산 전형'은 여러 단계를 거치지 않고 학생부, 수능, 논술, 면접 등 전형 자료 일체를 점수로 환산한 후 합산하여 높은 점수 순서대로 합격생을 결정하는 것을 말한다. 전 영역에서 고른 성적과 역량을 갖고 있는 학생들이 유리한 전형 방식이다.

두 번째 '우수자 전형'은 특정 전형 요소만을 100% 반영하는 것으로, 각 전형 요소 중 특출한 역량과 성적을 갖고 있는 학생이 노려볼 만하다.

세 번째 '단계별 합산 전형'은 보통 2단계로 나누어 진행한다. 1단계에서 적정 수준의 조건을 충족시킨 학생들 중에서 2단계 전형 요소로 점수를 산정하여 최종 합격자를 선정한다. 주로 상위권 대학에서 최소 학력 기준을 충족시키면서도 학과 특성에 맞는 인재를 뽑기 위해 활용하는 방식이다. 위에서 따로 분류하지는 않았으나, 단계별 합산 전형과 우수자 전형이 결합된 '우선 선발 방식'도 있다.

마지막으로 '입학사정관 전형'은 다음 코칭맘의 필수 정보에서 별도로 다루도록 하겠다.

코칭맘의 필수 정보 2
_입학사정관제를 정확히 파악하라

최근 대학 입시에서의 뜨거운 감자는 바로 '입학사정관제'이다. 입학사정관제는 대입 선진화의 일환으로 수능이나 내신 성적만으로는 평가할 수 없었던 잠재 능력이나 소질을 전문 인력이 다각적으로 평가하여, 각 대학의 인재상이나 모집 단위 특성에 맞는 신입생을 선발하는 것을 말한다. 정부는 2007년 8월 입학사정관제 시범 대학으로 10개교를 선정한 이래, 2009년 입학사정관제의 내실화, 2010~11학년도 확대, 2012학년도 정착에 이르는 3단계 계획을 추진하여, 이제 막바지에 이르렀다. 입학사정관제는 현 정부를 대표하는 교육 혁신의 대표주자로서 그야말로 '속도전'을 벌이고 있다.

그러나 급하게 추진하다 보니, 정부와 대학 모두 준비 부족의 맹점들을 드러내고 있다. 특히 역량 있는 입학사정관의 양성 부족과 일부 사학들의 제도 오용을 견제할 장치가 마련되지 못하여, 졸속 운영이라는 비난 여론이 많다. 하지만 높은 잠재력과 전공 적합도의 학생들을 대학이 자율적으로 선발할 수 있는 바람직한 대안이라는 점에서는 이견이 없으며, 앞으로 대학 입시에서 그 비중이 커질 것으로 예상된다.

입학사정관제	대학교(개)	모집인원(명)	전형 비율(3%)
2010	97	24,622	6.5
2011	118	37,628	9.9

▲ 입학사정관제 실시 현황

단, 아직까지는 입학사정관제에 대한 경험 부족과 몰이해에 의한 파행으로 학생, 학부모들이 겪는 혼란은 이루 말할 수 없이 크다. 더욱이 사교육 업체들을 중심으로 잘못된 정보들이 생산, 유통되면서 온갖 오해와 억측이 난무하고 있다. 그래서 우리는 입학사정관제에 대한 대표적인 네 가지 오해를 살펴보면서 구체적인 설명을 이어나가고자 한다.

첫 번째 오해는 입학사정관제를 별도의 전형으로 생각하는 것이다. 그래서 많은 학부모들이 지원 대학의 모집 요강에서 별도로 입학사정관제를 찾지 못해 곤혹스러워 하는 경우가 많다. 그러나 입학사정관제는 여러 전형에서 입학사정관이 참여하는 선발 방식의 하나로 이해하여야 한다. 즉 '르네상스 전형, 글로벌리더 전형, 지역균형선발 전형' 등 각 대학별 전형 종류 안에서 선발 과정 및 방식으로 입학사정관 전형 방식이 적용되는지를 확인하도록 한다.

두 번째 오해는 공인어학점수나 수상 실적과 같은 특별한 스펙이 있어야 입학사정관제에서 유리하다는 생각이다. 그러나 이러한 자료를 필요로 하는 전형은 앞에서 분류한 '특별 전형' 내의 '특기자전형'이며, 오히려 입학사정관제에서는 교과에 관련된 어떠한 실적도 기재하지 못하게 되어 있다. 입학사정관제가 적용되는 전형의 종류는 '특별 전형' 내에서 '리더십·자기주도학습 전형' 등으로 학업성취도, 창의적 체험활동, 학교생활 충실도, 학업의지 등을 주된 평가요소로 활용한다. 따라서 입학사정관제를 위해 화려한 스펙만을 쌓으려고 하면 입학사정관제의 본래 취지에도 벗어날 뿐만 아니라 이 제도가 요구하는 학교 내에서의 장기적인 활동 이력을 쌓기가 더 어렵다는 점을 기억하자.

TIP. **역사에 관심이 있는 한 학생의 포트폴리오 전략 예시**

한 학생이 역사에 관심을 두고 있다고 가정해 보자. 단순히 역사 관련 독후감 공모전 입상, 박물관 방문, 역사 자료 블로그 운영, 역사뉴스 신문 스크랩 등만 생각하지 말자. 이 밖에도 창의적인 여러 활동이 가능하다.

① 역사 테마를 정하여(예 훼손 문화재) 의미 있는 여행을 꾸준히 다녀오고, 기행문을 써서 기록한다.
② 역사 유적지를 방문할 때 사진을 찍어 교내외 사진 공모전에 출품한다.
③ 역사 동아리를 만들고, 매주 역사 이슈에 대한 교내 스티커 투표판을 만든다.
④ 역사 관련서의 서평을 스크랩하고, 같은 관심을 가진 친구들에게 도움이 되도록 각 책을 소개하는 글을 써 본다.
⑤ 자신이 정한 테마와 관련한 역사 전문가를 만나 인터뷰하고 기록한다.
⑥ 문화재청 '한 문화재 한 지킴이' 운동에 문화재 지킴이로 활동한다.
⑦ 박물관이나 시 문화재과에서 자원봉사 활동을 한다.

세 번째 오해는 입학사정관제를 학생의 잠재력만으로 선발하는 제도라고 보는 오해이다. 하지만 입학사정관제는 일정 수준 이상의 학생부 성적 및 수능 성적의 기본 위에서 잠재력을 평가한다. 입학사정관제를 도입한 대부분의 대학이 내신과 수능 성적을 최소 학력 수준으로 적용하거나, 합산 점수로 활용하고 있다. 따라서 자기소개서나 포트폴리오를 통해 충분한 잠재력을 입증할 수 있다고 하더라도 1~2등급 정도를 만회할 수 있는 것이지, 결코 기준 학력에 미달하는 학생을 선발하는 것이 아님을 명심하자. 간혹 언론에 한 가지의 재능만으로 입학사정관제를 통해 상위권 대학에 입학한 사례가 보도되기도 하는데, 이것은 어디까지나 대학의 학생 선발의 유연성을 대외적으로 홍보하기 위한 극단적인 사례이며, 내 자녀와는 무관한 경우라고 생각하는 것이 여러 모로 유익하다.

마지막 네 번째 오해는 가장 심각한 것으로, 학교의 도움 없이 별도로 입학사정관제를 준비해야 한다는 생각이다. 사교육을 이용하여 비교과 영역에서 이력을 쌓거나 자기소개서, 포트폴리오 작성에만 힘을 쏟는 경우가 이에 해당한다. 그러나 입학사정관제는 철저하게 공교육을 바탕으로 한다는 것을 명심해야 한다. 앞서 언급했듯이 입학사정관 평가자료의 기본은 학생부이며, 추천서와 창의적 체험활동 시스템도 학교의 도움 없이는 불가능하다.

입학사정관제를 대비한 학생부의 중요성이 높아지면서 일부 학교에서 진학하고자 하는 전공과 관련 있는 평가 기술을 학생부에 추가하거나 조작하여, 학교 관계자들이 중징계를 받는 일들도 생겨나고 있다. 또 지금까지는 교사의 학생 관찰 여력이 부족하다는 이유로 학생부에 형식적인 평가만 기재되었지만, 벌써부터 몇몇 학교에서는 학년별로 10페이지가 넘는 상세 자료를 학생부에 첨부하는 노력들이 나타나고 있다. 즉, 이전과는 비교할 수 없을 정도로 학교 선생님의 도움과 평가가 중요해지게 된 것이다.

입학사정관제에 대한 위 네 가지의 오해를 벗어나야만 입학사정관제에 대비한 전략이 분명해진다. 무엇보다 중요한 것은 자신의 비전과 진로에 대한 브랜드 전략의 수립이다. 입학사정관제의 가장 중요한 항목인 '전공적합성'과 '발전가능성'은 브랜드 전략과 이에 따른 체계적인 준비로 평가받을 수 있기 때문이다. 그리고 진로 분야에 맞는 적극적이고 주도적인 활동으로 교내 동아리, 공모전, 봉사 활동, 여행, 커뮤니티 활동을 일관되고 꾸준하게 수행하도록 한다.

또한 진학하고자 하는 분야에 대한 배경지식과 주요 이슈에 대한 종합적인 사고를 할 수 있어야 한다. 이는 앞 장의 '독서지도법'에서 다루었듯이 진로에 맞는 책 읽기를 해야 하며, 호기심과 관심이 구체적인 문제의식으로 발전될 수 있도록 해야 한다. 이와 아울러 자신의 독서, 연구 활동을 기록으로 남겨서 포트폴리오에 포함시키고, 특히 진학 분야와 전공에 대한 이해와 지식이 부족하더라도 규칙적으로 이를 정리함으로써 진로를 위한 준비가 어떻게 발전, 확장해 가는지를 보여 주도록 하는 것이 중요하다.

"학교 선생님들과 친해질 수 있어야 합니다. 촌지가 아니라 '우리 아이가 선생님 수업을 좋아합니다.'라는 전화 한 통화만으로도 선생님이 아이를 보는 눈과 관심이 달라질 수밖에 없어요."

그리고 이 모든 활동은 학교를 중심으로 이루어져야 한다. 관련 과목 담당교사와 지속적인 교류를 맺고 자신의 고민과 활동에 대해 끊임없이 자문을 구하고 알리는 것이 필요하다. 결국 그 선생님이 진학할 때, 진심 어린 추천서를 써 주신다. 입학사정관제는 충실한 학교생활에 기반한 자기주도적 학습 능력과 리더십 있는 태도에 초점을 두고 있기 때문에 별도의 사교육을 활용하기보다는 학교 활동과 연계하는 것이 바람직하다. 엄마는 아이들의 이러한 지속적인 활동이 학생부와 추천서, 창의적활동 시스템(에듀팟)에 충실하게 기재되도록 신경을 써야 하고, 그러한 상황이 못 된다면 최소한 아이들에게 주지시켜 주는 것이 좋다.

최근 입학사정관제와 창의적 체험활동 등으로 극심한 심리적 압박감을 느끼는 엄마들이 많다. 열정적인 강남권 알파맘들의 활약상이나 그들만의 네트워크 안에서만 고급 정보들을 얻을 수 있다는 이야기를 듣는 보통 엄마들, 특히 맞벌이 엄마의 심정은 공황상태로까지 치닫기도 한다.

'에듀팟'은 2009개정 교육과정에 따라 신설된 창의적 체험활동, 즉 자율·동아리·봉사·진로 활동의 4가지 영역을 체계적으로 기록, 관리하기 위한 공교육 시스템이다.
창의적 체험활동은 초·중학교에서는 주당 평균 3시간, 고등학교는 4시간의 교육시간이 배정된다. 따라서 자신의 목표와 진로가 명확한 학생들은 초·중학교 때부터 학교 안에서 입학사정관제를 대비한 종합적인 자료를 만들어 갈 수 있다.

그러나 대학 입시에서의 절대적인 역할은 변함없이 학업 성적과 자기주도적인 학습 태도이다. 창의적 체험활동의 스펙은 보조적인 판단 자료일 뿐, 절대 대입선발의 중심이 될 수 없다. 스펙 쌓기와 포트폴리오 준비로 공부의 집중력이 분산된다면 득보다 실이 훨씬 많다고 하겠다. 물론 엄마가 연예인 로드매니저처럼 곁에 붙어 공부 이외의 것들을 모두 챙겨 주는 것도 좋겠지만, 이 책의 핵심이기도 한 '브랜드 전략'을 아이 스스로가 깊이 고민하며 세워가도록 하고, 엄마는 적극적인 태도와 열린 마음, 진정성 있는 지원만 감당해도 자녀의 경쟁력은 충분히 높아질 수 있다.

입학사정관 전형의 평가 요소별 평가 내용 및 평가 자료

평가 영역	평가 요소	평가 지표 및 내용	평가 자료
교과 관련 활동	교과성적	– 교과 내신 등급 또는 수능 성적	학생부, 수능 성적
	학년별 성적 추이	– 학년별 학업 성취도의 등락 추이 및 정도	학생부
	학업 관련 탐구 활동	– 활동의 내용 및 기간 – 참여의 적극성	학생부, 자기소개서 창의적 체험활동 시스템
	교과 관련 교내 수상 실적	– 수상 내용과 수상의 난이도 등 (상의 권위 및 참여자 수)	학생부
	방과후 학교 활동	– 동기와 목적, 소감,학습 분야	학생부, 창의적 체험활동 시스템
창의적 체험활동	독서 활동	– 독서량 – 내용 이해도 등	학생부, 자기소개서, 창의적 체험활동 시스템
	자격증 및 인증	– 자격증 및 인증 획득 목적, 분야, 활용 계획 등	학생부, 창의적 체험활동 시스템
	진로탐색·체험활동	– 진로·체험 활동의 영역 – 참여의 적극성	학생부, 자기소개서, 창의적 체험활동 시스템
	동아리 활동	– 동아리 활동에서의 역할 – 참여도 및 성실성	학생부, 창의적 체험활동 시스템
	봉사 활동	– 봉사 활동의 내용 등	학생부, 창의적 체험활동 시스템
	방과후 학교 활동	– 동기와 목적, 소감 – 참여 분야 및 참여 정도	학생부, 창의적 체험활동 시스템

평가 영역	평가 요소	평가 지표 및 내용	평가 자료
학교생활 충실도 및 인·적성	공동체 의식	– 사회 활동에 대한 참여 – 공동 목표를 위한 협동	자기소개서, 면접, 학생부, 교사 추천서
	리더십	– 리더십을 발휘한 경험 및 내용	자기소개서, 면접, 학생부, 교사 추천서
	학업의지	– 해당 모집 단위에 대한 관심도	자기소개서, 면접, 학생부, 교사 추천서
	특별활동	– 자치·적응·행사활동의 내용 – 참여도 및 성실성	학생부, 교사 추천서
	출결 상황	– 결석 일수 – 결석 사유	학생부, 면접, 교사 추천서
	교사의 평가	– 소질과 적성, 평가 내용 – 학교생활 충실도 – 평가내용	교사 추천서 창의적 체험활동 시스템 (교사 총괄 의견)
	교우 관계	– 교류 활동 및 내용	자기소개서, 교사 추천서
학습환경	가정 환경과 자기 극복 의지	– 사회·경제적 여건 고려	자기소개서
	학교 여건	– 학교의 특성 및 프로그램	학교 프로파일
	지역의 교육 여건	– 지역 사회의 교육 여건	관련 자료

▶ 출처 : 한국대학교육협의회, '대학의 자율적 입학사정관제 운영 방안 발표' 보도 자료

코칭맘의 필수 정보 3
_수능과 논술의 특성을 이해하라

대학 입시 구조를 중심으로 한 현재의 교육 환경에 대해 이해를 하였다면, 그 다음으로 엄마들이 꼭 알아야 할 것은 '수능과 논술이 어떤 시험인가'에 대한 지식이다. 잠시 고등학교 시절을 회상해 보자. 체력장 20점을 포함 총점 340점의 학력고사로, 전국의 모든 수험생들을 한 줄로 세우던 시절이 있었다.

당시에는 학력고사의 시행 햇수가 누적되면서, '그 집 딸은 몇 점 이래요?', "275점이면 연고대 상위권에 좀 힘들 텐데……." 등의 대화가 엄마들 사이에서 가능했다. 매해 학력고사의 난이도 편차도 매우 작아서, 서울대 의대와 법대는 320점, 서울대 안정권 300점, 연고대는 280점은 맞아야 한다는 식의 기준도 있었다.

학력고사 초기에는 '선시험 후지원'이었지만, 곧 '선지원 후시험'으로 변화하면서 재미있는 풍경들도 많았다. 각 학교의 고3 교무실에는 큼지막한 배치표가 붙어 있고, 그 앞에서는 소신 지원을 하겠다고 버티는 학생과 도박하지 말라며 말리는 선생님 사이의 실랑이가 벌어지곤 했다. 또 원서 접수 마감 순간까지 무전기를 손에 들고 눈치싸움을 벌이는 학부모님들의 모습은 9시 뉴스의 단골 메뉴였다. 전 국민의 이목을 집중시켰던 학력고사 수석들의 인터뷰도 빼놓을 수 없는 추억이다. 수석들 중에는 유난히 어려운 환경에서 자란 학생들이 많았는데, 유복한 가정의 지원하에서 자란 수석들의 이야기보다 큰 감동과 위안들을 주었다.

"어려운 생활 속에서도 뒷바라지해 준 홀어머니와 외할머니에게 감사드립니다."

('81년, 오관석)

"홀어머님의 고생을 조금이라도 덜어 주는 길은 장학생이 되는 것이라고 생각해 이를 악물고 곰처럼 공부했습니다."

('84년, 황덕순)

"이 영광을 고무신 공장 여공으로 일하시는 홀어머니께 바칩니다."　　('88년, 정성태)

현 수능 시대에서 이런 풍경은 더 이상 찾기 어렵다. 학생마다 응시 과목도 다르고, 학교별로 선발 체계 및 점수 산정 방식이 달라서 한 줄로 세우는 것은 불가능할 뿐만 아니라 이제 더 이상 의미도 없다. 인터넷 접수 앞에서 눈치 작전은 사라졌고, 전형 유형이 2,500개가 넘을 정도로 다양해지면서 단 한 장의 배치표로 지원 대학과 학과를 결정하는 것은 생각할 수조차 없다. 그런데 이러한 입시 환경의 변화는 자녀가 고등학교에 진학하고 나서야 느낀다. 그제서야 급한 마음에 학원에서 제공하는 입시설명회에 쫓아다니거나, 비싼 교육 컨설팅 업체의 문을 두드리고 있다. 이마저도 겉으로 드러나 보이는 제도에만 초점이 맞추어져 있고, 학습 지도 방법에 있어서는 여전히 무감각하다.

정작 엄마들이 반드시 알아야 것은 바뀐 교육의 내용과 평가의 본질이다. 쉽게 말해서 '시험의 변화'를 이해해야 한다. 지금 아이가 몇 학년인지는 중요하지 않다. 단 일년이라도 먼저 변화의 흐름을 찾고, 그에 맞추어 학습 지도를 하는 것이 필요하다. 이에 우리는 교육 변화의 이해를 돕고자 학력고사와 수능의 문제 패턴 비교하고, 이를 통해 바뀐 교육 체계에서의 공부 방향을 모색해 보고자 한다.

학력고사와 수능

학력고사와 수능의 차이는 단어 의미 자체에서 잘 드러난다. '대학입학학력고사(大學入學學力考査)'가 대학 입학 시점에 그동안 축적된 학력을 측정하는 시험이라는 의미라면, '대학수학능력시험(大學修學能力試驗)'은 대학에서 학문을 배우는 데에 필요한 능력을 평가한다는 의미이다. 즉, 학력고사는 과거의 학습 경과에 초점을 맞추고 있고, 수능은 미래의 학습 능력에 초점을 맞추고 있다. 그래서 수능은 학습 능력의 바탕이 되는 기초 지식 외에 단순 암기에 대한 문제는 거의 출제하지 않는다. 그에 비해 학력고사는 고등학교에서 배운 20여 개에 달하는 과목들을 얼마나 많이, 세세하게 외우는지로 순위를 매겼다. 결과적으로 학력고사에서 우수한 성적을 거두는 학생은 수많은 과목을 성실하게 외울 수 있는 암기 능력자들이라고 볼 수 있다.

1994년 수능제도 도입 이후 15년이 훌쩍 지났음에도 불구하고, 여전히 일선 학교, 학부모, 학생들 모두 어려움을 호소한다. 이는 수능이 학력고사식의 공부법을 고수해서는 좋은 성적이 나올 수가 없기 때문이다. 주입식으로 열심히 패턴과 지식을 암기한다고 해서 이에 비례하여 수능의 평가 영역인 응용력과 창의력, 통합적 사고능력이 길러지는 것이 아니다. 반대로 이해력과 사고력을 갖춘 학생은 수능이 학력고사에 비해 높은 점수를 받고, 공부도 훨씬 수월하게 한다는 점에서 학력고사 세대의 엄마들을 혼란스럽게 만들고 있다.

 **1989학년도 학력고사 영어 문제**

다음 문장 중 강조하는 형식이 <u>아닌</u> 것은?

① It is certain that he should come.

② She look at the baby bear by the chair.

③ Mike did love to go to the museum.

④ Never did I see Mr. Smith again.

다음 중 반대어가 <u>잘못된</u> 짝은?

① accurate – inaccurate

② normal – abnormal

③ moral – immoral

④ tangible – imtangible

다음 글의 주제로 가장 적절한 것을 고르시오.

Imagine that you are in a meeting. Your party and the other party are setting across a table. You ask a question on a particular subject and the answer is unsatisfactory. What would be the best response? It is none at all. So if you are seeking more information or a different kind of information, ask for it by remaining silent. When there is a long pause in the conversation, people feel an overwhelming need to fill it. If someone has finished speaking and you do not play along by taking up your end of the dialog, that person will automatically start to elaborate. Eventually, they may say what you want to hear.

① 의견 교환 시 대화 예절의 중요성
② 대화를 통한 창의적 사고 신장의 필요성
③ 바람직한 대화를 위한 적극적 태도의 필요성
④ 회의의 효율적 진행을 위한 사회자의 중요성
⑤ 만족스러운 답변을 얻기 위한 침묵의 효용성

위의 영어 기출 문제는 학력고사와 수능 간의 차이를 단적으로 보여 주고 있다. 학력고사 영어 시험에서는 문법과 어휘력이 절대적인 비중을 차지하고 있었다. 동명사와 To부정사, 문장형식 등 문법적 차이를 알고 있어야 했고, 단어의 대표 의미와 발음 기호, 품사별 변형 등을 암기하도록 요구받았다. 반면 수능 영어(외국어 영역)는 문법과 어휘 문제는 전체 50문항 중 2~3개에 불과하고 듣기(17문항), 장문 이해(29문항)의 실용 영어 능력 평가가 절대적인 비중을 차지하고 있다. 상기한 예문은 2010학년도 수능 외국어 영역 중 가장 짧은 지문이다. 보통은 이보다 훨씬 긴 제시문을 주고, 해석을 넘어서 글이 말하고자 하는 바를 이해하는지를 묻는 형태의 문제가 주로 출제된다. 일종의 영어로 쓰여진 국어 문제라고 말해도 무방하다. 2~3개에 불과한 문법과 어휘 문제 역시 지문 안에서의 상황, 뉘앙스(nuance)에 맞는 것을 찾는 언어 활용능력의 측정 차원에서 나온다.

따라서 수능 외국어 시험은 기초적인 언어(국어)능력, 이해력, 추론 능력이 없이는 고득점을 거둘 수 없다. 심지어 수년간 외국에 살면서 영어 의사소통이 능수능란한 학생도 문맥 이해가 떨어지면 수능 외국어 영역에서는 좋은 점수를 취득하지 못한다. 단순히 영어의 문제만은 아닌 것이다. 수능 시대, 자녀의 영어를 지도하는 세부 내용은 6부 "목적이 이끄는 영어"에서 자세히 다루도록 하겠다.

이제 수리 영역 문제를 보자.

 ### 1988학년도 학력고사 수학 문제 (방정식)

이차 방정식 $x^2 - x(kx - 7) + 3 = 0$이 허근을 갖기 위한 최대의 정수 k의 값은?

 ### 1998년도 수능 수리 영역 문제 (방정식)

다음은 인공핵분열을 가상적으로 모형화시킨 것이다.

어떤 불안정한 원자핵은 두 개의 핵으로 분열하고, 이때 생긴 핵은 안정할 수도 있고 불안정할 수도 있다. 불안정한 핵은 다시 두 개의 핵으로 분열하고 이 과정은 안정한 핵들만 남을 때까지 계속된다. 또한 불안정한 핵이 분열할 때마다 100MeV의 에너지가 생성된다. 어떤 불안정한 원자핵 하나가 위와 같은 핵 분열을 거듭한 결과 8개의 안정한 핵들만 남았다면 이 핵분열 과정에서 생성되는 총 에너지는 몇 MeV인가?

 **1990년도 학력고사 수학 문제 (함수)**

두 함수 $f(x) = \dfrac{x-1}{x+2}$, $g(x) = \dfrac{x+1}{x-1}$ 에 대하여

함수 $h(x)$ 가 $f(h(x)) = g(x)$ 를 만족시킬 때, $h2(2)$ 의 값은 무엇일까?

 **2002년도 수능 수리 영역 문제 (함수)**

함수 $f(x) = [x [x]]$ 에 대한 〈보기〉의 설명 중 옳은 것을 <u>모두</u> 골라라. (단, $[x]$ 는 x 보다 크지 않은 최대의 정수이다.)

〈보기〉

① $f(x) = -1$ 이 되는 x 는 존재하지 않는다.

② 자연수 n 에 대해서 집합 $\{ f(x) \mid n \leq x < n+1 \}$ 원소의 개수는 n 개다 .

③ 자연수 n 에 대해서 집합 $\{ f(x) \mid -n \leq x < -n+1 \}$ 의 원소의 개수는 $n+1$ 개이다.

학력고사와 수능에서 방정식과 함수에 해당하는 문항을 각각 한 개씩 예시하였다. 앞의 외국어 영역의 문제와 같이 한 눈에도 수능 문제가 학력고사보다 훨씬 길다는 것을 알 수 있다. 학력고사 문제들은 수식을 직접적으로 제시하여 정확한 계산만 할 수 있으면 높은 점수를 받을 수 있었다. 그러나 수능은 여러 단원에 걸친 서술형 문항들이 주류를 이루고 있기 때문에 수식을 도출하는 것 자체가 어렵다. 문제가 어느 단원, 어떤 개념을 사용하는지도 드러나지 않기 때문에 공식과 유형의 암기만으로는 문제 풀이를 시작조차 할 수 없는 경우도 발생한다.

수학의 풀이 과정은 '문제 이해－수식화－계산'의 3단계로 크게 나누어 볼 수 있는데, 초·중학교를 지나 수능에 가까울수록 문제의 비중

이 '계산력'에서 '문제 이해'와 '수식화' 쪽으로 이동한다. 즉, 기본 개념에서 출발하여 이에 맞는 수식을 이끌어 내는 연역적 사고능력이 점차 필요해지는 것이다. 고등학교에 올라온 후에 수학 성적이 급격히 떨어지는 경우에는 이러한 수학 평가 방식의 변화가 원인으로 작용한다. 철저한 개념 이해를 통해 추론, 변형, 응용을 자유롭게 하지 못하면 고등학교 수학에서는 경쟁력을 상실하게 된다.

그러나 수학에 대한 올바른 이해와 학습법만 제대로 갖추어 체계적인 준비를 한다면 수학적 재능과 상관없이 2~3년 이내에 수능, 논술의 수학은 얼마든지 정복할 수 있다. 반면 유형 분석과 문제 풀이를 관람시켜 주는 식의 사교육에 의지해서는 변화된 수학적 요구에 전혀 대응할 수 없다. 영어와 마찬가지로 수리 영역에 관한 세부 지침은 이 책의 7부 "역전을 부르는 수학"에서 자세히 살펴보도록 한다.

통섭(通涉, Consilience)의 시험, 수능과 논술

실용적 활용 능력 중심, 개념 이해와 응용력 등이 학력고사와 다른 수능의 특성이라면, 학력고사와 논술은 '지식의 통합'이라고 하는 '통섭(通涉, Consilience)'이 차이점이 드러난다. 통섭(Consilience)이 오늘날의 개념으로 정립된 계기는 에드워드 오스본 윌슨이라는 인본주의적 사회 생물학자가 저술한 '통섭, 지식의 대통합'에서 비롯되었다. 윌슨의 학문적 배경 이름에서도 통섭이 지닌 의미를 어렵지 않게 찾을 수 있다. 좀처럼 어울릴 것 같지 않은 '인본주의'와 '사회'가 '생물학'과 함께 쓰이고 있다. 이처럼 여러 분야를 아우르고 통합하는 종합적 지식 체계가 21세기 현대 지식 사회의 경쟁력을 규정하는 기본이 되고 있으며, 대학별 논술에도 이러한 추세가 일관되게 반영되고 있다.

논술 준비가 어려워 논술을 피할 수 있는 대학과 입시전형을 찾아보려는 생각을 갖고 있을지 모르겠다. 그러나 수시 전형에 논술을 반영하는 33개 대학(2011학년도 기준)에 거의 모든 서울의 주요 대학들이 포함되어 있다. 또 논술 반영 비중이 낮은 정시 전형 비중은 상위권 대학에서 20~30% 정도 밖에 되지 못하며, 수능에 강점을 갖고 있는 졸업생들의 치열한 경연장이라는 점에서 상위권 대학을 노리는 학생은 반드시 논술을 준비해야 한다. 그리고 그 밖의 많은 대학들이 채택하고 있는 면접도 질문 유형, 평가 방식에서 사실상 논술과 동일한 구술 고사(考査)라고 보아야 한다.

구 분	연 도	20% 이상	10~20%	5~10%	5% 미만
수시 논술	2010학년도	37개교	–	–	–
	2011학년도	33개교	–	–	–
정시 논술	2010학년도	3개교	3개교	1개교	–
	2011학년도	3개교	3개교	1개교	–
수시 면접	2010학년도	92개교	20개교	5개교	1개교
	2011학년도	98개교	20개교	2개교	2개교
정시 면접	2010학년도	31개교	36개교	24개교	12개교
	2011학년도	33개교	39개교	23개교	10개교

▲ 논술·면접 반영 비율

수능에서는 개념과 단원, 과목을 통합하는 문제들의 비중이 점점 더 늘어나고 있다. 역사적 지식을 요하는 영어문제, 수리와 결합된 과학탐구와 같은 통합형 문제가 상위권을 분류해 내는 수단으로 활용되고 있기 때문에, 특정 과목에 한정된 암기된 지식만으로는 절대로 고득점을 얻을 수 없다. 사실 통합형 심화문제는 입시의 변별력을 원하는 대학과 경쟁력 있는 인재를 찾고자 하는 사회적 요구로부터 지지를 받고 있을 뿐만 아니라 다양한 신유형의 문제를 확보하기에도 용이하기 때문에 앞으로 이러한 경향은 더욱 강해질 것으로 보인다.

그럼에도 불구하고 변화된 입시의 특성에 대한 무지로 인해 개념 이해와 사고력 중심의 폭넓고 깊이 있는 공부보다는 사교육의 도움을 빌어 단기적인 성과를 거두기 바라는 엄마들이 많다. 실제로 수능 제도가 도입된 이후에 가계의 소비 가운데 사교육이 차지하는 비중이 급증하였고, 사교육의 유형도 매우 다양해졌다. 물론 경우에 따라서는 일정 수준까지는 사교육이 수능에서의 성적 향상과 학습 효율성에 보탬이 된다. 그러나 고등학교 진학 이후 상위권으로의 도약은 사교육의 힘을 우선시하는 한 매우 어렵다. 고득점으로의 진입로는 기본과 개념 이해를 중시하는 자기주도적 학습 태도만이 열 수 있다는 점을 명심해야 한다.

대학수학능력 시험뿐인가? 우리 아이들이 진출할 미래 경쟁사회에서는 통합형 지식 체계가 지금보다 더욱 경쟁력의 우열 기준으로 활용될 것이 분명하다. 오늘날에도 핵심인재상으로 언급되고 있는 'T자형' 인간은 하나의 분야에 깊은 지식을 가지고 있으면서도 다른 분야의 폭넓은 지식과 경험을 동시에 갖춘 사람을 말한다. 그러므로 중·고교에서부터 통합적 학습 습관과 사고를 기르기 위해 스스로의 힘으로 몸부림 치는 학생들만이 미래의 핵심인재로서 빛을 발하게 될 것이다. 학원의 도움으로는 그 과정을 생각할 수도 없고, 설혹 흉내를 낼 수 있게 되었다고 하더라도 머지않아 바닥을 쉽게 드러내고 만다.

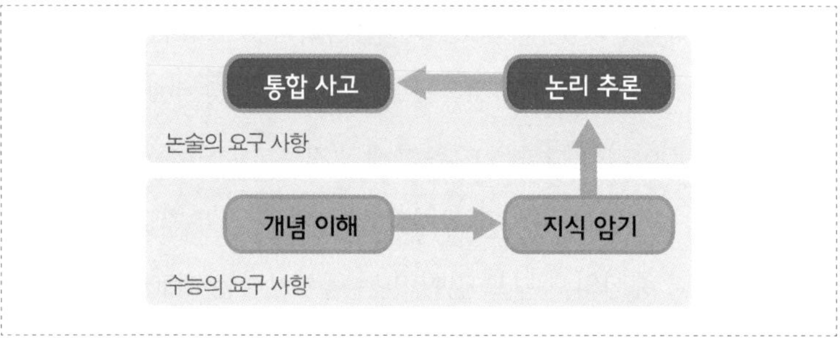

▲ 수능과 논술에 필요한 단계별 학습 역량

다시 한 번 강조하지만, 누가 뭐래도 엄마만큼은 철저한 '개념 이해'가 변화된 교육 체계에서 가장 중요한 공부의 목표임을 잊어서는 안 된다. 이 기반 위에 위의 그림처럼 '지식암기 – 논리추론 – 통합사고'에 이르는 학습 역량의 축적과 확대가 있을 수 있다. 내신 시험은 아직도 학력고사식의 문제가 출제되고 있기 때문에 학원의 내신 맞춤용 공부로 당장의 효력을 발휘할 수 있다. 또 어머니 세대에는 경험해 보지 않은 이 느린 공부 방식이 마음에 들지 않고, 조바심이 날 수도 있다. 그러나 엄마 스스로 학력고사 마인드를 철저히 깨뜨려야만, 수능과 논술 세대의 자녀교육에서 궁극적인 승리를 거둘 수 있음을 명심해야 한다.

코칭맘의 필수 정보 4
_아이 성적표는 반드시 해독해야 한다

자녀 성적표의 해독법은 엄마들이 반드시 알아야 할 필수 지식 중의 하나라고 할 수 있다. 대부분의 엄마들은 아이가 고등학교에 진학해서 첫 성적표를 받고 나면 도대체 성적표를 어떻게 해석해야 할지 모르겠다고 입을 모은다. 학교마다 조금씩 차이는 있지만 보통의 중학교는 과목별 취득점수와 석차가 표기된 간단한 성적표가 전달된다(학기말에는 수행 평가와 성취도까지 기재). 그런데 고등학교에서부터는 표준 점수와 백분위, 등급과 같은 낯선 지표들이 성적표에 가득하다. 과연 표준 점수 110점이라고 할 때 얼마만큼의 의미가 있는지, 백분위가 95%라면 어느 정도 잘한 것인지, 평균 2등급을 받은 아이가 과연 어느 정도 학교에 갈 수 있는지 등을 엄마가 최소한 이해하고 있어야 학습, 진로 지도가 가능하다.

사실 자녀가 고등학생쯤 되면 부모는 많은 영역에서 학습 지도의 주도권을 잃는다. 고등학생 자녀에게 '엄마표 학습'을 시킬 수 있는 가정은 거의 없다. 어쩌면 학업에 관해서는 완전히 배제되어 경제적인 지원 외에 자녀교육에 관하여는 아는 것이 전혀 없을 수도 있다. 이 상황에서 정당한 엄마의 참여 권한을 요구할 수 있는 객관적 근거가 바로 성적표이다. 아이의 요구에 따라 비용을 지불하고 기다렸음에도 개선의 여지가 보이지 않을 때에는, 투자자로서 정당한 참여를 주장해야 한다. 이때 엄마가 성적표가 담고 있는 정보들을 제대로 해석하지 못한다면, 자녀는 엄마의 조언을 설득력 제로(Zero)의 '잔소리'로만 받아들이고, 엄마는 결국 또 권좌에서 물러나야 하는 결과를 맞게 될 수 있다.

고등학교 내신 및 모의고사 성적표는 수능 성적표와 거의 동일한 형태로 발행되고 있기 때문에 세부 설명은 수능 성적표(2012학년도 기준)를 기준으로 하겠다.

수험번호	성 명		주민등록번호	출신고교(반 또는 졸업연도)			
12345678	홍길동		910101-1087654	대한고(2010)			
구 분	언어 영역	수리 영역 '가'형 (미분과 적분)	외국어 (영어) 영역	과학탐구 영역			제2외국어/한문 영역
				물리 I	생물 I	물리 II	일본어 I
표준 점수	131	137	141	53	61	73	69
백분위	93	95	97	75	87	97	95
등 급	2	2	1	4	3	1	2

▲ 수능 성적표 예시(2011학년도 기준)

영역에 대한 이해

일단 수능 성적표는 언어, 수리, 외국어, 탐구, 제2외국어/한문 영역으로 구성된다. 특히 수리 영역은 '가'형, '나'형 중 하나를 선택할 수 있는데, '가'형의 범위가 더 넓고 난이도가 높다고 생각하면 된다(실제로 이과생들은 주로 '가'형, 문과생들은 주로 '나'형을 선택하지만 그렇다고 '가'형과 '나'형을 계열에 따라 분리하는 것은 아니며, 계열에 상관없이 선택할 수 있다.). 탐구 영역의 선택은 '사회/과학/직업'의 세 계열 중 하나에서만 선택해야 한다. 제2외국어/한문 영역도 선택 과목이며, 탐구 영역의 과목 중 하나를 대체할 수 있다. 위 성적표에 따르면 홍길동이라는 학생은 수리 영역에서는 '가'형, 탐구 영역은 과학 계열의 '물리 I / II, 생물 I'을 선택했으며, 제2외국어/한문 영역에서는 '일본어 I'를 선택했다.

위 자료는 2012학년도 기준이며, 2014학년도부터는 '2009 개정교육과정'과 맞물려 대대적인 변화가 있을 예정이다. 수능개편과 관련된 내용은 '입시 전략'에서 자세히 설명하도록 하겠다.

표준 점수

간편하게 '몇 점 만점에 몇 점'이라는 채점 결과 그대로의 원 점수를 사용하지 않고, 산출이 복잡한 표준 점수를 성적표에 적용하는 것은 수능에 선택 과목제가 도입되면서부터이다. 선택한 과목 간 난이도와 응시자 간의 차이를 점수에 반영하지 않는다면, 과목 선택 자체의 유불리가 발생하기 때문이다. 가령 수능 과목 간 난이도 조정에 실패해서 화학은 너무 어려웠고(평균 20점), 생물은 너무 쉬웠다고 하자(평균 35점). 그런데 이 난이도의 차이를 고려하지 않고, 화학에서 평균 이상 25점을 취득한 학생이 생물에서 평균 이하 30점을 받은 학생보다 낮은 성적으로 원 점수가 그대로 적용된다면 형평성에 어긋나는 평가가 된다. 정리하면, 표준 점수는 서로 다른 영역이나 과목 간의 문제 난이도 차이로 인해 원 점수의 유불리 조정을 목적으로 재조정된 상대 평가 점수이다.

표준 점수는 과목별 원 점수의 분포를 일정한 평균과 표준 편차를 가진 정규 분포로 만든 뒤에 수험생이 분포상에 상대적으로 어느 위치에 있는지를 나타낸 것이다. 따라서 다른 학생들의 점수에 따라 내 위치(표준 점수)가 조정될 수 있다. 그 산출 방식은 다음과 같다.

🔓 표준 점수 산출과정

표준 점수는 먼저 그 해의 과목별 응시생들 전체의 성적 수준(평균, 표준 편차)으로 1차 변환 점수(Z 점수)를 산출한다. 다음의 수식이 그 방법이다. 수험생의 원 점수에서 평균을 뺀 값을 수험생 전체 점수의 산포도를 나타내는 표준 편차로 나누어 준다.

$$Z\text{ 점수} = \frac{X - m}{\sigma}$$

X : 수험생의 원 점수
m : 해당 과목의 수험생 평균
σ : 해당 과목의 수험생 표준 편차

Z 점수가 도출되면 다음 표에 있는 각 과목별 기준이 되는 표준 편차(언/수/외 20점, 기타 10점)를 곱해 주고, 기준 평균(언/수/외 100점, 기타 50점)을 더해 주는 것으로 표준 점수가 계산된다.

영역	문항 수	원 점수 만점	표준 점수		
			평균	표준 편차	범위
언어	50	100	100	20	0~200
수리	30	100	100	20	0~200
외국어	50	100	100	20	0~200
사회/과학/직업탐구	20	50	50	10	0~100
제2외국어/한문	30	50	50	10	0~100

표준 점수 = (Z점수×해당 영역의 표준 편차)+평균

백분위와 등급

백분위는 자녀의 성적을 실질적으로 분석하고 상대적 위치를 가늠할 수 있는 핵심지표이다. 백분위는 각 영역별로 표준 점수에 의한 석차를 산출하여 응시한 전체 학생들 가운데 상대적 위치를 100점 만점으로 환산한 수치이다.

예를 들어, 수리(가) 영역에서 표준 점수가 143점이고, 백분위가 95%로 나왔으면, 그 학생은 해당 영역에서 상위 5% 안에 들어 있다는 의미로, 수리(가) 형의 전체 응시자 중 95%는 143점 아래라는 이야기이다.

마지막으로 '등급'은 백분위를 구간 지표로 영역별 1~9등급까지 분류한 것이다. 단, 등급 경계에 있는 동점자는 모두 상위 등급에 포함시키기 때문에 실제 등급별 구성비가 다음의 표와 같이 정확하지 않을 수 있다. 가령 일부 선택 과목 중에 응시생 수가 적고, 문제가 너무 쉬워 고득점자가 많아지면 상위 등급에 배정 비율 이상이 들어가고, 그 다음 등급을 받는 학생은 아예 없어지는 경우도 있다. 응시자 수가 적은 제2외국어 일부 과목 중에 이러한 예들이 종종 발생한다. 다음의 등급 구성표는 수능과 내신 성적 모두에 동일하게 적용된다.

등급	1	2	3	4	5	6	7	8	9
비율(%)	4	7	12	17	20	17	12	7	4
누적비율(%)	4	11	23	40	60	77	89	96	100
백분위	96 이상	89 이상 96 미만	77 이상 89 미만	60 이상 77 미만	40 이상 60 미만	23 이상 40 미만	11 이상 23 미만	4 이상 11 미만	4 미만

▲ 등급별 비율 및 백분위

TIP. **내신 체계의 변화 : 상대 평가에서 절대 평가로**

참고로 내신에서의 등급체계는 빠르면 2014년부터 절대 평가형식으로 바뀐다고 한다. 고등학교 내신이 현행 9등급 상대 평가 방식에서 A·B·C·D·E·F의 6단계 절대 평가 방식이 적용되고, 중학교 내신도 현행 수·우·미·양·가 5단계에서 고등학교와 동일한 6단계 평가방식으로 전환된다. 중·고교 모두 특정 교과목에서 과락에 해당하는 'F단계'를 받게 되면 방과 후 수강, 타 학교 교과목 수강, 특별과제 수행 및 시험 등을 통해 재이수해야 하며, 재이수 횟수는 1회로 제한된다. 출석일수만 채우면 졸업할 수 있었던 학사관리에 변화가 예상된다.

또 절대 평가에 따른 점수 부풀리기 등의 문제점을 보완하기 위해 성적표에는 등급 대신 표준 점수를 산출할 수 있도록 원 점수와 평균, 표준 편차, 이수자 학생 수를 표기한다. 사실 등급 표기만 없을 뿐, 표준 점수를 가지고 더 촘촘한 서열화가 가능하기 때문에 절름발이 절대 평가라는 비난의 목소리도 있다.

대학에서는 다른 학교에 재학 중인 두 학생이 같은 과목에서 동일한 점수를 받았다고 하더라도 두 학교 전체 학생의 과목 표준 편차나 평균을 보고 시험을 쉽게 출제하여 내신 부풀리기를 했는지, 또 상위권 학생이 많은 높은 수준의 학교인지를 판단하여 점수를 가감하는 장치를 마련할 수 있다. 쉽게 말해서 외고, 자사고 등 내신에 상대적으로 피해를 볼 수밖에 없는 고교들이 제기하는 불만은 상당 부분 해소되는 반면, 실질적 고교 서열화의 문제점도 발생할 위험이 있다고 하겠다.

결론적으로 절대 평가 형태라 하더라도 얼마든지 서열을 만들어 학생들을 줄 세울 수 있으며, 그동안 내신 상대 평가로 역차별을 받을 수 있었던 특목고 및 강남권 성적 상위 고등학교는 지금보다는 더 유리해진 측면이 있어서 원 취지와는 다르게 내신의 경쟁이 더 치열해질 것으로 보인다. 이 책이 출간되는 시점은 내신절대 평가가 한국교육개발원(KEDI)의 정책시안 단계이며, 의견수렴을 통한 보완 후 큰 틀에서는 변화 없이 조만간 확정될 것으로 보인다.

입시 관리의 순서는 '자녀 이해'와 '브랜드 전략'이 먼저다

입시 전략을 포함한 진로 과정 설계는 앞에서 강조했던 것처럼 '자녀 이해'와 '브랜드 전략'이 선행되어야 한다. 고3 진입 후 성적이 기대에 못 미치거나 성적이 급상승하여 목표치를 조정해야 하는 경우가 발생했을 때, 진로 지도의 전 단계에서 분명한 자기 기준이 있으면 큰 혼란 없이 신속한 조정과 대처가 가능하다. 그러나 자기 이해와 브랜드 전략에서 벗어나 주변의 시선과 평판에 따라 기본 진로 계획이 흔들리기 시작하면, 덩달아 공부의 목적과 방향이 상실되어 치명적인 결과를 초래할 수 있다. 설사 대학에 입학했다고 하더라도 적성과 진로문제로 더 큰 혼란을 겪게 될 수도 있다. 따라서 엄마는 진로 지도의 순서를 반드시 지킨 후에 자녀가 입시 전략에 임하도록 해야 한다.

시기적으로 나누어 보자면 '브랜드 전략'에 해당하는 자녀의 미래 진출 분야, 직업, 전공은 늦어도 고2 이전에 결정하도록 한다. 그래서

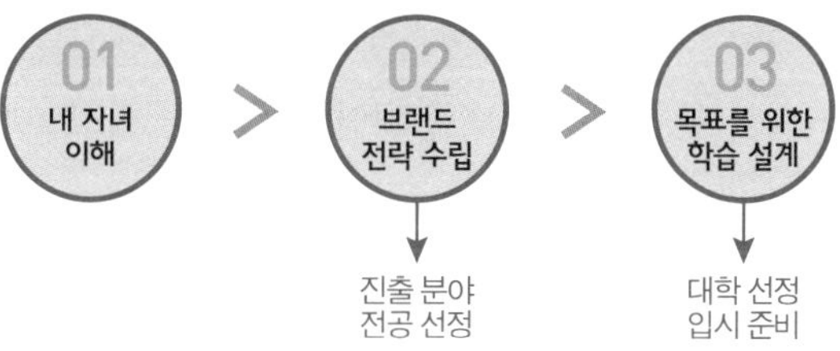

문·이과의 계열 선택을 수학을 잘하느냐 못하느냐로 결정하는 우(愚)는 최소한 범하지 말아야 한다. 계열 안에서의 탐구 영역 과목의 선택도 이 때에 자신의 진출 분야와 전공에 맞추어 정해야 한다.

그리고 목표 대학의 선정은 1, 2등급 이내의 상위권은 고2 여름 방학, 중·상위권은 고3에 올라가는 겨울방학까지는 마지노선으로 정할 필요가 있다. 대학별로 전형 요소와 방법의 편차가 심하기 때문에 이 시기를 넘기고 나면 준비 부족의 어려움을 겪게 된다. 그리고 목표 가시권 대학의 개수는 가급적 3개 정도에서 정하는 것이 좋다. 그 이유는 대학별로 최소 5개 이상의 각기 다른 전형을 사용하고 있어서, 여러 대학을 동시에 준비하는 것은 공부에 집중해야 할 에너지를 분산시킬 수 있기 때문이다. 목표 대학을 적정 수준과 개수로 정하고 나면, 수시 접수가 이루어지는 9월과 정시 모집 때까지 맞춤형 대비를 해 나간다.

진로 지도의 첫 단계인 '내 자녀 이해'에서는 당시의 학업성적은 가급적 배제한 채로 아이의 잠재력과 인·적성에 맞추었다면, 입시 준비에서는 철저하게 성적을 비롯한 객관적 지표만 가지고 대학과 전형 선택에 임해야 한다. 혹시나 하는 헛된 기대는 버려라. 또 이미 '브랜드 전략'에서 자신의 진로와 전공을 결정했기 때문에 입시 준비에서 이를 재고하는 일이 없도록 해야 한다. 성적때문에 마음이 조급해지면 자신의 적성과는 거리가 먼 전공을 선택할 개연성이 높다. 최소 2년 전에 평생의 브랜드 전략 안에서 전공과 진로 분야를 결정하고, 입시준비에서는 객관적 지표에 입각하여 대학과 전형의 유형만을 따져야 한다.

그리고 지금부터는 경쟁의 대상이 같은 학교의 옆 친구들이 아니라 전국 단위의 수험생들임을 깨달아야 한다. 내신, 학급석차에 연연해서는 한 쪽 눈을 가리고 전장에 나가는 것과 같다. 그래서는 시야도 좁고, 원근감도 전혀 느끼지 못한다. 이러한 대표적인 예가 내신 등급에 맞추어 목표 대학을 덥석 결정하는 경우이다. 상위권일수록 유의해야 할 대학 입시 최대 변수는 졸업생(재수생, 다수생)의 존재이다.

다음 표에 나타난 연도별 수능응시자 수 현황을 보면 매년 졸업생의 응시 인원이 12만 명 이상으로 전체 응시자의 20~25%에 이른다. 더욱이 졸업생들의 전반적인 성적이 재학생보다 우수하여, 상위권으로 올라갈수록 졸업생의 영향력은 더욱 커진다. 다음 표의 자료를 가지고 환산했을 때, 2010학년도 수능의 '언/수/외' 1~2등급에서 졸업생의 비중이 30% 이상이 된다. 따라서 목표 가시권의 대학을 선정함에 있어서 현재의 내신 등급을 그대로 적용해서는 안 된다.

합격 가능권 대학을 최종 결정하는 기준은 수능 출제 기관인 한국교육과정평가원에서 주관하는 9월 수능모의평가이다. 수능모의평가는 6월과 9월 초에 각각 진행되는데, 6월 평가는 그 해의 난이도 조정을 위한 기초자료로 활용하기 위한 것으로, 재수생의 참여가 제한되어 있다.

구 분		2007학년도	2008학년도	2009학년도	2010학년도
학력	재학생	399,250	421,761	427,623	503,092
	졸업생	142,087	118,429	120,179	121,877
	검정고시	10,239	10,152	11,457	12,969
	기 타	307	246	213	278
합 계		551,883	550,588	559,475	638,216

▲ 연도별 수능응시자 수 현황(단위 : 명)

영역	학력	평균	등급(%)								
			1	2	3	4	5	6	7	8	9
언어	재학생	98.5	3.8	7.5	9.8	17.7	18.6	17.7	12.5	8.1	4.3
	졸업생	106.7	7.1	12.3	14.0	21.7	19.0	14.2	7.5	3.2	1.0
수리 (가)	재학생	98.6	3.9	5.8	12.3	16.3	19.9	17.9	12.4	7.3	4.2
	졸업생	105.8	7.7	10.2	17.0	18.5	18.6	14.3	7.6	4.0	2.0
수리 (나)	재학생	98.2	4.6	5.7	10.0	16.2	22.1	18.4	15.0	5.1	3.0
	졸업생	108.2	11.9	12.1	16.1	18.0	16.6	11.4	8.9	3.1	1.9
외국어	재학생	98.2	4.5	5.6	10.9	15.3	20.2	18.2	13.0	8.5	3.9
	졸업생	107.4	8.6	10.2	17.3	19.5	19.5	13.0	6.9	3.6	1.4

▲ 2010학년도 학력별 등급분포(단위 : %) 출처 : 한국교육과정평가원 '2010년 대학수학능력시험 성적 기초분석 결과'

그렇지만 9월 모의고사는 수능과 가장 가까운 형태로 출제될 뿐만 아니라, 대입을 준비하는 거의 모든 졸업생들이 응시한다는 점에서 실제 학력 수준을 가늠해 볼 수 있다.

그러나 목표 대학 선정은 고3 9월 모의고사 때까지 기다릴 수 없으므로, 현재 시행되는 전국 단위의 모의고사의 성적을 활용하여 객관적인 지표를 얻도록 한다. 예를 들어 현 모의고사에서 1~2등급에 속한다면 그 등급에 1.3 정도를 곱하고(30% 등급 조정), 3~5등급은 1.2를 곱하여

^(20% 등급 조정) 나온 결과로 동년 입시 경쟁자 가운데 자녀의 위치를 파악하도록 한다. 내신 등급은 학교별로 학력차가 존재하고, 시험의 성격도 수능과 달라서 신뢰하지 않는 편이 낫다.

등급	1	2	3	4	5	6	7	8	9
비율(%)	4	7	12	17	20	17	12	7	4
누적비율(%)	4	11	23	40	60	77	88	96	100
백분위	96 이상	89 이상 96 미만	77 이상 89 미만	60 이상 77 미만	40 이상 60 미만	23 이상 40 미만	11 이상 23 미만	4 이상 11 미만	4 미만
응시자(천 명)	24	66	138	240	360	462	534	576	600
학급 기준	1.6	4.4	9.2	16	24	31	36	38	40

▲ 수능(모의고사) 등급별 진학 가능선

이렇게 산출된 추정 등급으로 진학 가능선을 잡는다. 위 표는 대학별 정원과 학교, 학과의 전반적 선호도를 바탕으로 수능^(모의고사) 등급별 진학 가능선을 대략적으로 표시한 것이다. 수능 1등급 4%는 평균 수능 응시자 수 60만 명으로 잡았을 때 약 2만 4,000명이다. 그런데 최상위권의 목표인 서울대, 고려대, 연세대^(이하 'SKY')와 의학, 치의학, 한의학^(이하 '의치한') 및 KAIST, 포스텍의 정원은 모두 합해도 1만 5,000명 수준에 지나지 않는다. 즉, 수능 성적이 1등급 중에서도 '의치한, SKY'에 진학하지 못하는 인원이 많은 것이다. 또 서울 소재의 4년제 대학의 정원을 따졌을 때, 3등급을 벗어나면 'In 서울 대학'은 사실상 힘들다고 보아야 한다.

중학교 때에는 자녀의 성적을 막론하고 거의 모든 엄마들이 서울대를 목표로 삼는다. 그러다 중학교 당시에는 존재하는지도 몰랐던 서울 소재 4년제 대학이 이렇게 높은 등급에 해당된다는 사실을 고1이 지나서야 알게 된다. 이처럼 떨어지는 현실 감각을 조금만 더 일찍 깨우쳐도 학습 태도와 전략적 준비는 달라질 수 있는데, 참으로 안타깝다.

그러나 졸업생의 존재와 모의고사 등급별 가능권 대학 등을 감안하여 객관적인 파악을 해야 한다고 해서 브랜드 전략과 목표까지 낮게 가져 가야 한다는 것을 의미하는 것은 아니다. 고2, 3 이전에 객관적 학력 수준으로 상기한 방법으로 자신의 위치를 파악하는 것은 자칫 허황되고 나태해질 수 있는 준비 자세와 시각을 바로잡기 위함이다. 현재의 성적이 초라해도 공부의 명확한 목적의식과 학습법 교정이 있다면 1~2년 이내에도 기대를 뛰어 넘는 성적 상승을 이루어 낼 수 있다.

부지런한 입시 전략이 성공한다

현재의 복잡한 대학 입시구조는 수험생들에게 전략적 접근을 요구한다. 그러나 많은 엄마들은 전문성과 정보의 부족을 메우고자 '그냥 열심히 하는 공부'를 유일한 전략으로 삼는다. 그러나 이러한 태도는 조금 과장하여 말하자면, 무책임한 방임(放任)이고 어리석은 만용(蠻勇)이다. 전형 요소가 다양해질수록 유리한 대상은 공부만으로 승부를 보고 싶어하는 최상위권이 아니라 어떻게든 역전을 노려야 하는 중위권의 학생들이다. 자신의 부족한 점수를 보완하고, 강점을 부각시킬 수 있는 절호의 기회를 눈뜨고 놓쳐서야 되겠는가?

앞에서 대학 입시 전형은 기간별로 수시 모집과 정시 모집으로 나누어진다고 하였다. 이 중 수시 모집은 9월부터 원서접수를 받기 시작하고, 수능의 결과가 나오기 전에 논술, 면접 등 심사 절차를 밟아 잠정 합격자를 발표한다. 이러한 기간별 특성은 달리 말하면, 수능의 비중이 낮고 다양한 전형 요소들을 우선적으로 반영한다는 뜻이기도 하다. 그러나 정시 모집은 전형적인 '선시험 후지원' 방식으로 수능 성적의 반영 비중이 높을 수밖에 없고, 그에 따라 수능응시 경험이 있는 졸업생들이 선호한다. 수능 기준 커트라인도 수시에서는 수능이 최저학력기준 정도로만 활용되고 있기 때문에 정시 합격자의 점수가 월등히 높다.

구 분	수시 모집		정시 모집		합계
	모집 인원(명)	비율(%)	모집 인원(명)	비율(%)	
2010학년도	219,024	57.9	159,117	42.1	378,141
2011학년도	231,035	60.9	148,180	39.1	379,215

▲ 대입 전형별 모집 인원 및 비율

위 표를 보면, 매년 수시 모집의 비율이 늘어나고 있으며 2011학년도 기준으로는 60%를 상회하고 있다는 사실을 알 수 있다. 각 대학들은 우수 인재를 경쟁적으로 미리 확보하고자, 수시 모집의 비중을 매년 높이고 있다. 특히 상위권 대학일수록 이러한 추세가 강화되고 있는데, 서울의 주요 대학들은 입학 정원의 70~80%까지 수시의 비중을 높이겠다는 계획을 발표하고 있다. 더욱이 지금까지는 수시에서 채워지지 못한 정원을 정시로 이월해 왔기 때문에 실질적인 정시 모집비율이 수시보다 컸지만 2012학년도부터는 수시 모집 미등록 충원기간을 신설하여 수시의 실질 모집비율이 명목상 비율까지 올라갈 전망이다.

결론적으로 '내신 등급이 낮다', '논술이 약하다', '스펙이 부족하다'는 등의 이유로 정시 모집에만 매달리는 것은 매우 잘못된 판단이며, 일단 수시 모집에 지원하기 위해 최선의 노력을 다해야 한다. 수능 최저등급이라 하더라도 조건만 충족시킨다면 논술, 면접, 적성 검사 등 다양한 평가요소에서 경쟁력을 갖출 수 있다. 수능 점수로 졸업생들과 정면 대결해야 하는 정시는 수시 이후의 차선 전략으로 선택하는 것이 현명하다. 엄마는 아이가 대입수학능력시험 준비 일변도에서 벗어나, 여러 방식으로 자신의 학업성취도와 학습역량을 증명할 수 있는 기회를 포착하도록 적극적으로 지원해야 한다.

수능 변화에 대응하는 입시 전략을 세워라

수능은 '2009 개정교육과정'과 함께 2014학년도부터 큰 폭으로 변화하게 된다. 이 책을 읽는 코칭맘의 자녀들 대부분은 개정된 교육과정과 수능에 대한 대비를 해야 할 것이다. 난이도 조정 수준이 아니라, 교육 과정의 전반적인 개편과 맞물린 변화이므로 이에 맞는 학습 지도와 입시 전략적 대응이 이루어져야 한다. 변화의 내용은 크게 '국·영·수의 수준별 응시'와 '탐구영역 선택과목의 축소' 두 가지이다.

국·영·수의 수준별 응시

먼저 가장 눈에 띄는 변화는 '언어/수리/외국어' 영역으로 불렸던 과목명이 교육과정과의 일치를 위해 '국어/수학/영어'로 바뀐 점이다. 또 수험생의 부담을 줄이기 위해 난이도가 다른 A와 B형으로 선택적 응시가 가능하게 만들었다. A형은 현행 수능보다 출제 범위가 좁고 문제도 쉽게 출제되며, B형은 현 수준을 유지하게 된다. 단, 학습 부담을 줄인다는 대입제도 개편의 원래 취지에 따라 B형은 최대 2개를 선택하게 되어 있고, 국어와 수학은 동시에 B형을 응시할 수 없다. 선택 응시에 대한 제한 조건과 계열별 특성을 감안했을 때, 다음 표와 같은 응시 적용 예가 예상된다.

현 행	
언어 영역	
수리 영역	'가'형/'나'형
외국어 영역	

변 경	
국 어	A형/B형
수 학	A형/B형
영 어	A형/B형

▲ 국·영·수 수능 개편 내용

국 어	수 학	영 어	응시 적용 예
국어 A	수학 A	영어 A	예체능계열 특성화고 동일계열
		영어 B	일부 영어 우수자
	수학 B	영어 A	이공계열
		영어 B	이공계열
국어 B	수학 A	영어 A	인문사회계열
		영어 B	인문사회계열

▲ 수준별 시험 응시 적용 예

가령 인문계열 상위권 대학은 '국어 B-수학 A-영어 B'를, 이공계열 상위권 대학은 '국어 A-수학 B-영어 B' 등으로 나누어질 것이다. 그리고 모국어는 듣기 문제가 큰 의미를 지니지 않는다는 의견에 따라,

국어의 듣기평가가 지필로 대체되며, 국어와 영어의 문항 수도 일부 줄어들 것으로 보인다.

탐구 영역 선택 과목의 축소

탐구 영역 선택 과목 종류는 2009개정교육과정에서 변경된 과목을 적용했으며, 수험 부담을 줄이기 위해 최대 선택 과목 수를 3과목(2011학년까지는 4과목)에서 2과목으로 축소하였다. 직업 영역은 현행 수능이 이론 중심의 단편적인 지식을 묻고 있다는 지적에 따라 직업기초능력평가의 전공과 같이 5개의 시험과목으로 통합하고, 수험생은 이 중 1과목을 선택하여 응시해야 한다. 기타 제2외국어와 한문은 기존과 동일하게 유지될 예정이다.

현 행		변 경	
사회탐구 (11과목 중 3과목 선택)	윤리, 한국지리, 세계지리, 경제지리, 한국근·현대사, 세계사, 법과 사회, 정치, 경제, 사회문화, 국사	사회 (10과목 중 2과목 선택)	한국지리, 세계지리, 법과 정치, 경제, 사회문화, 한국사, 세계사, 동아시아사, 생활과 윤리, 윤리와 사상
과학탐구 (8과목 중 3과목 선택)	물리 I/II, 화학 I/II, 생물 I/II, 지구과학 I/II	과학 (8과목 중 3과목 선택)	물리 I/II, 화학 I/II, 생물 I/II, 지구과학 I/II
직업탐구 (17과목 중 3과목 선택)	농업정보관리, 컴퓨터일반, 정보기술 등	직업 (5과목 중 3과목 선택)	농생명산업, 공업, 상업정보, 수산해운, 가사실업
제2외국어, 한문 영역 (8과목 중 1과목 선택)		제2외국어, 한문 영역 (8과목 중 1과목 선택)	

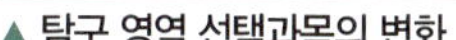
▲ 탐구 영역 선택과목의 변화

수능변화가 주는 의미

수능개편안은 학생들의 부담을 덜어 주고, 각 모집 단위별 특성을 최대한 반영하고자 하는 의지가 엿보인다. 그러나 탐구 영역의 선택 과목이 축소되고, 수준별 평가가 도입되면서 실질적으로는 대학 입시에 국·영·수 비중이 지금보다 훨씬 확대되었다. 또 자녀의 진로에 맞는 학습의 선택과 집중이 국·영·수 전과목에 필요한 상황이다. 상위권 대학 일부 학과들이 현 수능에서 시험범위가 넓고 어려운 수리 '가'형을 지정했듯이 모집 단위별로 A와 B형의 선택을 제한할 것으로 보인다. 따라서 자신이 어떤 계열, 어떤 학과로 진학할 것인지에 맞추어 국·영·수 각 과목별로 학습의 범위와 심화 정도를 정하고 공부에 임해야 한다.

탐구 영역에 있어서는 과목 선택이 2개로 축소되면서, 공부의 부담이 줄었지만 선택의 짐은 무거워졌다고 할 수 있다. 2011학년도까지는 선택 과목의 개수가 최대 4개로 지원 전공과의 적합도가 떨어지는 전략 과목을 포함시켜, 점수가 좋은 2~3개 과목의 점수를 반영할 수 있었다. 그러나 앞으로는 자신의 진로와 방향이 맞고, 잘 할 수 있는 과목 2개만을 선택하여 경쟁해야 한다. 따라서 엄마는 고등학교 저학년 때부터 자신의 적성과 진로 방향, 고등학교의 과목개설 현황 등을 종합적으로 고려하여 아이가 신중하게 결정하도록 도와주어야 한다(학교에 따라 몇몇 선택 과목들은 학교에서 강의 개설 자체가 안 되는 경우가 있다.).

제한된 범위이기는 하지만 2012학년도 수능도 학생들의 수험 준비에는 큰 영향을 주는 전년 대비 변화가 있을 예정이다. 수리 영역의 출제 범위가 조정되는데, 이과계열 학생들이 주로 응시하는 '가'형은 예년까지 수학 I · II에서 각각 12~13문항이 출제되고, 심화 수학인 미분과 적분, 확률과 통계, 이산수학 중 한 과목을 선택하여 5문제를 풀었다. 하지만 2012학년도에는 심화선택 없이 수학 I, 수학 II, 적분과 통계, 기하와 벡터에서 7~8문항씩 출제된다.

미적분을 배우지 않았던 문과생들도 수리 '나'형의 문제가 수학 I에서 15문항(50%), 미적분과 통계 기본에서 15문항(50%)이 출제되면서 수학의 학습 부담이 많이 늘어났다. 상경계열 입학생들이 미적분을 배우지 않아 대학 교육에 지장이 있다는 대학 측의 요구가 받아들여진 것이다. 또 탐구 영역의 최대 선택 과목 수가 기존 4과목에서 3과목으로 축소된다. 특정 과목에 집중할 수 있기 때문에 원 점수는 3~4점가량 상승할 것으로 보이지만 자신에게만 유리한 것이 아니라는 점에 유의해야 한다.

고교 입시의 현실,
특목고를 준비해야 할까?

지금까지 대학 입시와 관련한 흐름과 필수 지식, 그리고 전략에 대해 살펴보았다. 고등학교 자녀를 둔 코칭맘들에게 대학 입시는 발등에 떨어진 불이지만, 현재 초등학교 고학년에서 중학교 자녀를 두고 있는 코칭맘들에게는 대학 입시보다 고등학교 입시가 더 시급한 현안일 것이다. 따라서 고등학교 입시와 관련하여 엄마들이 가져야 할 판단의 기준점들을 제시함으로 이 장을 마무리하고자 한다.

지난 몇 년간 고등학교 입시를 고민하는 학부모들의 화두는 언제나 '특목고'였다(본래 특목고는 예체능과 전문계 특목고를 모두 포괄하는 의미이지만, 이 장에서는 사회통념에 따라 과학고, 외고, 국제고와 같은 최상위권을 대상으로 하는 고등학교에 한정하여 특목고란 용어를 사용한다.). 최근 특목고 입시 조정으로 그 열기가 약간 주춤하는 상황이지만, 2~3년 전까지만 해도 특목고 광풍이라고까지 표현할 정도로 쏠림 현상이 심했다. 외고의 확대와 국제고의 등장으로 사교육 시장에서 가장 규모가 작았던 중학생 대상 섹터(Sector)가 매년 급성장했으며, 특목고 대비만을 전문으로 하는 메이저 규모의 학원 브랜드들도 생겨났다. 덩달아 예비 중학생인 4~6학년까지도 특목고 사교육에 편입되는 일들이 벌어졌다.

그런데 엄마와 아이들 모두에게 특목고 진학이 궁극적인 목표는 아닐 것이다. 특목고는 말 그대로 자녀가 고등학교의 설립 목적에 부합하는 특수한 재능을 지녔거나, 특목고의 높은 교육 서비스를 통해 명문대 진학에 좀 더 유리해지기를 바라는 마음으로 지원한다.

순위	학교명	지역	신입생 정원	서울대 진학 수	
				2009년	2008년
1	대원	서울	420	62	71
2	외대부속	경기	350	44	20
3	대일	서울	420	23	16
4	명덕	서울	420	21	34
5	한영	서울	280	19	20
6	안양	경기	400	16	16
7	대전	대전	330	12	12
8	명지	경기	320	11	8
9	부산	부산	400	8	12
10	수원	경기	240	7	졸업 無
11	과천	경기	420	6	6
12	대구	대구	180	6	5
13	이화여자	서울	210	6	7

▲ **특목고의 서울대 진학 현황** [주] 특목고 SKY 진학율(대원 : 80%, 한영 : 65%, 명덕외고 : 55%, 상산고 : 55%, 기타 외고 : 30%)

하지만 지난 10년 이상 특목고 졸업생의 현황을 분석한 연구 자료에 의하면, 실제 특목고와 명문대 진학율 간에는 상관관계가 있지만 특목고의 교육이 높은 명문대 진학 결과를 가져왔다는 인과관계는 보이지 않는다. 실제 입학 당시의 학력 수준을 단순히 감안했을 때, 오히려 타 일반고보다 명문대 진학이 더 떨어지는 결과도 나타났다. 쉽게 말하면 특목고가 좋은 대학 진학에 유리하지 않다는 것이다. 그리고 우월한 대학 진학의 성과도 우수한 학생들을 데려간 선발효과에서 비롯되었다는 주장이 설득력을 얻고 있다.

물론 특목고는 내신 상대 평가로 인한 불이익을 상쇄할만큼 우수한 교육 환경과 상위권 대학 준비에 대한 축적된 노하우, 학연 네트워크의 강점을 가지고 있다. 우리는 특목고와 일반고 간의 교육의 질적 차이나 대입에서의 상대적 유불리를 말하려는 것이 아니다. 자녀의 성향과 기질, 학습능력, 가정환경 등의 내부적인 요인들을 먼저 검토하지 않고 무작정 특목고에만 진학하면 대학 입시까지 술술 풀릴 것이라는 생각들이 매우 위험하다는 것을 지적하고자 하는 것이다.

외국어고, 국제고, 과학고가 뛰어난 교수진과 학교 인프라, 학생 관리체계를 보유하고 있지만 내 아이에게 맞지 않는 학교라면 그 어떤 외적인 학교의 자랑거리도 전혀 의미를 갖지 못한다. 특히 특목고 경쟁를 위해 치루었던 많은 댓가들이 그만한 가치가 있는지를 정말 짚어 보아야 한다. 특목고의 신화들은 상당 부분 초·중학생 고객들을 유치하기 위한 사교육업체들에 의해 과장된 채 유통되어 왔고, 특목고 준비에 따른 폐해들은 가리워져 있다. 그래서 우리는 특목고에 대한 오해와 진실을 다음의 다섯 가지로 정리해 보았다.

최상위권 대학들은 특목고를 우대한다

최상위권 대학들이 특목고를 우대한다고 생각하게 된 이유에는 실제 일부 대학들이 그동안 일부 특별 전형으로 내신을 무력화시키거나, 특기자 전형 자격을 제한하는 등의 방법으로 특목고 학생들이 유리한 진입로를 만들었기 때문이다. 그러나 현재는 대학입시에서 특기자 전형과 일반 전형이 명확히 분리되면서 특목고생에 유리한 전형의 비중이 낮아졌고, 특목고의 학력에 준하는 자율고 등에 우수 학생들이 분산되면서 특목고 프리미엄도 급격히 줄어들 것으로 보인다. 대학 또한 출신고가 문제가 아니라 우수한 학력과 잠재력을 가진 학생들을 선발하는 것이 최대 목표이므로, 특목고에 가면 대학가기 유리하다는 말에 과민반응을 하지 않는 것이 좋다.

특목고에는 뛰어난 학생들이 모여 있어서 면학 분위기가 좋다

특목고에 뛰어난 학생들이 많은 것은 사실이다. 그러나 이는 특목고가 보통 학생들을 뛰어난 인재로 교육시킨 측면보다 그동안 우수 학생을 독점해 온 선발효과가 상대적으로 크다고 하겠다. 최근 고교 다양화 정책에 따라 자율고 등 특화 학교들이 확대되면서 특목고가 독점하다시피한 성적 우수자들이 분산될 가능성이 높아지고 있다. 특히 외고들은 이과계열 학생들의 수업 필요를 채우기 위해 학교 설립 취지에 맞지 않는 파행 수업들로 많은 문제를 발생시켜 왔는데, 이러한 한계와 불편함이 없는 자율고들로 자연계열을 희망하는 우수 학생들이 대거 이동할 것으로 보인다. 그리고 면학 분위기에 있어서는 특목고 내의 치열한 경쟁과 과도한 스트레스로 인해 학생의 성향에 따라서는 오히려 학습에 어려움을 겪을 수 있다는 점을 간과해서는 안 된다. 실제 성적 우수자 가운데 상당수가 과도한 경쟁 환경에서 오히려 학습에 장애를 겪는다고 한다. 학생의 성향, 기질에 따라서는 일반고에서 상위권 성적의 자존감을 지키면서 학습 동기를 충분히 제공받는 편이 훨씬 나은 결과를 거둘 수 있다는 점을 간과하지 말아야 한다.

전문 교과를 운영하여 심화학습이 가능하다

특목고는 수학/과학/외국어 등과 관련하여 전문 교과 교육을 실시함으로써 교과과정이 거의 고정되어 있었던 일반고에 비해 심화학습이 가능해졌다. 그러나 앞에서 말했듯이 학교 설립 취지와는 다른 전공을 선택한 학생에게는 전문 교과가 오히려 학습의 효율성을 떨어뜨릴 수 있다. 특히 2014학년도 대학 입시에서부터 난이도 선택이 신설되고 과목 간의 선택의 폭을 넓히면서, 자녀의 진로와 맞지 않는 고등학교의 선택은 대학 입시 준비에 어려움을 가중시킬 수 있다. 가령 외고는 외국어 이수 단위가 늘고 전공어 수업이 강화될 예정이다. 반면에 자율형고 또한 기존 특목고와 같이 심화교과를 자율적으로 운영할 수 있으며, 2009개정 교육과정 체제에서는 일반고도 교과 운영의 자율성이 크게 확대되었다는 점에 주목할 필요가 있다.

"특목고 대비는 필수입니다. 떨어지면 어떻습니까? 공부해서 남 주나요?"

대학 입시를 미리 준비하는 선 경험의 효과가 있다

치열한 경쟁의 특목고 준비는 일반고로 진학하려는 친구들이 하지 않는 경험이다. 그렇다고 해서 이 경험이 반드시 좋은 경험이라고 말할 수는 없다. 대부분의 중학생 자녀들은 입시의 압박감과 입학 경쟁에서 실패했을 때 좌절감을 감내할 준비가 되어 있지 못하다. 즉, 개인적 차이는 있겠지만 아직은 정서적으로 미숙한 상태라고 할 수 있다. 특목고 대비 학원에서는 떨어져도 '공부한 것이 어디가느냐'면서 본전이라고 말하지만, 최선의 노력에도 불구하고 탈락했을 때의 상처는 낮은 자존감으로 이어져 막대한 부작용을 초래할 수 있다. 떨어진 아이들은 후기일반고에 가서 '내가 여기에 올 사람이 아닌데……'라고 자책하며 고교생활을 전반을 불만과 낙담으로 보낼 가능성이 농후하다. 합격했다고 하더라도 몇몇을 제외하고는 늘 최상위권에 있었던 자신의 위치가 특목고 내의 상대 평가에서 급하락하는 충격을 이겨내야만 한다. 특목고는 경쟁환경에서 자극을 받고 적절한 스트레스를 즐길 수 있는 도전적 성향의 학생들에게는 추천할 만 하지만, 그 밖에는 자녀의 성향을 면밀히 살펴서 신중하게 지원 여부를 결정해야 한다.

특목고 준비를 통해 목표 있는 공부, 밀도 높은 공부를 시킬 수 있다

특목고를 준비하면서 많은 공부를 한다고 하더라도 주로 내신과 입학자격 요건에만 맞추어져 있기 때문에 장기적인 차원에서 실력이라고 보기 어렵거니와, 수능과 논술 시대에 부적합한 학습법이 습관화될 위험이 높다. 더욱이 과도한 학습량으로 인한 조로현상이 발생하여, 정작 총력을 기울여야 할 고등학교에서 학습 의욕을 잃어버리는 경우도 많다. 또, 단기 목표에만 총력을 기울이다 보니 중학교 시절 가져야 할 많은 독서와 다양한 활동을 기회비용으로 포기해야 하는 단점도 있다.

특목고를 다루면서 최근의 입시 전형의 변화를 설명하지 않을 수 없다. 큰 골자로만 보자면, 특목고 범위에 있는 학교들은 복수로 지원하지 못하고 주거지의 광역 단위(시, 도) 내에서만 선발될 수 있다는 제약이 생겨났다.

학생 선발 방식에 있어서는 일체의 지필고사와 각종 경시·경연대회 수상 실적 반영이 모든 특목고에서 금지된다. 과학고 입시에서는 경시대회와 영재교육원 수료자 전형이 폐지되고, 내신성적과 구술면접 등 복잡한 일반 전형을 단순화하여 입학사정관 전형과 과학캠프를 활용하여 학생을 선발한다. 외국어고도 영어 내신 위주의 자기주도학습 전형으로 바뀌었다. 자기주도학습 전형이란, 1단계에서 중학교 영어내신 성적만으로 모집 정원의 1.5배를 뽑고, 2단계에서는 입학사정관이 참여하여 학습계획서와 자기주도학습 이력, 독서의 경험 등을 종합적으로 평가하여 내신점수와 합산하는 방식을 말한다. 이러한 변화의 결과로 입학 경쟁률이 절반 이상 추락하거나 정원을 채우지 못하는 특목고들도 생겨나고 있다. 또 영어 내신이 2등급을 넘어가는 학생은 아예 특목고 준비를 포기하고 있고, 사교육이 필요한 교과 관련 대외 수상 실적이 입시 반영 요소에 빠지면서 특목고 전문 학원들이 심각한 경영상의 타격을 받고 있다.

고교 다양화 프로젝트와
고등학교의 선택

사실 많은 학부모들이 특목고를 고려할 수밖에 없었던 것은 마땅한 대안이 없었기 때문이라고 할 수 있다. 10여년 전만 해도 고등학교의 유형들은 단순했다. 과학고와 외고를 모두 합쳐 전국에 30여 개 밖에 되지 않았고, 나머지는 모두 일반 고등학교였다. 극소수의 특목고, 다수의 평준화된 일반고 및 실업계고로 고등학교가 구분된 상황에서는 상대적으로 특목고의 가치가 월등할 수밖에 없었다. 그러나 현 상황은 다르다. 정부는 수요자 중심의 다양한 교육과 교육과정의 자율화, 특색 있는 학교 운영을 통한 공교육의 경쟁력 제고를 학교 정책의 방향으로 설정하면서 경쟁력 있는 다양한 고등학교들이 등장하기 시작했고, 상위권 학생들을 독점하던 특목고들은 프리미엄 지위를 위협받고 있다.

현 정부의 고등학교 관련 정책의 핵심은 '고교 다양화 300 프로젝트'라고 할 수 있다. 이 프로젝트는 기숙형 공립고 150개, 자율형 사립고

100개, 마이스터고 50개를 추진하는 과제를 일컫는다. 기숙형 공립고는 농촌, 중·소도시, 대도시 낙후 지역에 기숙형 공립고를 지정하고 입학생의 70%에 장학금을 지급함으로써 지역 간 교육 격차를 해소하는 매개가 된다. 마이스터고는 현 실업계 고교 가운데 정부의 지원을 강화하고 커리큘럼이나 교원에 대한 규제를 완화하여 학생들의 특기와 적성을 최대한 발휘할 수 있도록 지정된 학교이다. 마지막으로 자율형 사립 고등학교는 기존의 자립형 사립고(민사고, 해운대고, 포항제철고 등)보다 재단의 전입금 의무 비율을 낮고, 정부의 재정 지원을 강화시킴으로써 자율적이고 다양한 교육과정을 학생들에게 제공한다.

현재 고등학교 유형 분류는 다음의 표에서와 같이 크게 '일반고, 특목고, 특성화고, 자율고'의 네 가지로 나누어진다. 내 아이의 성향과 특성에 맞는 학교가 최고의 명문고라고 생각하고, 특목고에만 집중되어 있는 관심의 폭을 다른 유형의 고등학교로 넓힐 필요가 있다. 기숙형 공립고(자율형 공립고)와 자율형 사립고, 마이스터고 모두 지정된 지 얼마 되지 않아, 교육 성과에 대한 객관화할 수 있는 자료가 많지는 않지만 특목고에 못지 않는 명문고로 도약할 것으로 기대된다. 단, 일부 자율고 지정 학교들은 자율고에 걸맞지 않은 준비 부족으로 많은 혼선이 발생하고 있어, 자율고라고 무조건 믿지 말고 지원하기 이전에 세심한 조사를 해야 한다. 서울에는 고교선택제가 도입되면서, 일반고들도 명문고로의 도약을 위해 이전에 볼 수 없었던 차별화된 경쟁력 보유의 노력을 경주하고 있음이 곳곳에서 확인되고 있다.

구분		개요		학생선발		교육과정
		목적	학교 수	모집단위	입학전형	
일반고		중학교 교육 기초 위에 중등교육 실시	1,299교	지역/ 광역	• 평준화 : 추첨, 배정 • 비평준화 : 내신 + 선발고사	필수이수 116단위
특목고	과학고	과학 인재 양성	18교 ('11년 19교)	광역단위	• 자기주도학습 전형 + 과학창의성 전형	필수이수 72단위, 전문교과 80단위 이상
	외국어고 국제고	외국어 능통 인재 양성 국제전문 인재 양성	외고 : 33교 국제고 : 4교	광역단위	• 자기주도학습 전형으로 선발	필수이수 72단위, 전문교과 80단위 이상
	예술고 체육고	예술인 양성 체육인 양성	예술 : 40교 체육 : 15교	전국단위	• 내신, 면접, 실기 등	필수이수 72단위, 전문교과 80단위 이상
	마이스터고	전문적 직업 교육을 위한 맞춤형 교육과정 운영	21교	전국단위	• 내신, 면접, 실기 등	학교별 교육과정의 자율 운영 가능
특성화고	직업형	소질, 적성, 능력이 유사한 학생을 대상으로 특정한 분야의 인재 양성	670교	광역/ 전국	• 내신, 면접, 실기 등	필수이수 72단위, 전문교과 80단위 이상
	대안형	자연현장 실습 등 체험 위주의 교육	23교 (인가)	광역/ 전국	• 내신, 면접, 실기 등	필수이수 72단위 (시·도지침 조정 가능)
자율고	지율형 사립고	사립의 자율성을 보장하여 학교별 다양한 교육 실시	50교	광역단위	• 평준화: 추첨 등 (내신성적 반영) • 비평준화: 자기주도학습 전형 (필기고사 금지)	필수이수 58단위 이상, 교과군별 이수단위, 준수의무 없음
	자율형 공립고	교육과정, 학사운영 자율성 제고 및 전인 교육 구현	58교	광역단위	• 평준화: 선지원 후추첨 • 비평준화: 학교 자율(필기고사 금지)	필수이수 72단위 이상, 교과군별 이수단위, 50% 증감 가능

▲ 현행 고등학교 유형별 비교

따라서 중학교 엄마들의 고등학교 진학을 대비하는 정보의 보완이 시급하다. 이전에는 입시전문 사교육 업체에서 제공하는 서울대와 SKY 진학율 정도만 참조하여 고등학교를 비교했다면, 지금은 학교정보공시제가 시행되고 있어 누구나 '학교 알리미(www.schoolinfo.go.kr)'를 통해 비교 평가를 할 수 있게 되었다. 특히 이 웹사이트에서 주목해야 할 첫 번째 지표는 '학업성취도'이다. 각 과목별로 전국 단위의 학업성취도 비교 자료가 공개되어 있기 때문에 이를 활용하여 해당 학교의 전체적인 학력수준과 과목별 수업 경쟁력을 가늠할 수 있다.

일반적으로 홍보되는 서울대 합격생 수와 같은 자료는 재학생, 졸업생의 구분이 명확하지 않고 전체적인 교육의 질을 평가할 수 없으므로, 지원 고등학교를 결정할 때에는 학교에서 제작한 홍보물 이전에 학교 알리미를 반드시 참조하도록 하자.

실제 최근 서울지역 고교선택제의 경쟁률을 살펴보면 서울대 등 상위권 대학 진학 성과가 좋았던 전통적 명문을 제치고 졸업생 배출이 없던 신흥고(신도림고 등)나 서울대 진학생 수가 연간 5명에도 미치지 못했던 지역 학교(건대부고 등)가 최고의 인기를 구가하고 있다. 즉, 엄마들의 명문고에 대한 기준이 '교육방향, 편의시설, 대학진학, 입시지도, 학교문화' 등 복합적으로 바뀌고 있는 것이다.

가령 2010년 고교 선택제 경쟁률 5위였던 건대부고는 2011년에서는 19.9:1로 올라서게 되었는데, 그 이면에는 학생들을 인격체로 대하기 위해 교사들까지 경어를 사용하는 선진화된 교육문화와 다양한 문화공간, 체육활동을 지원하는 시설, 그리고 학생들의 필요를 충족시키는 양질의 교육 프로그램 강화 등이 있다. 이 밖에도 교육에 관한 새로운 인식의 지평을 넓혀 주고 있는 대안학교(대안형 특성화고)에도 관심을 가져 볼 것을 권하는 바이다.

급격히 변화하는 교육 현실에서 우리 자녀들의 미래와 브랜드 전략을 생각한다면 초·중학교에서부터 세심한 진로 지도를 해야 한다. 그러한 차원에서 이 장은 '수능과 대학 입시' 분석이 중심이었지만, 고입에 대한 부분에도 많은 내용을 할애했다. 고입에서 대입까지 마치 전쟁터와 같은 현실에서 싸우고 있는 우리 코칭맘들 모두가 이 책의 지침에 따라 건승하기를 기원한다.

순위	외고명	경쟁률	행정구	순위	외고명	경쟁률	행정구
1	신도림고	17.0	구로	11	선덕고	12.2	도봉
2	서울고	16.4	서초	12	숭실고	11.5	은평
3	숭의여고	15.9	동작	13	강서고	11.3	양천
4	휘문고	15.8	강남	14	신목고	11.3	양천
5	건대부고	13.9	광진	15	숙명여고	11.1	강남
6	한영외고	13.7	강동	16	성남고	11.1	동작
7	서울사대부고	13.3	성북	17	대진고	10.6	노원
8	양정고	13.2	양천	18	세화여고	10.1	서초
9	대진여고	13.0	노원	19	경희여고	9.9	동대문
10	보성고	12.2	송파	20	경기고	9.9	강남

▲ 2010 서울시 후기 일반계 고등학교 경쟁률

전기고		후기고		고교선택제
과학고, 외국어고, 예술계고 자율형사립고, 특성화(전문계)고	▶	자율형공립고, 과학/예술중점학교 : 50% 자치구 내 지원자 추첨 50% 탈락자 및 타 자치구 추첨	▶	20% : 전체 2개교 지원, 추첨 40% : 학군 내 2개교 지원, 추첨 40% : 통합학교군 내 추첨 배정

▲ 고교 선택제 요강

자기주도
학습
자기주도
학습
자기주도
학습
자기
주도
학습
자기
주도
학습
How to study

Part 3.

사교육과 선행학습, 그 득과 실

우리집은 사교육비를 얼마나 쓰고 있을까?

"요즘 같은 때에 좋은 대학 안 나오면 사람 대접 못 받습니다.

가계에 부담이 되기는 하지만, 아이의 장래를 생각해서라도 사교육비를 아낄

생각은 없어요."

우리는 지금까지 올바른 자녀의 진로 지도 방법에서 출발하여 최상위권 공부의 기본인 '자존감과 독서 능력'을 살펴보았으며, 수능과 대입, 고입의 전략까지 다루었다. 여기까지 코칭맘스쿨의 지침에 충실히 따라온 엄마라면 사교육이 공부의 중심이 되어서는 안 된다는 인식을 어느 정도 공감하게 되었으리라 생각한다. 그렇지만 사교육이 불가피하다는 사회적 통념과 이를 대체할 교육적 대안의 부족으로 인해, 심정적으로는 공감하지만 현실적으로 사교육을 끊기는 어렵다는 엄마들도 있을 것이다.

그래서 이 장에서는 좀 더 직접적으로 사교육의 실체와 폐해를 다룸으로써 목적이 불분명하고, 관리되지 않는 사교육은 차선(次善)이 아닌 최악(最惡)의 학습 지도임을 설명하고자 한다. 사교육을 이용할 것인지의 최종 판단은 각 가정의 몫이지만, 최소한 올바른 정보와 판단 기준만큼은 정확하게 전달해야 한다는 사명감으로 논의를 진행해 나가겠다.

교육비가 가계 지출에서 차지하는 비중이 높아지고, 사회적 문제로 제기되면서 통계청에서는 2007년부터 매년 사교육비 현황 조사를 실시하고 있다. 가장 최근에 발표된 '2010 사교육비 현황'에 의하면 초·중·고교생의 사교육 참여율은 73.6%이며, 학생 1인당 월평균 24만 원을 지출하고 있는 것으로 나타났다. 사교육에 참여하는 학생으로만 환산하면 1인당 월평균 지출액은 약 33만 원으로, 2명의 자녀를 둔 보통의 가정에서는 사교육비로만 월 평균 65~70만 원을 지출하는 셈이다. 사교육 비용은 학년이 높아질수록 늘어나지만 참여율은 떨어지고 있다. 대학 입시가 가까워짐에 따라 하위권 아이들은 이탈하는 반면, 그 밖의 아이들은 더 의존하고 있기 때문이다.

구분	초등학생	중학생	(일반) 고등학생	평 균
사교육 참여율	86.8%	72.2%	61.1%	73.6%
월평균 사교육비	24.5만 원	25.5만 원	26.5만 원	24.0만 원

▲ 학생 1인당 사교육 참여율 및 월평균 사교육비

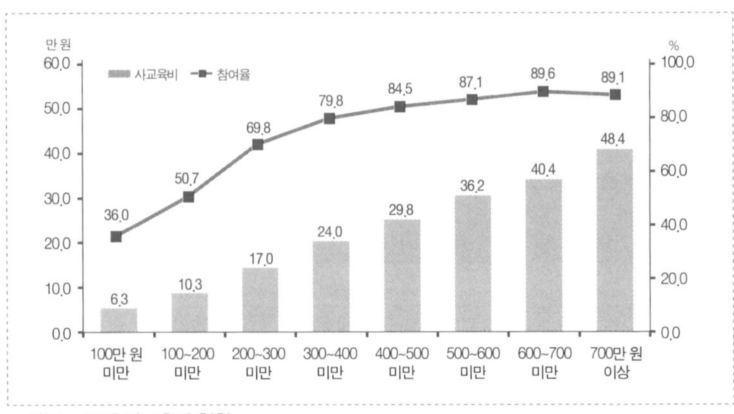

▲ 가구 소득별 사교육비 현황

가계 소득 측면에서 살펴보았을 때 상대적으로 사교육비의 부담을 가장 무겁게 느끼고 있을 계층은 소득 중·하위군이다. 통계청의 '2010년 4분기 및 연간 가계동향'에 따르면 가계의 월평균 명목소득 363만 원으로 '가구 소득별 사교육비 현황' 표에서 보면 사교육비는 월 24만 원 이상이고 참여율은 79.8%에 이른다.

상위의 가계들과의 소득 차에 비해 사교육의 부담은 큰 차이를 보이지 않는다. 명목소득에서 세금과 각종 사회보험 등 준조세를 제하고 나면 평균 가정의 실질소득은 300만 원 이하이다. 이 소득 수준에서 자녀들의 사교육을 감당하기 위해서는 노후 준비를 불가피하게 희생해야만 한다. 우리 코칭맘들의 가정은 어떠한가?

통계청 조사의 사교육 참여 유형에는 학원이 50%에 이르는 절대적인 비중을 차지하고 있다. 특히 중학생 사교육은 특목고 준비 및 내신 관리의 보습학원들이 위세를 떨치고 있으며, 초등 영역에서는 학원에 이어 대형 브랜드의 방문학습지가, 고등학생들에게는 입시(개인, 그룹)과외가 학원의 뒤를 잇고 있다. 주목할 점은 인터넷 사교육(이하 '인강')이 지난 수년간의 성장세에도 불구하고 평균 4%대로 여전히 사교육에서의 비중이 낮다는 점이다.

구분	초등학생	중학생	(일반) 고등학생	평 균
개인 과외	6.6%	13.5%	24.9%	11.6%
그룹 과외	13.3%	11.7%	14.0%	12.9%
학원 수강	45.8%	58.7%	49.9%	50.0%
방문 학습지	32.1%	11.5%	2.1%	21.4%
인터넷	2.3%	4.6%	9.1%	4.1%
소 계	100%	100%	100%	100%

▲ 사교육 유형별 참여율

비용이 저렴하고 최고의 강의 품질을 자랑하지만, 인강의 참여율이 낮은 이유에는 인강 중심의 사교육에는 엄마의 적극적인 개입과 모니터링(Monitoring)이 필요하기 때문인 것으로 보인다. 즉, 인강을 통한 학습이 성공하기 위해서는 아이가 인터넷의 유혹에 빠지지 않고 학습 계획에 맞추어 자발적으로 수업을 들어야 하는데, 엄마는 이런 자기주도학습을 이끌어 내고 관리할 자신이 없는 것이다. 반면에 압도적인 참여율을 보이는 학원은 비용이 비싸고 교육의 질을 담보할 수 없지만, 어느 정도의 강제력으로 엄마를 대신해 아이들의 학습과 생활지도를 한다는 장점(?)을 갖고 있다. 따라서 자녀교육에 대한 엄마들의 이해와 참여가 지금보다 높아진다면, 아이들에게 더 나은 질의 교육을 제공하고 사교육비의 비용 부담을 줄일 가능성이 있다고 할 것이다.

아이의 미래를
사교육으로
담보할 수 없는 이유

경제적으로 넉넉하지 않아도 가계 경제의 한계선까지 사교육비를 부담하는 하는 데에는 돈을 쓰는 만큼 자녀의 성적이 올라갈 것이라 믿기 때문이다. 그러나 과도한 사교육이 사회적 문제로 제기되면서 사교육 효과에 대한 연구가 진행되었고, 그 결과 사교육의 성적 향상, 대학 진학에 대한 기여도는 '환상'이었음이 속속 증명되고 있다.

"중학생 우리 애는 학원을 2년 가까이 쉬다가 이번 학기부터 다니기 시작했는데, 성적이 꽤 올랐습니다. '이래서 학원을 다니는구나'하는 생각이 들어요."

한국청소년정책연구원의 '청소년 사교육 이용 실태 및 효과에 대한 종단 분석'(김기헌, 2007)에 의하면 사교육 효과가 초등학교에 일부 나타나고, 중2 때 가장 크게 나타나지만, 고1에서는 효과가 급감하였으며, 이

마저도 가정 환경 등 다른 변수를 제거하면 통계적으로 전혀 유의미하지 않는 것으로 나타났다. 즉, 제한된 학습 범위에, 암기 및 계산력 중심의 평가가 이루어지는 초·중학교 내신에서는 사교육이 의미가 있을 수 있지만, 고등학교에 들어서면 사교육은 별다른 도움이 되지 못하고 도리어 부정적인 결과를 초래한다고 하겠다.

　다음 자료는 서울대학교에서 발표한 신입생 부모의 직업 현황이다. 2010학년도와 12년 전인 1998학년도 신입생을 비교했을 때, 농어민, 비숙련 노무직 자녀의 비율이 18.3%에서 3.9%로 급격히 떨어졌지만 전문직, 사무직 등 화이트컬러 직종의 자녀 비율은 73.7%로 12년보다 7.6%가 높아진 것으로 나타났다. 사교육 업체들은 입시설명회 등에서 이 통계가 사교육의 효과를 입증한다고 주장하고 있지만 앞 장에서 설명한 바와 같이 대학입시가 학생들의 축적된 역량과 다양한 가능성을 평가하는 방향으로 변화된 결과일뿐, 사교육과는 하등의 관련이 없다.

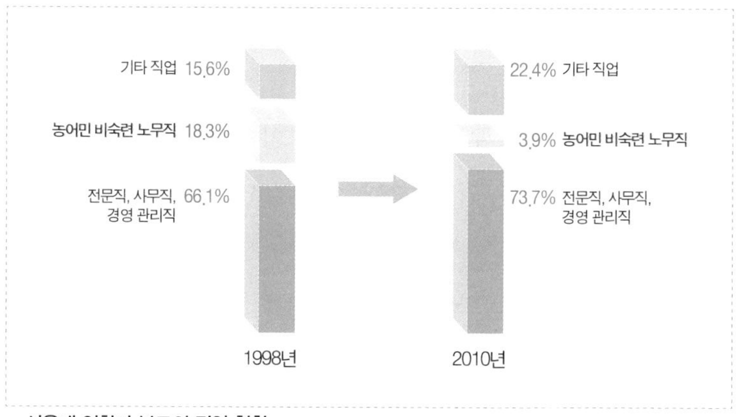

▲ 서울대 입학자 부모의 직업 현황

즉, 대입에서 수능의 비중이 낮아지고 논술 및 입학사정관제도가 부각되면서, 단기간의 성적 역전이 어려워졌고 사교육 여부를 떠나 일관된 교육관으로 자녀의 역량을 높여온 수준 높은 가정의 아이들이 유리해지게 된 것이다.

서울의 상위권 주요 대학(서울대, 고대, 연대, 이대)의 재학생 1,000명을 대상으로 실시한 '사교육이 대학의 학업 성취도에 미치는 효과'(김태일, 고려대) 분석에 의하면 사교육 비경험자의 고교 내신 등급, 수능 점수가 사교육 참여자들보다 더 높은 것으로 나타났다. 그리고 한국노동연구원의 '사교육의 대학 진학에 대한 효과'(최형재, 2007) 분석에서는 대입입학 성적에 미치는 사교육의 성과가 무시해도 될 정도로 미미하며, 대입성적에 기여하는 주된 변수는 '부모의 교육수준, 소득, 그리고 애착도'라는 결과가 나왔다. 기본적으로 높은 학업 성취도에는 학생의 잠재력을 끌어낼 수 있는 가정 환경이 중요한데, 부모의 교육수준과 소득이 이러한 환경을 대변해 주는 대리변수 역할을 하고 있는 것이다. 그리고 사교육은 이러한 가정 배경의 효과에 편승하고 있을 뿐이며, 가정에 관한 변수를 통제하고 나면 전적으로 무의미해진다.

다음의 실증 자료는 부모의 소득과 엄마의 학력이 대학진학에 미치는 영향을 보여 주는데, 최상위 25% 소득(1분위) 자녀들의 상위권(상위 11개, 21개) 대학진학률은 최하위 25% 소득(4분위) 자녀들 대비 5배 이상 높으며, 엄마가 대학 이상 학력인 자녀와 고등학교 미만 엄마 학력의 자녀 비교에도 유사한 차이가 나타나고 있다. 우리가 우려하는 소위 부와 학력의 세습이 진행되고 있음을 확인할 수 있다.

구분	1분위 (최상위 25%)	2분위	3분위	4분위 (최하위 25%)
4년제 대학	66.9	52.9	49.1	49.3
상위 11개 대학	14.1	8.3	2.6	2.7
상위 11개 대학 또는 의학 계열	15.5	9.1	2.6	2.7
상위 21개 대학	21.1	9.9	6.1	4.1
상위 21개 대학 또는 의학 계열	22.5	10.7	6.1	4.1

▲ 부모 소득 수준별 대학 진학율

구분	대학 이상	고등학교	고등학교 미만
4년제 대학	60.8	61.7	49.1
상위 11개 대학	14.9	8.3	3.1
상위 11개 대학 또는 의학 계열	14.9	10.7	3.1
상위 21개 대학	23.0	12.6	4.3
상위 21개 대학 또는 의학 계열	23.0	14.5	4.3

▲ 엄마의 교육수준별 대학 진학율

그러나 그나마 다행인 점은 부와 학력의 대물림 과정에서 사교육이 직접적인 연결고리가 되지 않고 있다는 사실이다. 만약 돈을 많이 써야 학력이 오르고 그들만의 사교육을 거쳐야만 명문대학에 진학할 수 있다면, 코칭맘스쿨이 엄마들을 계몽하고자 노력할 아무런 이유가 없을 것이다. 하지만 학업 성취도와 대학입시 성과는 전적으로 가정의 문화와 의식, 교육 정보의 차이로 말미암은 결과이므로 엄마들의 노력 여하에 따라 경제력 등 불리한 교육 여건은 얼마든지 극복할 수 있다.

사교육을 시키는 이유는 무엇일까?

다시 한 번 정리하자면, 사교육에 관한 실증적 분석과 연구를 통해 사교육을 받았다고 해서 상위권 대학에 진학할 확률이 유의미하게 높아지지 않으며, 사교육비의 규모 역시 성적 상승과 관련이 없음이 밝혀졌다. 한편 학생의 자아 존중감과 부모의 적극적인 교육적 환경 조성, 동기부여와 같은 사교육과 무관한 요인들은 학업성적과 일관되고 높은 상관관계를 보여 준다. 그렇지만 대부분의 학부모가 막대한 경제적 부담을 감내해 가면서까지 사교육에 매달리고 있는 이유는 무엇일까? 우리는 다음의 세 가지로 그 이유를 정리해 보았다.

불안과 두려움

사교육을 시키지 않을 수 없는 가장 큰 이유는 무엇보다 심리적인 불안과 두려움에 있다. 일단 엄마는 너무나 빈번한 교과 과정과 입시의 변화에 대응할 자신이 없다. 상황을 파악하고자 찾아간 학원 입시설명회나 레벨 테스트에서는 문제점들만 잔뜩 떠안고 돌아오고, 저 멀리 앞서간 옆집 엄마들의 자랑에 다리가 풀린다. 남들이 좋다고 몰려가는 학원에 보내지 않으면 다른 아이들에게 뒤처질 것 같고, 경제적 부담에 사교육 정보들을 피하면 죄책감이 몰려온다. 이렇듯 급변하는 교육 환경과 엄마의 정서적 취약함 속에서 사교육 업체들은 늘 강자의 위치에 선다. 적당한 과장, 공포심 유발에 무릎을 꿇지 않을 엄마는 거의 없기 때문이다. 아이의 성적이 오르면 사교육의 공로요, 오르지 않으면 부모의 소극적 투자와 무관심이 가져온 결과라고 말할 수 있으니 이 얼마나 손쉬운 마케팅인가?

아이들의 심리 상태도 엄마들과 다르지 않다. 학원에 안 다니고도 공부를 해낼 수 있을까 하는 불안감이 크다. 아이들에게는 지금의 성적을 지키는 것도 버거운 상황에서, 학원의 내신 관리를 받지 못하는 외로운 공부는 과도한 요구로 밖에 느껴지지 않는다. 학원에서는 주요 내신 시험 때마다 기출문제에 바탕을 둔 예상 문제집을 제공하고 시험 일정에 맞춘 계획으로 지도하니, 학원 수업만 들어도 일정 수준 이상의 성적을 거둘 수 있었다. 그런데 사교육이 장기적인 학습 능력에 방해가 된다고 해서 아이들은 당장 그 특권을 포기할 수는 없는 노릇이다. 더

욱이 익숙해진 학원의 관리 방식에서 벗어나 과연 자발적으로 학습계
획을 세우고 공부할 능력이 자신에게 있는지 스스로도 믿지 못한다.

자유와 평화

일단 학원에 가면 엄마와 아이 모두가 평화를 누린다. 아이들은 비
록 몸이 학원에 있기는 하지만, 엄마의 잔소리와 감시보다는 친구들과
함께 하는 편이 낫다고 생각한다. 또 엄마와 함께 하는 시간을 최소화
함으로써 공부로 인해 다투는 시간이 줄어들고, 늦은 시간 학원에서 돌
아오면 밝은 엄마의 얼굴도 맞이할 수 있다. 동시에 엄마도 아이의 공
부를 체크하고 잔소리를 해야 하는 마음의 짐을 벗을 수 있다.

당장 눈에 보이지 않으므로 학원에서 열심히 공부하고 있을 아이의
모습을 상상하면서 안도의 숨을 쉰다. 올바른 교육 지도법을 찾아야 한
다는 부담감을 떨쳐 내고, 학원의 전문성에 아이를 맡기는 것이 안전하
다고 자신을 위로한다. 결국 아이는 아이는 늦게까지 학원에서 공부했
으니 더 이상 건드리지 말라는 태도이고, 엄마는 학원에 보냈으니 자신
은 할 만큼 했다고 만족해 한다.

희망과 기대

　사교육은 크게 '강화(Reinforcement)'와 '보완(Remedy)'으로 목적이 갈린다. 강화란 주로 상위권 성적의 학생들이 심화된 학습 이해를 하기 위해 사교육을 이용하는 것을 말하고, 보완이란 자신의 취약한 영역의 공부를 만회하고자 하는 것을 의미한다. 그런데 목적 의식이 분명한 몇몇을 제외하고는, 대부분의 학생, 학부모들이 사교육 이용에 환상에 가까운 과도한 희망과 기대를 품고 있다. 사교육 이용의 구체적 목적 없이, 그냥 학원에 열심히 다니는 것에 비례하여 성적이 오를 것이라고 믿고 의지한다. 또 한 과목에서 사교육의 도움을 받았다면 2~3과목, 더 나아가서 전 과목을 관리받는 것이 낫지 않겠느냐고 단순하게 생각한다.

　여기까지 사교육을 이용하는 부정적인 측면만을 강조했다고 생각할지 모르겠다. 물론 학습의 강화와 보완에 사교육을 효과적으로 활용하는 경우도 많다. 그러나 수많은 조사 결과에 의하면 상기한 비이성적인 이유로 사교육에 끌려 다니는 가정의 비율이 압도적으로 많다. 더 심각한 점은 과도한 사교육의 문제가 단순히 재정적 비용 부담으로 끝나지 않고, 우리 아이들의 학습 능력과 경쟁력에도 매우 치명적인 부작용을 준다는 것에 있다. 그래서 우리는 사교육의 대표적인 학습 지도방식인 '선행학습'을 중심으로 그 폐해를 중점적으로 다루면서 사교육 과용에 경종을 울리고자 한다.

사교육에 대한
잘못된 기대

우리 아이들의 학업성취는 학생 본인이 열의를 갖고 있어야만 가능하다는 점에 대해서는 어떤 엄마도 이견이 없을 것이다. 다만 어떻게 그 자발적 열의를 불러일으킬 수 있는지를 모르기 때문에, 공부에 몰입하지 못하는 자녀의 지도에 대해 달리 대안이 없기 때문에 사교육을 시키는 경우가 대다수이다. 그러나 중·고등학교 시기는 시행착오와 시범 운영이 가능한 시기가 아님을 한시도 잊어서는 안 된다. '해 보다가 안 되면 바꾸겠다.'는 태도를 용인할 시간과 기회가 없다. 자녀의 학습지도는 항상 최선이어야지 차선은 존재하지 않는다고 생각해야 한다. 그리고 사교육에 의존하는 것은 차선도 아닌 최악의 선택이며, 방임과 유기라고 보아도 무방하다.

앞에서 실증적인 분석 자료에 입각하여 설명하였듯이, 부모의 역할 모델과 가정의 환경적 변수을 배제하고 나면 성적에 미치는 사교육의 영향력은 사실상 의미가 없는 것으로 판명되었다. 그렇지만 실제 통계에 의하면 상위권의 아이들의 사교육 참여율이 높다는 사실도 부인할 수 없다. 따라서 사교육 참여율이라는 숫자에 집착하지 말고, 최상위권 학생들은 사교육을 어떻게 활용하는지를 살펴볼 필요가 있다. 사교육이라고 해서 다 같은 것이 아니기 때문이다.

최상위권은 사교육을 이용하면서도 절대 자기주도적 학습의 주도권을 놓지 않는다. 또 사교육 활용의 목적과 목표가 분명해서 필요가 채워지면 바로 끝낸다. 보통 아이들처럼 학원에 끌려 다니거나, 자습시간을 잃어버린 채 학교에서 배워야 할 것까지 중복으로 듣는 비효율은 최상위권 아이들에게 절대 있을 수 없다. 이런 특성을 갖다 보니 최상위권은 사교육 유형 중 인강을 매우 선호한다. 인강에서는 수업 시간을 자유롭게 조정할 수 있고, 필요한 부분만을 선택적으로 들을 수가 있기 때문에 최상위권들은 인강을 자기주도적 학습 보완에 매우 유용하게 활용하고 있다. 이처럼 최상위권의 사교육 행태와 성격이 매우 상이하므로, 단지 상위권의 사교육 참여율이 높다고 해서 학원에 의존하는 교육 방식을 당연시하거나 안심해서는 안 된다.

학원에 목을 매는 엄마들은 대치동 학원가에서 전설처럼 떠도는 학원공부 성공 사례들을 내세운다. 그런데 성공을 거둔 아이들 중 아직도 그 학원에 다니는 장기 수강생이 없다는 점에도 주목할 필요가 있다. 학원에서 학력 신장을 이룬 아이들은 이미 이전에 스스로 공부하는 과정에서 충분한 능력과 가능성을 축적한 상태였으며, 학원에서는 그 변곡점을 찾는 소기의 목적을 달성한 것뿐이다.

아이들의 공부는 마치 대나무의 생장과 같다. 대나무는 주로 분주법을 이용해 재배되지만, 야생의 대나무는 씨앗으로 퍼지는데 처음 4년간은 거의 죽은 것처럼 몇 cm의 죽순으로만 머물다가 5년째에 접어들면 단단한 대나무 줄기가 땅 위로 솟으면서 하루 평균 80cm씩, 6주 동안 최대 20~30m까지 자라난다. 대나무는 폭발적인 성장을 위한 준비기로 4년의 죽순에 머물던 시기가 필요하다. 학원가의 전설들도 대나무와 같이 스스로 공부하며 축적되었던 에너지가 학원에서 결정적인 문제 해결의 키(Key)를 얻고 분출되는 것이다. 절대 학원가를 전전하는 학생이 사교육의 힘으로 놀라운 학업성취를 이루는 일은 없음을 명심해야 한다.

바로 내 자녀에게서 학원의 힘을 경험했다면서 사교육의 유용성을 강변하는 엄마들도 있다. 실제 학원의 도움으로 성적이 올라가기도 하는데, 거의가 초·중학교 내신에서나 볼 수 있는 일들이다. 엄마들은 오른 성적의 달콤함이 당장에는 강하게 느껴질지 모르지만, 내신 성적에 대한 학원의 도움은 자녀의 건강을 위해서는 결코 취하지 말아야 한 불량식품 내지는 독이라고 말하고 싶다.

대개의 학원이 그 성과를 엄마들에게 입증할 수 있는 유일한 방법이란 내신 시험성적을 올리는 것 밖에 없다. 대치동, 중계동, 평촌 등 사교육 1번지에서는 내신 성적이 발표되면, 학생들은 대대적으로 학원을 옮기고 그에 따라 몇몇 학원들은 흥망성쇠를 겪는 풍경이 펼쳐진다. 내신의 단기 성과에 엄마들이 학원 평가의 잣대를 들이대고 있기 때문이다. 따라서 학원들은 내신 성적 올리기에 모든 총력을 기울이지 않을 수 없다. 그러나 한편으로는 학원에게 있어서 내신만큼 성적 올리기가 수월한 것도 없다. 내신 시험의 범위는 매우 제한적이어서 학원은 수년간의 기출문제로 데이터베이스를 축적하고, 소식통 아이들을 통해 얻은 주요 교재, 수업노트를 여기에 보강함으로써 내신 시험이 빠져나갈 수 없는 예상 문제집을 만들 수 있다. 그리고 아이들에게 이 예상문제 풀이를 줄기차게 반복시켜서 놀라운 내신 성적 상승을 이끌어 내는 것이다.

그러나 학원에서의 예상문제 반복 훈련과 이를 통한 내신성적은 실력과 하등의 관련이 없다. 개념과 원리 이해 없이 만들어진 성적과 학습 습관은 오히려 시간이 갈수록 사고력과 응용력, 자기주도학습 능력을 저하시킨다. 그래서 정작 중요한 고등학교에 올라가서는 무너진 학습 면역 체계에 성적이 곤두박질하는 것이다. 하지만 지금 당장 효과가 뚜렷하게 나타나지 않아도 철저하게 개념위주, 자기 공부를 하는 습관을 다진 아이들은 본격적인 대학입시 경쟁에서 무기력한 학원 키즈를 제치고 올라가게끔 되어 있다. 엄마들은 지금이라도 학원발 내신성적 올리기는 아이의 미래에 백해무익이라는 것을 믿고, 당장 그 헛된 기대를 버려야 한다.

학원의 마케팅과 부모 욕망의 결정체, 선행학습

'선행학습(先行學習)'이라는 용어의 출처에 대한 의견이 분분하다. 교육적 효과에 대한 학문적 배경이 전무한 한국식 학원의 지도법이기 때문이다. 선행학습은 철저히 학원들의 마케팅과 한 발이라도 앞서고 싶은 엄마들의 욕망이 결합된 결과물이다. 문자적인 뜻으로 보면 학교 수업 진도보다 미리 교과내용을 배우는 것을 말하는데, '예습'과의 차이는 수업의 이해도를 높이기 위한 개략적인 점검을 넘어서 수업 내용의 전부를 다룬다는 점과 최소 한 학기 이상 학습 시기가 앞선다는 점에 있다.

특히 국제중, 특목고의 입학 경쟁이 심화되면서 학원들은 차별화된 역량을 강조하기 위해 2년 이상 경쟁적으로 진도를 미리 나가는 경우가 많아졌다. 학원에서는 특목고에 가려면 중2 때 최소 고2 과정은 나가야 한다는 말들이 너무나 자연스럽게 오간다.

"우리 애는 고등학교 입학 전까지 '10-가, 나'는 끝내고, '수 I'은 겨우 들어갈 수 있을 것 같아요. 다른 애들에 비하면 그렇게 빠른 편은 아니죠."

선행학습의 등장 배경에는 특목고의 존재가 있다. 평준화 제도를 보완하고 과학 영재를 육성해야 한다는 국가적 필요성에 의해 1980년대부터 각 시도 단위로 과학고가 설립되었으나, 본격적인 특목고 입학 경쟁의 시대는 1992년 어학 영재를 기른다는 취지의 외국어고가 특목고로 지정되면서부터이다. 이에 더하여 2001, 2002년도에 민족사관고를 비롯한 6개의 자립형사립고가 등장하면서 학군제의 틀 내에서 일반고만을 바라보아야 했던 엄마들의 마음에 불이 붙게 되었다. 그리고 이들 특목고로의 입학 경쟁은 사교육 업체들에게는 새로운 기회와 수요를 창출해 내는 신천지를 열어 주었다.

특목고들 또한 이 열풍에 편승하여 더 나은 재원들을 확보하고자 정상적인 중학교 과정만을 밟아서는 풀기 어려운 높은 수준의 문제로 입학시험을 출제하였으며, 학원은 이에 부응하여 고등학교 과정을 미리 공부해야 특목고 시험에서 합격이 가능하다는 논리로 선행학습을 상품화한 것이다. 특목고 입시와 선행학습은 학습동기가 불분명했던 중학생 자녀에게 공부를 강제할 수 있는 확실한 명분과 성적 우수자라는 자긍심을 엄마들에게 심어 주면서 최고의 히트 상품이 될 수 있었다. 그리고 어느새 특목고, 자사고를 준비하는 연령이 초등학생으로 내려갔고, 선행학습의 정도도 2년, 3년으로 늘어났으며 특목고와 거리가 먼 보통 성적의 아이들까지 선행학습에 참여하고 있다.

이처럼 초등학교, 중학교 사교육의 원인이 되었던 특목고, 자사고
의 입시가 앞에서 설명한 것처럼 2011학년도부터 일체의 지필고사와
각종 경시·경연대회 수상실적 반영 금지로 변경되었다. 그에 따라 수
조원에 이르는 특목고 입시 선행학습 시장은 현재 급격히 위축되었으
며, 경영에 위협을 받고 있는 특목고 전문 학원들도 생겨나고 있다. 그
러나 지난 10여 년간 선행학습의 사업성이 널리 알려지면서, 특목고 입
시 변화에 내성을 갖도록 선행학습의 필요 논리도 발전되어 왔다. 바로
'선행·반복 학습의 유용성'이 그것이다.

선행학습을 권하는 학원

특목고, 자사고 입시를 대비하지 않는 학생들이나 중·하위권의 중학생 아이들에게도 학원들은 선행학습을 권하고 있다. 주장의 근거는 고등학교 과정에서 늘어나는 학습량과 선행·반복 학습의 유용성이다. 먼저 학원들은 고등학교에 올라가면 중학교 때와는 비교할 수 없을 정도로 난이도가 높고, 학습 분량이 늘어난다고 엄마들을 불안하게 만든다. 특목고가 아닌 일반고에 들어가도 어느 정도 선행학습을 해 온 것으로 간주하고 수업이 진행되므로 선행학습을 해 놓지 않으면 바로 낙오될 가능성이 있다고 목소리를 높인다. 이러한 설득 논리는 이제 사회적 통념이 되어, 중학교 3학년에서 고등학교로 올라가는 겨울 방학 때에는 선행학습을 하지 않는 학생을 발견하는 것이 더 어려울 정도이다.

선행학습이 불가피하다는 두 번째 주장은 선행·반복 학습의 유용성으로 학원에서 선행학습을 하고 정규 수업에 임하면 두 번, 세 번 같은 내용을 듣는 것이 되어, 남들보다 교과 내용을 더 잘 이해할 수 있다는 논리이다. 지난 해에 수업을 따라가지 못해서 공부에 의욕을 잃었던 아이도 학교 수업에 자신감을 되찾을 수 있는 기회라고 엄마들을 자극한다. 다음 표는 중학생 대상의 어느 보습학원의 선행·반복 학습의 계획표로 학교 수업 외에 학원에서만 한 학기에 총 3번의 반복 학습이 계획되어 있다.

겨울 방학	1학기				여름 방학	2학기			
	Term 1	중간고사	Term 2	기말고사		Term 1	중간고사	Term 2	기말고사
1년 선행학습	1학기 재선행	시험범위 반복훈련	1학기 반복학습	시험범위 반복훈련	2학기 선행학습	1학기 재선행	시험범위 반복훈련	1학기 반복학습	시험범위 반복훈련
기본개념 기조문제	개념점검 응용문제	중간고사 기출문제	심화문제	기말고사 기출문제	기본개념 기조문제	개념점검 응용문제	중간고사 기출문제	심화문제	기말고사 기출문제
❶	❷		❸						

▲ 선행·반복 학습의 계획표

얼핏 들으면 학원에서 말하는 선행학습의 논리가 타당하며, 학원의 계획대로만 공부하면 높은 성적이 손에 잡힐 듯하다. 그러나 전 세계 어디에서도 선행학습을 선진 교육법으로 채택하고 있는 교육기관은 없다. 오히려 유럽과 미국에서는 선행학습을 철저하게 금지하고 있다. 선행학습이 초래하는 부작용은 누구도 반론을 제기하지 못할 만큼 파괴적이기 때문이다. 국내 학원에서 시행하고 있는 선행·반복 학습의 형태를 보고 있노라면 그 우려가 증폭된다.

학원은 1~2개월의 방학 중에 미리 1년 이상의 과정을 다루려고 하기 때문에 이해 중심의 수업은 현실적으로 불가능하다. 학교에서 1개월 동안 배워야 할 내용을 4~5일 이내에 끝내는 셈이다. 학생들이 수업의 속도를 따라오지 못하면, 학원 교사들은 학교에서 다시 배울 수 있다고 둘러대며 제 갈길을 재촉한다. 그리고 수업 내용도 속도에 맞게 원리 설명보다는 문제 출제 빈도가 높은 패턴과 공식 정도만 제시하고, 남은 수업 시간은 일방적인 문제 풀이로 채운다. 이러한 방식의 수업 흐름은 최상위권 학생도 따라갈 수 없다. 하물며 기초도 부족한 채로 수업에 들어온 대부분의 학생들은 이후 과정에 대한 두려움과 암기된 몇 가지 지식 외에는 아무것도 가져가지 못한다. 이로 인한 여파는 다시 설명하도록 하겠다.

수도권의 초·중학생 학원 수업의 80% 이상이 선행학습에 해당한다는 조사가 있다. 선행학습이 학원에 일반화되어 이제 제 학년에 맞는 강의를 찾으려면 자기 또래보다 몇 살 아래의 아이들과 공부해야 하는 상황이 발생하고 있다. 이처럼 거의 모든 학원들이 선행학습에 매달리는 이유는 무엇일까? 일부 학원들은 엄마들의 시선과 평가의 탓으로 돌린다. 엄마들은 빠르고 다양한 선행학습을 운영하는 학원에 우수 학생들이 많고, 경쟁의 강도가 높은 좋은 학원이라고 보기 때문에 학원 입장에서는 불가피한 선택이었다고 항변한다. 실제 선행학습의 속도와 진도를 학력의 우수성을 판단하는 잣대로 보는 학부모들이 많아지면서, 다른 학원과의 경쟁에서 밀리지 않고자 과도한 선행학습 프로그램을 전면에 내세우는 학원의 홍보도 넘쳐나고 있다.

그러나 학원들이 선행학습에 주력하는 가장 큰 이유는 선행학습이 운영하기 가장 수월하고, 이윤이 많이 남기 때문이다. 복습과 심화학습 위주의 커리큘럼은 학생들의 수준과 필요, 요구를 모두 맞추어야 한다. 수준에 맞게 소수로 분반하는 것이 불가피할 뿐만 아니라 깊이 있는 연구개발 투자와 자질이 뛰어난 다수의 교사가 필요하다. 하지만 선행학습은 학생 모두에게 미지의 영역이기 때문에 질문과 맞춤식 학습의 요구가 있을 수 없으며, 학원의 계획에 맞추어 마음대로 수업을 이끌어가도 이의를 제기하는 학생이나 학부모를 찾기 힘들다.

또한 학원은 성적 향상의 책임에서 자유로울 수 있다. 학원 자체의 평가말고는 엄마가 자녀의 학력 신장 정도를 검증하고, 수업의 질을 판단할 방법이 없어서이다. 덩달아 학원은 다수의 학생을 모아놓고 낮은 수준의 교원만으로 일방적 수업 진행이 가능해지자 선행학습을 높은 수익을 낳는 황금 거위로 인식하게 되었다.

선행학습,
이것만은 알고 시키자

선행학습의 폐해

선행학습은 속도의 경쟁이다. 이 안에서 얼마나 학생의 학습 이해와 실력이 뒷받침되고 있는지는 관심 밖이다. 정작 중요한 것은 공부의 질이지만, 이를 판단할 방법이 없는 엄마들로서는 학원의 가이드에 따라 속도와 물량으로 이를 대체하고 위로받는다. 엄마들의 기대처럼 초등학교에서나 중학교 초반에는 선행과 반복, 문제 풀이의 물량이 어느 정도 점수로 연결될 수도 있다. 그러나 학년이 올라갈수록 명확한 개념 이해와 응용력을 갖추지 못하면 접근조차 어려운 문제들의 비중이 늘어난다. 학원에서 선행학습 위주로 공부한 학생들 대부분이 고등학교에 올라가면서 심각한 성적 하락을 경험하게 되는 까닭이 여기에 있다. 선행학습에 따른 폐해는 다음의 네 가지이다.

첫째, 개념 이해의 부족이다. 짧은 시간에 많은 분량을 선행해야 하므로 개념 이해를 돕는 양질의 강의가 있을 수 없으며, 아이들은 수업의 내용을 소화할 자습의 시간을 갖지 못한다. 이에 더해 학원에서는 문제 풀이를 이어가므로 자연스럽게 교과 내용을 이해하기보다는 암기하려는 습관이 깊이 배인다. 부족한 이해는 반복 학습을 통해 채워질 것이라 생각할 수 있지만, 일단 암기되어 버린 얕은 지식과 이해의 부족은 고착화되어 이후에도 좀처럼 보완되지 않는다. 몇 번 같은 수업을 들어도 자신이 알고 있는 것만 들리게 되어 있다. 그리고 어설픈 선행학습으로 인한 개념 공백은 부족한 사고력과 응용력의 원인이 되어 대입시험에까지 따라와 괴롭히기 마련이다.

둘째, 학교 수업에 대한 집중력과 흥미 상실이다. 이해 여부를 떠나한 번 이상 들었던 수업에 호기심을 갖기는 어렵다. 아무리 재미있는 영화와 소설도 반복해서 보기가 힘든데, 하물며 이해 없이 암기만 강요받은 수업의 반복에서, 아이들의 집중력을 기대할 수 없다. 공교롭게도 엎드려 자는 아이들로 대표되는 학교 수업 붕괴 시점과 선행학습이 맹위를 떨치는 시점이 정확히 일치하고 있다.

셋째, 마지막 선행학습의 문제점은 학습 주도성의 상실과 무기력증이다. 선행학습은 학생 자신이 부족한 부분을 찾기 위한 수업이 아니라, 학원의 일방적인 계획을 그냥 쫓아가는 것에 불과하다. 이런 선행학습으로 거의 모든 새로운 단원들을 시작한 아이들은 구경하는 공부, 듣는 공부에 익숙해져서, 결국 스스로 학습 계획을 세우고 혼자 공부하는 것은 상상할 수 없는 학습 무기력증에 빠진다. 결론적으로 말해, 선행학습과 그로 인한 폐해는 앞의 '수능과 입시의 올바른 이해'에서 설명한 오늘날 대입 변화의 흐름에 정면으로 거스르고 있다. 비판적 사고력과 창의적 응용력, 자기주도학습 능력이 가장 중요한 대학입시 현 체제에서 선행학습은 맞지도 않을 뿐더러 매우 해가 되는 공부법이므로, 신속하고 과감하게 끊어야 한다.

선행학습의 대상과 조건

선행학습의 대상이 되는 학생들은 최상위권 소수에 불과하다. 그나마도 다음의 조건이 충족한다고 생각될 때에만 자녀를 선행학습에 참여시키도록 하자.

첫째, 이전 과정을 완벽하게 소화하고 있어야 한다. 즉 선행학습을 하기 전에 먼저 복습을 하고 그 결과가 심화 단계 이상까지 들어갔다는 확신이 들었을 때 선행학습을 시작하게 한다. 특히 수학은 연속성이 강한 위계적 특성의 과목이므로 이전 과정의 완벽한 이해 없이는 다음 단계로의 발전이 불가능하다. 따라서 아이가 상위권이라고 하여도 선행에 앞서 복습을 늘 우선시 해야 한다.

둘째, 한 학기 이상 선행을 나가지 않되, 개념 이해를 따라가지 못하고 있다는 판단이 들면 바로 중단한다. 어차피 한 학기 이상의 선행은 잊어버리게 되어 있다. 불필요한 시간과 비용을 낭비하지 말고, 최대한 학기 안에서만 선행을 한다. 그리고 아이가 선행학습 중에 개념 이해가 불충분한 상태로 암기하려는 행태를 보일 때에는 과감이 선행을 중단시켜야 한다.

셋째, 학교 수업을 무조건 최우선으로 한다. 선행학습의 목적은 학교 수업을 더 잘 이해하고, 심화된 학습으로 신속히 들어가기 위함이다. 선행을 했다고 해서 정규 수업을 소홀히하거나, 집중력을 잃는다면 선행학습은 하지 않는 것만 못하다. 그러므로 선행을 한 채로 학교 수업에 들어갈 때에는 해당 단원을 누군가에게 가르칠 수 있을 만큼 수업 내용을 완벽히 자신의 것으로 만든다는 목표 아래 임하게 해야 한다.

참고로 중3에서 고등학교 올라가는 학생들은 예외 없이 선행학습을 하는데, 중학교 과정을 총 복습해서 완전히 이해한 후에 고등학교 선행을 해도 늦지 않음을 강조하고 싶다. 수학의 경우, 고1 '10-가, 나' 과정이 도형 부분을 제외하고는 중1~3(수 7~9) 내용과 일치한다. 즉, 고1 수학은 중학 수학의 심화로 보면 된다. 따라서 아무리 선행학습을 반복해도, 중학 수학의 기초가 부족하면 '10-가, 나'에서 꼭 헤매게 된다. 아이는 지나간 과거를 접고 새 마음으로 시작하고 싶어하겠지만, 기초가 취약하면 언젠가 다시 되돌아와야 한다는 불변의 진리를 아이가 납득할 수 있게 설명하고, 중3 겨울 방학에는 복습 중심의 학습으로 기초를 다지게 하자.

학원의 실체와 본질을 파악하라

누군가 우리에게 '사교육은 타도의 대상입니까?'라고 묻는다면 단연코 "노(No)"라고 대답할 것이며, 사교육은 그 나름의 존재 의미와 역할을 하고 있다고 말할 것이다. 우리 코칭맘스쿨은 결코 사교육을 배척하는 입장이 아님을 분명히 밝힌다. 다만, 더 많은 영리를 취할 목적으로 일부 사교육 업체들이 유발한 왜곡된 교육을 바로잡고, 자기주도적인 학습권을 우리 아이들의 손에 되돌려 주는 것이 우리의 최대 목적이며, 그 일환으로 엄마들부터 계몽하고자 하는 것이다.

사교육에 대한 엄마들의 과도한 기대와 환상은 어쩌면 공교육이 부른 불신의 이면인지도 모르겠다. 사명감을 갖고 계신 학교 선생님들도 많지만, 엄마들의 눈높이에 비해 학교 교육의 질이 전반적으로 낮은 것이 사실이다. 또 많은 학교들이 환경적인 여건을 탓하며, 학생 개개인의 수준과 특성에 맞는 교육 방법을 개발하지 못한 채, 인성 교육에 대한 부분까지도 놓치고 있는 실정이다. 그러므로 공교육의 부족한 부분을 학원 등의 사교육에서 채우려는 학부모를 탓할 수만은 없다.

단, 학원이 엄마들의 생각만큼이나 높은 교육의 질과 검증된 시스템으로 자녀들의 학업을 지도하고 있는지는 정확히 짚어 볼 필요가 있다. 실제 학원의 본래적 특성과 구조적 한계를 분명하게 알고 있어야, 학원에 보내더라도 과잉 기대에 따른 시행착오를 최소화하고 기대에 못 미쳤을 때에 대응이 가능하다. 학원은 일종의 영리 기업이다. 학원장의 교육 철학과 이상이 고매할지 몰라도, 지속적인 사업을 위해서는 이익 창출이 최우선 과제이어야 한다. 따라서 태생적으로 학원도 미래 지향적이고 장기적인 계획보다 단기적 성과를 더 우선시한다. 엄마는 이러한 학원의 한계점이 우리 자녀교육에는 어떠한 영향을 미치고 있는지를 명확히 알고 있어야 한다.

"좀 더 학부모들의 시선을 잡는 구체적인 타이틀이 나와야 합니다.
'큰 꿈을 꾸는 배움의 장'은 너무 추상적인 이미지입니다.
'특목고 합격률 ○○%, ○○지역 부동의 1위'와 같은 고객이 체감할 수 있는 카피가 필요합니다."

학원들은 학생, 학부모를 고객으로 유치하고자 검증할 수 없는 가치와 약속들을 남발한다. 이 마케팅을 그대로 믿고 아이를 맡기는 것은 어리석은 맹신, 그 자체이다. 허위, 과장광고에 대한 엄격한 단속의 잣대를 사교육 시장에 적용하지 않은 당국의 책임이 크지만, 이를 분별해 내지 못하는 잘못은 결국 소비자가 짊어질 수밖에 없다. 그래서 우리는 최소한 엄마들이 자녀의 교육 방법을 선택함에 있어 올바른 판단을 내릴 수 있도록, 짧게나마 학원들이 자랑하는 특장점들의 실체를 밝히고, 얼마나 과장된 이미지로 포장되어 있는지 하나씩 들추어 보려 한다.

수준별 맞춤지도의 진실

엄마들은 학원에서 아이의 수준에 따라 매우 세분화된 프로그램을 운영할 것이라고 생각하지만, 아예 처음부터 특수 목적을 지향하는 고가의 학원 몇몇을 제외하고 수준별 맞춤지도는 학원 경영의 구조적인 측면에서 보았을 때에 언감생심(焉敢生心)이다.

“우리 학원은 학생별로 수준별 분반과 1:1 맞춤형 시스템을 자랑하고 있습니다!”

평균적인 수강료를 받는 학원의 손익분기점은 학급당 원생 수 최소 15명을 넘기고 나서야 시작된다. 학급당 학생 수가 15명 이내라면 역마진으로 수강료 인상이 불가피하다. 그러므로 학원의 반편성은 철저하게 학급별 적정 수라는 기준에 따라 원생들을 분류할 수밖에 없다. 학생 수준별 분반은 이 수익 이후의 문제이다. 그래서 비슷한 규모의 지역 기반 보습학원들은 과목 간 차이가 인정되지 않는 학년별 3개반 정도의 조합만을 가져가고 있다.

가령 상위권의 영어 실력을 가진 아이가 수학과목이 취약해서 기본부터 배우기를 바란다고 해 보자. 영어는 심화반으로, 수학은 기본반에서 수업을 들어야 하지만, 반별 학생 수 구성이 틀어질 수 있는 이 요구는 학원에서 절대 수용할 수 없다. 영어나 수학 어느 한 쪽에 맞춘 반 배정만을 할 뿐이다. 심화반에 아이가 배정되었을 때 수업을 따라갈 수 있겠느냐고 물으면, 학원은 심화반도 기본을 다루고 있어서 문제될 것은 없고, 아이에게는 더 큰 자극이 될 것이라고 답변한다. 역으로 수학에 맞추어 기초반에 배정되었다면, 영어도 기초를 튼튼히 한 후 다음 텀(Term)에서 승반하는 것이 좋다고 답변한다.

강사 보수와 건물 임대료 등 학원 운영의 비용 구조를 감안했을 때, 한 학년에 '과목×수준'의 많은 수의 조합을 만들어 내려면 최소 한 학년 500명 이상의 원생이 그것도 각 반별로 균질하게 분포될 수 있어야 한다. 따라서 과목별로 정교한 수준별 학습은 오히려 학생 수가 많고, 비용의 압박이 적은 학교에서나 가능하지, 영리 목적의 학원 특히 전 과목을 다루는 소규모 보습 학원에서는 실질적으로 운영이 어렵다고 보아야 한다. 세 개 반 정도의 분반도 학교의 획일화된 수업보다는 낫다고 생각하는 엄마들이 있겠지만, 비싼 수업료와 많은 시간을 희생해 가면서 아이에게 맞지도 않는 학원 수업을 듣게 하는 것이 꼭 유익한지는 냉정하게 생각해 보았으면 한다.

형식상의 레벨테스트

레벨테스트(Level Test)는 맞춤형 프로그램을 내세우는 학원들의 첫 번째 마케팅 수단이다. 강남의 일부 학원들은 희소성과 차별화 차원에서 입학시험까지도 치른다고 하지만 실상은 고도의 상술에 가깝다. 학원 입학시험에 떨어질 만한 학생과 학부모는 응시를 하지도 않을 뿐더러, 레벨이 낮은 학생도 기초반의 이름으로 다 흡수한다. 왜 굴러들어온 고객을 내쫓겠는가? 예외적으로 몇몇 학원이 수강생을 제한한 적도 있었지만, 학원의 브랜드 가치 제고 차원에서 초기에만 시행하는 전략적 물관리라는 것을 사교육 업계 모두가 잘 알고 있다. 사실 레벨테스트는 입시, 보습학원만의 전유물이 아니다. 소위 잘 나간다는 유치원에서도 레벨테스트는 기본이 되어 있다. 달리 말하면 레벨테스트가 사교육 업체들에게는 그만큼 마케팅으로서의 유용성이 높다는 뜻이다.

레벨테스트를 위해 사전에 철저히 준비하는 순수한 아이가 극히 드문 것처럼, 학원도 레벨테스트의 개발에 비용과 정성을 기울이지 않는다. 아이와 엄마 모두 정신이 번쩍 드는 높은 난이도의 문제를 곳곳에 적절히 조합만 하면 된다. 레벨테스트의 목적이 어떻게든 아이들의 약점을 부각시켜 위기감과 학원 수강의 필요성을 엄마의 마음에 깊이 안겨 주는 것에 있기 때문이다. 그래서 최상위권 학생들도 이를 거치고 나면 어김없이 문제점 보완이 필요한 아이로 판정을 받게 된다. 우리는 아직까지 학원 레벨테스트에서 만족할 만한 결과를 얻었다는 친구들을 본 적이 없다.

레벨테스트 후에는 어김없이 상담이 이루어지는데, 상위반에 배치되는 우월감과 낮은 점수에 대한 불안감을 적절하게 이용하며 장기 수강으로 이끈다. 일부 엄마는 학원 실장과의 상담에서 상위반으로 들어가는 조건을 수강 신청의 협상으로 삼았다는 웃지 못할 얘기도 들었다. 신규 원생의 유치 외에도 수강생들이 학원의 테두리 안에 머물러 있도록 학원은 계속 레벨테스트로 자극하고, 실력이 아닌 레벨의 경쟁으로 학생들을 몰고 가기도 한다. 우리가 학원의 레벨테스트를 신뢰하지 말라고 엄마들에게 단언하는 이유는 이와 같은 학원들의 마케팅적 행태가 그 이면에 있어서이다.

감추어진 서비스 품질

학원에 대한 평가 요소는 대체적으로 최상위반의 진학성적, 내신기여도, 그리고 대표강사의 명성으로 압축된다. 그리고 학원은 생존을 위해 이 세 가지 지표에 사활을 걸지만, 이로써 학원 콘텐츠의 퀄리티가 입증될 수 있는지는 전혀 다른 문제이다.

먼저 최상위반의 진학성적은 학원의 한 해 농사를 결정짓는 중요한 홍보의 원천(PR Source)이다. 입시가 끝나고 나면 건물 내외 벽면을 도배한 최상위반의 진학성적 결과로 학원은 자신들의 경쟁력이 얼마나 높은지를 뽐낸다. 그러나 이 최상위반의 구성원들은 엄마들이 생각하는 것처럼 학원에서 경쟁력을 갖춰 레벨업(Level up)된 친구들이 절대 아니다. 학원은 최상위권 아이들을 유치하기 위해 수강료 면제는 물론 장학금을 지급하고 있으며, 이들 대다수가 자기 스스로 공부하는 시간 확보를 원하므로 학원에서 자습에만 몰두할 수 있게 배려하기로 한다. 학원에게는 이들에 대한 투자가 캐시카우(Cash Cow)들을 모으는 최선의 방책인 것이다.

내신기여도는 엄마들에게 당장 보여 줄 수 있는 유일한 가시적 성과이다. 내신은 시험범위가 제한된 암기형 시험이므로, 기출문제와 주요 예상문제 중심의 족집게형 수업을 통해 어느 정도 성적 향상을 가져올 수 있다. 그러나 앞에서 언급한 것처럼 내신관리에 최적화된 학원 수업에 한 번 아이들이 길들여지고 나면, 당장의 높아진 내신 성적을 만끽할지는 몰라도 결국에는 경쟁력을 상실한 아이로 도태되기 마련이다. 당장 고등학교 모의고사만 보더라도 자녀의 평생 학력을 책임질 것 같던 학원들이 줄 수 있는 도움이란 없다.

마지막으로 학원의 얼굴인 대표강사의 명성은 최상위반의 진학성적과 내신기여도보다는 수업의 품질과 상관도가 높지만, 이 또한 내 아이의 실제 학업 성취에 미치는 영향은 미미하다. 대한민국 최고의 강사를 꼽는다면 대형 인강 업체들의 강사들일텐데, 이들의 강의를 동등한 조건으로 듣는 수만 명의 학생 모두가 성적이 향상되지 않는 것과 마찬가지이다. 더욱이 일반 학원의 강사들의 인기는 교수의 질보다 재미있고 화려한 강의 테크닉과 아이들과의 인간적인 유대관계에서 판가름나고 있어서, 유명 강사 몇 사람의 이름만 믿고 학원에 자녀교육을 맡기는 것은 매우 위험하다고 하겠다.

사교육과 학원을 활용하는 기준을 갖자

사교육은 크게 '강화(Reinforcement)'와 '보완(Remedy)'으로 활용 목적이 갈린다고 말했다. 강화란 주로 상위권 성적의 학생들이 심화된 학습 이해를 하기 위해 사교육을 이용하는 것이고, 보완이란 자신의 취약한 영역의 공부를 만회하고자 사교육에 참여하는 것을 말한다. 최상위권 학생들에게 사교육을 이용하는 이유를 물어보면 보다 현실적인 표현을 들을 수 있다.

새로운 교과과정의 전체적인 안목과 틀을 잡기 위해서

부족한 이해의 보충과 심화된 응용력 보충을 위해서

효과적인 공부 요령과 문제 풀이의 스킬을 익히기 위해서 이처럼 사교육에는 명확한 자기만의 목적이 있어야 한다. 그리고 정한 목표가 달성이 되면 바로 사교육을 접고, 자습시간을 확보하는 것이 최상위권의 전략이다. 그런데 사교육을 이용하는 목적에 대해 다수의 엄마들은 '우리 아이는 누가 옆에서 지켜보면서 시켜야 공부를 한다.'는 강제력의 필요나, '그동안 계속 학원의 도움을 받아 왔기 때문에 학원 없이는 공부하기가 힘들다.'는 자녀의 부족한 학습 주도성을 이유로 든다. 이러한 필요라면 사교육을 몇 개월, 몇 년을 시켜도 학습성과는 개선되지 않으며, 피 같은 중·고교 시기를 성과 없이 보낸 후에 상황은 더욱 악화될 개연성이 높으므로 차라리 사교육을 시키지 않는 것이 낫다.

사교육을 받아야 할 필요와 목적을 찾는 데에는 대단한 감별 능력과 전문성을 있어야 하는 것은 아니다. 아이의 학습 습관, 태도의 꾸준한 관찰과 열린 대화만으로도 충분하다. 만약 아이의 학습 의욕이 무너져 있다면 학원보다는 자기 회복과 동기부여의 시간을 갖는 것이 더 필요하다. 공부 의지가 없고 강제해야만 겨우 공부 흉내를 내는 아이는 학원에서도 공부하지 않는다. 눈에 당장 보이지 않는다고 해서, 학원에서 공부할 것이라고 마음대로 상상하지는 말자.

학원비는 아이와 엄마 간의 갈등을 임시 봉합하는 비용 지출이며, 그 안에서 염증은 더 심해지고 반드시 재발하게 된다. 목적과 목표가 불분명하다면 학원을 보내지 말고 앞의 '브랜드와 진로 설계'에서 권면한 바와 같이 아이의 자존감을 높여 주고, 미래의 직업과 꿈을 알아가게 하는 데에 시간과 비용을 쓰는 것이 훨씬 더 유익하다.

엄마와 아이가 합의하에 사교육을 활용할 목적, 목표가 정해졌다면, 필요가 채워질 때까지 한시적으로만 사교육을 이용한다. 그리고 우리가 제시하는 다음의 사교육의 선택 기준만은 최소한 따르도록 한다.

첫째, 인터넷 강의를 최우선으로 고려하라. 딱히 시간적, 물리적으로 제한된 환경에서 사교육을 시켜야 하는 이유가 있지 않다면 인강을 최우선적으로 고려하는 것이 좋다. 에듀넷, 꿀맛닷컴과 같은 공교육 기반의 무료 인강부터 공공 서비스의 일환인 EBS와 강남 인강, 그리고 다수의 스타강사를 보유한 대형 인강 사이트에 이르기까지 자녀의 필요에 맞게 선택할 수 있다. 인강 활용에 있어서 주의점은 뒤에서 추가로 설명하겠다.

둘째, 개념 이해와 심화 중심의 커리큘럼을 운영하는 학원을 선택하도록 한다. 5% 이내의 최상위권이 아닌 이상은 선행학습은 절대로 피해야 하며, 현재 교육과정 중심의 개념 이해를 보완하거나 심화 학습을 지도하는 커리큘럼의 학원을 찾는 것이 좋다. 또 사교육을 받는 과목 수는 최대 2개 이내의 단과로 정한다. 내신용 전 과목 학원을 피해야하는 이유는 앞에서 사교육의 폐해로 지적했던 사교육 의존형 아이로 만들 가능성이 매우 높기 때문이다.

셋째, 개념과 원리 설명 중심의 학원임을 확인하라. 수업진행은 개념 부분에 충분한 시간을 안배하여 아이가 따라올 수 있어야 한다. 구경만 하다가 오는 문제 풀이 중심의 학원은 배제하도록 한다. 대체적으로 과도한 숙제를 부과하는 학원들이 문제 풀이를 중심으로 하는 학원일 가능성이 높으므로 피하는 것이 좋다. 단 몇 문제만 풀더라도 어떻게 개념이 적용되는지를 상세히 설명했을 때, 아이들은 그 틀을 가지고 스스로 문제에 접근해 볼 수 있다. 영어와 국어도 지식이 아닌 언어의 틀을 잡아 주고, 혼자서 공부하고 훈련할 수 있는 방법론을 강의의 중점으로 하는 학원을 고르도록 하자.

넷째, 잦은 시험과 과도한 과제로 학교 수업을 방해하는 학원을 피하라. 아이들의 일과 대부분은 학교에서 보내기 때문에 모든 학습 활동에는 학교 수업이 중심이 되어야 한다. 그리고 학원은 어디까지나 이를 보조하는 역할을 충실히 하면 된다. 학생관리의 과욕을 앞세우는 학원은 아이의 생활 패턴을 바꾸어 놓고 자기주도적인 공부를 방해한다. 학원시험과 숙제에 쫓겨서 학교 수업시간에 학원 공부를 하거나, 부족한 잠을 보충한다면 이보다 더 큰 낭비와 비효율이 있을 수 없다. 무엇보다 학원은 배운 내용을 스스로 소화할 수 있는 자습의 시간과 에너지를 침해해서는 안 된다.

이러한 네 가지 기준 외에도 학원까지의 동선이나 학원에서 친구들과 어울리는 문제 등도 중요한 선택의 준거들이다. 그러나 무엇보다 내 아이가 자신의 공부에 열정을 갖고 자신의 공부를 주도해 나갈 수 있는 능력을 갖추는 것이 중요하다는 점은 한시도 잊지 않았으면 한다.

인터넷 강의를 듣는 기준과 지도법

인강의 장점과 필요성을 앞에서 몇 번 언급하였다. 우리는 엄마의 생활지도 안에서 자기주도학습의 습관만 자녀가 갖게 된다면 가격과 효율성, 강의 질 등에서 인강보다 더 좋은 사교육은 없다. 그래서 인강을 들을 때 지켜야 할 최소한의 기준과 학습 지도 원칙에 관한 설명으로 이 장을 마무리하고자 한다.

첫째, 인강은 사이트별 특장점들을 확인한 후에 수강하도록 한다. 초등학교와 중학교 초반까지는 한국교육학술정보원에서 운영하는 '에듀넷(www.edunet4u.net)'과 서울시교육청의 '꿀맛닷컴(www.kkulmat.com)' 등 공공사이트 교육의 질이 매우 훌륭하다. 민간 교육 콘텐츠처럼 잘 패키징(Packaging)되어 있지는 않지만, 조금만 엄마가 관심을 기울이면 무료로 높은 품질의 인강을 이용할 수 있다. 그리고 수능 연계율이 높은

EBS와 다수의 강사들을 거느린 사설 인강 사이트도 자녀의 특성과 선호도에 맞추어 고르는 것이 필요하다. 과목별로 각각 다른 인강을 이용할 수 있지만, 한 과목 내에서 잦은 변경은 학습 효율성을 떨어뜨린다는 점을 무시해서는 안 된다. 유명 브랜드 사설 인강은 몇 번 듣고 중간에 바꾸기에 가격도 만만치 않다.

둘째, 예습 없이 구경만 하는 인강은 하지 말자. 인강의 최대 강점은 골라 듣기와 선택적 듣기이다. 자신이 공부하다가 필요한 부분만을 골라서 들을 수 있는 것이다. 그런데 예습이 없으면 일반 학원과 마찬가지로 정해진 커리큘럼 그대로 끌려다니는 것 밖에는 되지 않는다. 더욱이 사전에 학습목표가 없는 상태로 모니터를 보면서 듣게 되면 현장의 수업보다 집중력이 현격히 떨어진다. 따라서 반드시 일정 시간 예습을 한 후에 인강에서 무엇을 듣고 무엇을 배우겠다는 목표 정도는 갖고 수강하게 하자.

셋째, 인강 후 2~3시간의 복습시간은 반드시 확보한다. 인강을 보았다는 것은 이제 공부할 준비가 되었다는 것이지, 공부를 한 것은 아니다. 인강 후에 복습이 없다면, 최고의 강사진들이 펼치는 언어의 향연을 즐기는 것 이상도, 이하도 아니다. 평균 40~50분 인강 수업에는 최소 3시간의 자습이 학습내용 소화에 필요하다. 에빙하우스의 망각곡선 이론에 의하면 인간의 기억은 10분 후부터 망각되기 시작해서, 1시간 이내에 50% 이상이 잊혀진다. 인강을 집중력 있게 듣는 것도 쉽지 않지만, 수업을 듣고 나면 당일에는 자습을 시간을 가지도록 아이들을 독려하도록 하자.

자기주도
학습
자기주도
학습
자기주도
학습
자기
주도
학습
자기
주도
학습
How to study

4.

자기주도학습의
시작과 훈련

배우기만 하면
공부는 언제 하지?

'학습(學習)'은 배운다는 뜻의 '학'과 익힌다는 뜻의 '습'이 결합된 단어이다. 그런데 우리 아이들의 공부하는 모습을 보면 배우는 '학'만 있고, 익히는 '습'이 없다. 앞 장에서 다룬 사교육에 의한 대표적인 폐해 중 하나이다. 정규 수업으로만 이른 아침부터 오후 4시까지 7~8개의 수업을 들어야 하는 중·고교생이 하교 후에 추가로 학원에서 3시간 이상의 수업을 이어 듣는다는 것은 정상적인 학습의 관점에서 본다면 말이 되지 않는다. 학교에서 종일 들었던 수업의 내용을 정리하지 못한 아이들에게 숨쉴 틈 없이 또다시 많은 양의 정보를 쏟아붓는 모양새이다. 그렇지만 수많은 학생들이 이러한 공부 패턴을 따라가고 있고, 사교육 없이 그날 배운 내용을 자습하는 모습이 도리어 비상식적인 것으로 여겨지는 현실에서 우리는 살고 있다.

집에 돌아온 자녀의 생활을 지도할 자신이 없고, 친구들과 어울려

노는 것보다는 낫다는 생각에 사교육에 아이를 맡기는 엄마들이 많다. 그러나 그렇게 사교육을 이용해서 얻을 수 있는 것은 사실상 없는 반면, 잃는 것들은 너무도 많다. 끌려다니는 공부에 자생력을 상실한 채 무기력해진 아이가 진정 엄마가 바라는 모습은 아니지 않는가? 배움에는 익힘이 따라와야 한다. 그것도 최소 3배의 시간과 노력이 뒤따르지 않으면 배운 내용을 결코 자신의 지식으로 만들 수 없다. 이 '1:3의 법칙'은 아이들의 학력이나 공부의 질, 성격 등에 관계없는 불변의 진리이다.

수업을 듣는 것은 공부할 준비를 하고 재료를 얻는 단계이지, 절대 공부가 아니다. 배우고 나서 익히지 않으면 공부하지 않는 것과 매한가지이다. 방송인 김제동씨가 텔레비전에 나와서 프로야구 이승엽 선수와의 특별한 관계를 소개한 적이 있다. 김제동씨는 이승엽 선수를 가까이서 무수히 지켜본 결과, 타석에서의 포즈와 습관 등을 완벽하게 재현해 낼 수 있게 되었다. 그렇지만 김제동씨는 실제 야구는 거의 하지 못한다. 그냥 흉내만 낼 뿐이다. 학습도 마찬가지다. 몇 번을 반복해서 들어도 이를 소화하는 자습의 과정이 없다면 공부하는 흉내에 지나지 않는다.

같은 아침이슬이지만 소가 먹으면 우유가 되고, 뱀이 먹으면 독이 된다는 말이 있다. 아무리 좋은 수업도 이를 어떻게 수용하느냐에 따라 우리 아이들에게 유익한 우유가 되기도 하고, 고통을 안겨 주는 독이 되기도 한다. 학교 수업, 인강, 학원 수업을 막론하고 일단 듣고 나서 세 번, 네번의 되새김질을 해야 피와 살이 된다. 익히는 노력 없이 수업이 감상으로 끝나면 배움의 잔상만 남아, 마치 공부를 많이 한 것처럼 아이들을 착각하게 함으로써 정작 자신이 무엇을 알고, 모르는지 조차 판단하지도 못하게 만든다. 그래서 누구의 도움 없이 혼자서 공부해야 하는 결정적인 순간에 이르러서는 어디서부터 무엇을 해야 할지 몰라 우왕좌왕하거나, 깊은 침체에 빠지는 일들이 발생한다.

자기주도학습의
오해와 진실

학습 성취는 배움보다는 자발적 익힘에서 나온다는 인식이 맥을 같이 하는 것이 최근 교육계에서 가장 뜨거운 화두(Hottest Keyword)가 되고 있는 '자기주도학습'이다. 이 용어는 엄마 세대에서도 써 왔던 '자습(自習)'을 길게 늘인 표현이 아니라 학습자 스스로가 공부의 주인으로서 학습목표를 정하고 그에 걸맞은 계획을 세워 공부하는 일련의 노력들을 포괄적으로 지칭한다.

자기주도학습이 유행처럼 번지기 시작한 배경에는 교육과정과 대학입시 제도의 변화가 자리 잡고 있다. 세계화·정보화 시대를 주도할 자율적이고 창의적인 인재를 육성하겠다는 목표를 가진 제7차 교육과정이 2000년에 초1, 2학년을 시작으로 2005학년도 대학입시에까지 적용되면서 자기주도학습이 교육계의 관심 대상으로 부각되었다. 그러나 자기주도학습이 엄마와 아이들이 피부에 와 닿도록 전달되는 과정에서는 아이러니하게도 민간 영역의 역할이 더 컸다. 2000년대 중반부터 학습 컨설팅, 학습 플래닝, 학습 클리닉 등의 이름으로 아이들의 자기주도학습을 코칭(Coaching)이나 튜터링(Tutoring)하겠다는 업체들이 하나 둘씩 등장하기 시작했다. 이들의 도움으로 학과 습의 밸런스(Balance)가 무너져 있고, 혼자서는 공부해 본 적이 없는 아이들의 성적이 실제로 오르자, 자기주도학습에 엄마들의 관심이 증폭되지 않을 수 없었다. 그리고 현 정부에 들어와 자기주도학습 역량을 중점적으로 평가하는 입학사정관제도가 대학과 특목고 입시의 핵심 전형이 되면서 자기주도학습이 교육계의 대세가 된 것이다.

"요즘 자기주도학습이라는 단어를 안 쓰면 학원에 보내려고 하지를 않아요. 학원에서 자기주도학습도 가르친다는 게 좀 우습지만 어쩔 수 없죠."

자기주도학습을 방해하는 가장 큰 세력인 학원에서 이 용어를 마케팅 수단으로 삼는 것을 보면 아직도 자기주도적인 학습에 대한 인식이 얼마나 부족한지를 알 수 있다. 엄마들에게 '자기주도학습을 영어로 표현하면 어떻게 쓸 수 있을까요?'라고 질문하면 혼자서 공부하는 자습과의 차이를 구분하지 못하고, 대부분 'Self Study'라고 대답한다. 자기주도학습의 올바른 영어식 표현은 'Self-directed Learning'이다. 공부의 방향(Direction)을 아이가 스스로 주도(Self directed)하고, 배움의 단계(Study)를 넘어서 완전히 익히는 수준(Learning)에 다다라야 비로소 자기주도학습이라고 말할 수 있다.

정리하자면 자기주도학습을 하기 위해서는 다음의 세 가지 기준이 지켜져야 한다. 첫째 학교 수업을 중심으로 하는 공부이다. 학교 수업의 질이 낮다는 핑계로 수학 수업에 영어 공부를, 국어 수업에에서는 수학 공부를 하는 청개구리식 나홀로 공부(Self Study)는 자기주도학습과 거리가 멀다. 예·복습을 통해 학교 수업을 지배하겠다는 생각을 갖고 자기주도학습을 시작해야 한다. 둘째, 자신이 세운 목표와 계획에 따라 학습한다. 즉, 공부할 때에 어디를 향해서, 어디쯤 가고 있는지를 자신의 스케줄에 따라 정확히 인식하고 있어야 한다. 외부의 힘에 의한 끌려다니는 공부나 향방을 알 수 없는 공부는 쉽게 지치게 하고 성과도 매우 낮다. 마지막으로 수업에서 배운 내용은 반드시 내 지식이 될 때까지 복습한다. 앞에서 '1:3의 법칙'에 대해 언급하였듯이 최소한 수업 시간 3배 이상의 자기 공부 시간을 확보하기 위해 노력해야 한다.

"집중이 안 되고 눈치가 보여서 좀 피곤하지만, 수업 시간은 왠지 시간 낭비 같아서 그냥 내 공부를 해요. 선생님도 그러려니 해요. 엎드려 잠자는 것보단 낫죠."

자기주도학습의 중요성이 지금처럼 높아지게 된 데에는 대학입시의 입학사정관제와 특목고, 자사고의 자기주도학습 전형와 같은 제도적 변화의 바람이 주요한 원인이 되고 있지만, 엄마들 사이에서도 사교육과 주입식 교육의 한계점에 대한 문제 의식이 높아지고 있는 것도 주목할만 하다. 이에 더하여 국제학력평가(PISA)에서 부동의 1위를 달리고 있는 핀란드식 교육법이나 자기주도학습으로 놀라운 성적 향상을 일궈낸 일본 '아키타현'의 사례가 언론에 소개되면서 우리 교육 환경에 맞는 올바른 학습 지도에 관한 고민들이 이어지고 있다.

우리의 교육 현실과 매우 흡사한 일본에서 매우 충격적인 교육 성공 스토리가 2007년에 들려왔다. 40년만에 부활한 초6, 중3 대상의 전국학력평가에서 47개 도부현 중 소득 수준 최하위의 아키타현이 대도시들을 누르고 월등한 성적으로 1등을 한 것이다. 더 놀라운 사실은 이 지방은 40년 전 평가에서는 43등의 초라한 성적을 보였던 전형적인 교육 낙후 지역이었다는 점이다. 아키타 현 '전국 학력 1위'의 배경에는 자기주도학습을 강화하는 교육이 있었다. 방과 후 집에서 복습하는 아이들의 비율이 74.5%로, 전국 평균 40.1%의 두 배 가까이 앞서고 있으며, 오전 7시 이전에 기상하는 아이들 비중도 91.1%에 이르는 등 자기주도적 학습의 문화가 뿌리내리고 있었다.

특히 전국 1등 아키타 현 내에서도 학원이라고는 찾아볼 수 없는 시골마을 히가시나루세(Higashinaruse)촌의 성적이 돋보였는데, 이곳에서는 스스로 공부하도록 자립심을 길러 주는 '나루세 자율학습 습관'을 철저히 교육했다고 알려졌다. 아이들은 초등학교 3학년 때부터 각자 자유로운 형식의 '자학 노트'를 만들어서, 매일 조금씩이라도 자신이 좋아하는 영역을 정해서 공부하고 그 내용을 정리한다. 그리고 학교에서는 하교 이전에 선생님이 자학 노트에 적절한 의견(Comment)을 적고, 적극적인 피드백을 줌으로써, 자학 노트의 연속성과 깊이를 갖도록 한 것이 '나루세 자율학습 습관'의 핵심이다. 또한 그 이면에는 학생이 스스로 공부의 의미와 가치, 기쁨을 알게 하고, 자주적으로 발전하도록 하는 교육 정신이 일관되게 흐르고 있다. 히가시나루세 아이들은 이러한 습관이 배여 고등학교에 진학해서도 스스로 계획하고 기복 없이 공부하는 자기주도학습의 학습 태도를 유지하고 있다. 결국 전국 1등 성적이 히가시나루세 마을에는 기적이 아닌 올바른 교육관의 자연스러운 결과물이라고 하겠다.

자기주도학습을
하지 못하는 이유

언뜻 생각하면 자기가 필요한 공부의 계획을 세우고 매일 일정 시간 자습하는 것이 너무나 당연하고 대수롭지 않을 것 같지만, 자기주도학습이 대부분의 학생들에게는 어려움을 호소할 수밖에 없는 크나큰 과제이다. 엄마 세대와는 다르게 오늘날의 학생들은 학원 등 외부의 학습 지도에 너무나 익숙해 있고, 또 자기 스스로 공부하는 기회 자체를 그다지 가져 보지 못했기 때문에 어렵게 느껴지는 것이다.

엄마가 서두른다고 이루어질 변화가 아니다. 자기주도학습을 내 아이에게 정착시키기 위해서는 다니던 학원을 끊고 무작정 혼자 공부하기를 요구하기보다는 아이가 올바른 학습 계획을 세우고, 관리하는 것부터 차근히 배워나갈 수 있도록 해야 한다. 그리고 학습 계획과 매일의 자습활동이 마치 톱니바퀴처럼 유기적으로 맞물려 돌아갈 때까지 지속적으로 조정해야만 비로소 자기주도학습이 내 아이의 습관으로 체화된다. 이 모든 과정에는 상당 기간에 걸친 인내와 아이와의 신뢰 관계가 필요하다. 만약 엄마가 조바심에 아이를 밀어붙이거나 빠른 결과가 보이지 않는다고 학습 지도의 방향을 이리저리 바꾸는 등 흔들리는 모습을 보여서는 안 된다. 엄마의 동요에 아이도 덩달아 공부의 밸런스(Balance)가 무너져 결국 외부 학원의 통제와 지도로 되돌아가는 경우들을 우리는 너무 많이 보아왔다.

자기주도학습의 단계별 지도법을 본격적으로 전달하기 전에 우리 자녀들이 자기주도학습으로부터 얼마나 거리를 두고 있는지 알 필요가 있다. 그래서 우리는 자기주도학습의 관점으로 아이들의 성향과 배경을 몇 가지 유형으로 나누어 살펴보고자 한다.

공부 자체에 거부감을 보이는 경우

이유없는 반항이란 없다. 공부가 마냥 싫고, 자신과 맞지 않다고 느끼는 데에는 그에 합당한 이유와 사연이 있다. 이런 아이를 다그치거나 설득을 해서 공부를 시킨다는 것은 엄마와 아이 모두에게 깊은 상처만 남길 가능성이 높다.

보통의 유아들은 그림을 그려가며 자신의 욕구와 감정, 상상을 표현한다. 7~9세까지는 자유롭게 그림을 그리며 상상하는 것을 즐기지만 인지구조가 갖추어지는 10세 즈음이 되면 실제와는 너무 다른 자신의 그림에 내적인 좌절을 경험하게 된다. 아무리 세밀하게 그려 보려고 해도 자신의 그림은 초라하고 시시하게만 보인다. 이때 곁에 있던 부모, 형제, 친구들이 '유치하다, 조잡하다, 그 시간에 책을 읽어라' 등의 확정 판결을 내리게 되면 아이는 그림을 그릴 용기와 의욕을 완전히 상실하게 된다. 그래서 성인이 된 당시의 아이들은 아직도 그림을 그려보라고 하면 위축되거나, 초3 수준의 표현 밖에 할 줄 모른다. 반면, 교육 선진국에서는 좌절을 경험하기 시작한 연령대의 아이들에게 그림이란 자신의 감정과 내면 세계를 표현하는 하나의 방식이므로, 모방에 연연하지 말고 자유롭게 자신의 내면 세계를 그려 보라고 독려하고 자극한다. 그리고 아이들은 선생님과 부모의 긍정적 피드백에 반응하여, 마음의 굴레를 벗고 이전보다 훨씬 다양하고 적극적인 표현을 시도한다.

"그림은 못 그려요. 그림하고는 적성이 안 맞는 것 같아요."

'그림'을 '공부'라는 단어로 바꾸어 보라. 그림 그리기를 두려워하고, 싫어하는 성인들의 목소리와 공부하기를 거부하는 우리 아이들의 항변이 다르지 않다. 물론 엄마가 아이의 내면에서 공부하기를 싫어하게 된 원인을 모두 찾아낼 수는 없다. 그러나 과거에 공부로 인해 상처받은 아이의 자존감만은 따뜻하게 품고 이해해 주어야 한다. 그 자리에서 새로 시작하면 된다. 학습에 대한 거부감을 줄이고, 배움 자체의 기쁨과 즐거움을 알게 해 주는 것이 이 단계의 아이들을 다시 뛰게 만드는 가장 주요한 처방이다.

공부는 하지만 시켜야 하는 경우

"계속 감시하고, 점검하지 않으면 공부를 안 해요. 그러니 학원에라도 보내야

지요."

공부 자체를 거부하는 정도는 아니지만, 공부에 너무 수동적인 태도를 갖고 있어서 강압적인 조치와 감시가 아니면 공부를 안 한다는 아이에 대한 엄마의 목소리이다. 그런데 우리는 아이가 스스로 공부를 선택할 기회가 있었는지를 엄마들에게 묻고 싶다. 몇 번 정도 참고 지켜보았다고 해서, 우리 아이는 혼자서 절대로 공부를 할리 없다고 단정지어서는 곤란하다. 사교육에 의지해서 공부를 해 온 아이들은 선택하고, 계획하고, 책임질 기회가 거의 없다보니 안 하게 되고, 결국 못하게 되는 '학습된 무기력' 상태에 빠진 것에 불과하다.

스스로의 의지로 공부할 기회를 갖고, 또 실패하고 반성하는 일은 그나마 시간적 여유가 있을 때 경험해 보아야 한다. 엄마는 아이를 감시하거나 학원에 가두는 것을 잠시 멈추고, 공부의 이유에 대한 내적 동기화가 이루어질 수 있도록 다양한 접근을 해 볼 필요가 있다. 이 책의 첫 장에서 다룬 '브랜드와 진로 설계'가 그 대표적인 예이다. 자신의 미래를 구체적으로 그려 보고, 그 목표에 도달하기 위해 현재 학생으로서 무엇을 어떻게 준비해 나가야 하는지 자신에게 묻게 만드는 것이다.

자신을 통제해 본 적이 없는 아이가 일순간에 바뀔 수는 없다. 엄마의 입맛에 맞는 빠른 변화는 '폭력'에 의해서만 가능하다. 그것도 지속

성이 없는 모양뿐인 변화이지만 말이다. 사춘기 반항심이 심하지 않을 때에는 그래도 엄마의 집요한 요구를 수용하는 척하지만, 한 번 자제심을 잃고 나면 더 큰 폭력이 가해지지 않는 한 아이를 공부의 자리로 끌고 갈 수 없다. 일단 엄마부터 눈높이를 확실하게 낮춰라. 그리고 자기주도학습에 필요한 작은 습관 하나라도 고치는 성공을 아이가 경험할 수 있게 하라. '나도 괜찮은 사람'이라는 어깨가 으쓱해지는 경험을 맛보고 나면, 아이가 오히려 자기주도학습에 욕심을 내기도 한다. 자습의 훈련이 습관으로 이어질 때까지 엄마의 고단함과 인내가 있어야 하지만 그 끝은 이전 수고를 까마득하게 잊게 할 정도로 달콤하다.

학습 의지가 강하지만 공부의 방법을 모르는 경우

"혼자서 공부를 해 보려고 해도 어디서부터 시작해야 할지 모르겠어요."

자기주도학습의 의지가 있는 아이들은 그 각오와 시도가 실망으로 이어지지 않도록 신속한 지도와 관리가 필요하다. 자기주도학습을 하려고 몇 번 몸부림쳐 보았지만, 공부의 효율성이 떨어지고 성과가 미진하다고 느껴지면 '아! 나는 전에 하던 대로 학원을 다녀야 하는구나'라고 체념하는 수가 많다. 특히 고등학교 진학 후에는 시행착오를 감당할 여유가 없기 때문에 자기주도학습은 제대로 된 훈련도 못하고 대입까지 학원에 쭉 끌려가기 마련이다. 공부에 대한 의지가 빈약했던 앞의 두 경우와는 달리 자기주도학습에 대한 자녀의 의지가 있으므로 엄마는 적극적으로 학습 지도에 참여해야 한다.

학원의 의존도를 줄이고 자립형 공부를 시작하고자 할 때 가장 아이들을 어렵게 만드는 것은 '무엇을 어디서부터'해야 할지 모르는 전방 시야의 답답함이다. 학원에서는 학습 진도 등을 관리받을 수 있기 때문에 별 생각 없이 수업만 들으면 되었지만, 자기주도학습에서는 익숙했던 환경과 멀어지면서 우왕좌왕하기 쉽다. 수천 km를 이정표 없이도 운행하는 비행기를 생각해 보자. 베테랑 기장도 시야와 계기판만으로는 비행과 이착륙을 자신 있게 하지 못한다. 관제사의 가이드에 대한 온전한 신뢰와 교류를 통해서만이 가능하다. 자기주도학습에 돌입한 아이들도 다르지 않다. 공부는 순전히 본인의 몫이지만, 안정적인 궤도 진입과 성공적인 착륙을 위해서는 엄마의 가이드가 절대적으로 필요하다.

엄마의 자기주도학습 지도는 앞으로 제시할 '학습 계획표'가 중심이 되어야 한다. 항공기의 네비게이션(Navigation)과 같은 역할을 맡게 될 '학습 계획표'는 월(Month)과 주(Week)가 관리의 단위이며, 이를 통해서만 공부에 관해 자녀와 커뮤니케이션을 해야 한다. 학습계획표 작성과 활용에 대해서는 뒤에서 자세히 설명하도록 하겠다.

자기주도학습에 열정적이나 성과가 불확실한 경우

"혼자 공부하는 것이 편하고 좋아요. 제 나름의 방식이 있어서 그대로 하고 있어요."

상위권의 자기주도적 아이들은 누구의 지시와 간섭 없이도 자신만의 기준과 방법을 가지고 공부하는 것을 선호한다. 나름대로의 성공, 실패의 경험들에 비추어 다듬어진 자기만의 학습법이기 때문에 성과에 대한 검증도 불필요하다고 느끼거나 거부하는 경우가 많다.

이보다 더 좋을 수 없다고 판단된다면 곁에서 묵묵히 지지해 주면 되겠지만, 끈질긴 노력에 비해 성과가 지지부진하다면 자기주도학습 방법에 대한 전체적인 재구조화(Reorganization)가 필요하다. 공부의 양과 성실성으로만 본다면 최상위권에 넉넉히 들어갈 수 있을 것 같은데, 그 턱 밑에서 번번이 미끌어지는 경우이다. 이 부류에 속하는 아이들은 대체로 자존심이 세고, 그동안의 학습법에 대한 애착도 강해서 조정을 할 때에는 엄마의 세심한 접근이 요망된다. 가령, 엄마는 필요성만을 제기하고, 구체적인 조정은 학습법과 관련된 양서를 읽게 해서 본인이 직접 교정하게 만드는 것도 좋은 방법이다.

중학생을 대상으로 EBS에서 실시한 암기력 실험에 의하면, 학습 주체인 자신을 점검하고 더 나은 학습 방법을 모색하는 것이 실제 성과에 지대한 영향을 미치는 것으로 나타났다. 실험 내용은 이렇다. 한 무리의 중학생들에게 100장의 그림 카드를 2초 단위로 보여 주고 얼마나 기억하고 있는지 테스트한 결과 평균적으로 전체 카드의 24%만을 기억했다. 일정한 시간을 아이들에게 주고 어떻게 해야 더 잘 기억할 수 있을지를 고민하도록 하였다. 그리고 다른 카드로 동일한 실험을 하였더니 암기율이 41%로 올랐고, 실패를 교훈 삼아 한번 더 전략적 암기법을 모색하게 했을 때에는 78%에 이르는 놀라운 암기율 수치에 도달했다.

이 실험은 비단 암기력에만 국한된 것이 아니라 자기주도학습 전반에 대한 의미를 내포하고 있다. 즉, 공부의 양에만 매달려 앞만 보고 달리는 것보다 잠시 멈춰서서 공부를 하고 있는 자신의 학습 습관과 방법, 태도를 점검하는 것이 훨씬 큰 도약을 가져올 수 있음을 보여 주는 실험이었다. 자기주도학습의 습관이 잡혀 있는 아이에게 무조건 열심히 하라고 채찍을 가하는 주마가편(走馬加鞭)의 지도법은 성과가 나지 않을 뿐만 아니라, 과부하로 인해 아이의 탈진과 학습 거부감을 초래할 위험이 있다. 정말 내 자녀가 자기주도적인 학습으로 높은 학업성취를 거두기를 원한다면, 아이가 잠시 숨을 고르고 자신을 돌아보아 재점검, 재충전할 수 있는 현명한 코칭을 하기 바란다.

자기주도학습 1단계
_자기진단이 먼저다

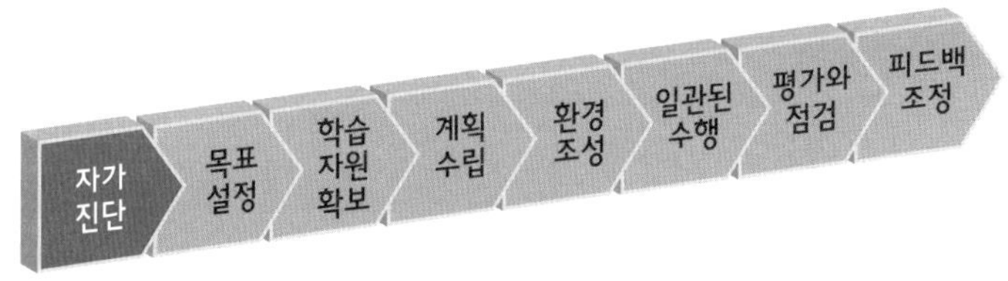

자기주도학습 수행과 지도는 그림의 순서대로 진행해야 한다. 그 첫 단계는 자기진단(또는 자녀진단)에서 출발한다. 앞에서 분류한 네가지 학습 유형 중 내 자녀는 어디에 속해 있는지를 파악하는 것이 목표 설정보다 우선이라는 것이다. 급한 마음과 욕심 같아서는 아이가 당장이라도 자기주도학습에 돌입해서 맹렬히 공부하도록 만들고 싶겠지만, 자녀의 자발적 참여 없이는 학원 순례만으로 성적이 오르기를 바라는 것만큼이나 헛된 기대에 불과하다. 그럼 내 아이가 자기주도학습에 얼마나 대비하고 있는 것일까? 다음 체크리스트를 활용해 보기 바란다.

🔒 자기주도학습 준비도를 평가하는 판단 기준

❶ 미래의 직업 비전이 있고, 그에 필요한 능력이 무엇인지 알고 있는가? ☐☐☐
❷ 새로운 배움과 스스로의 힘에 의한 문제 해결의 즐거움을 경험으로 알고 있는가?
☐☐☐
❸ 새로운 것과 이전의 학습을 연관짓는 훈련이 되어 있는가? ☐☐☐
❹ 현재 하고 있는 학습의 과정과 단계를 인지하고 있는가? ☐☐☐
❺ 어려운 문제, 많은 시간을 요구하는 문제에 도전할 의지가 강한가? ☐☐☐
❻ 복잡하고 어려운 과제의 수행 능력에 대해 자신감을 갖고 있는가? ☐☐☐
❼ 계획을 세우고 실천하려는 의지와 노력이 보이는가? ☐☐☐
❽ 공부 결과에 대해 피드백을 받으려 하는가? ☐☐☐
❾ 이성 교제, 게임 등 공부에 방해가 되는 요소를 정리할 의지가 있는가? ☐☐☐
❿ 한 자리에서 책을 꾸준하게 읽는 습관이 갖추어져 있는가? ☐☐☐
⓫ 학교 수업을 존중하고 따를 자세가 되어 있는가? ☐☐☐

위 체크리스트가 모든 자기주도학습 준비를 대변하지는 않는다. 또 점검 결과가 부정적이라고 해서 자기주도학습을 못한다는 것도 아니다. 다만 변화의 출발선에서 실제 내 아이의 상황이 자기주도학습의 이상과 얼마나 떨어져 있는지를 파악하고, 체계적이고 점진적인 개선을 해 나갈 준비를 위한 점검이다. 가령 자신이 어디를 공부하고 있는지도 모르고 학원 숙제와 내신 시험 공부하느라 급급한 아이가 처음부터 전 과목을 계획을 체계적으로 잡을 것이라 기대하는 것은 무리이다. 또 한 번 풀어본 문제집은 두번 다시 보려 하지 않는다거나, 잘 풀리지 않는 문제는 5분도 고민하지 않고 답부터 찾는 습관을 갖고 있다면, 자기주도학습과 동시에 깊이 있게 고민하고 개념을 점검하는 올바른 습관으로 교정을 시작해야 한다.

앞으로 논의될 내용에서는 '자기진단' 이후의 자기주도학습 단계별 가이드를 하나씩 설명하고자 한다. 혼자 공부하는 것에서 뭐가 이리 복잡하고 까다로운지 모른다고 불평하지 않았으면 한다. 모두(冒頭)에서 말하였듯이 우리의 목적은 그냥 혼자하는 셀프 스터디가 아니고, 학습자 스스로가 공부의 주인으로서 학습목표를 정하고 그에 걸맞은 계획을 세워 공부하는 패러다임(Paradigm)의 전환을 이루고자 함이다. 그리고 자기주도학습을 체화하는 것이 매우 어렵고, 가치있는 것이기 때문에 대학입시에서도 수능 못지 않은 비중을 차지하고 있는 것이다.

자기주도학습 2단계
_목표를 설정하게 하라

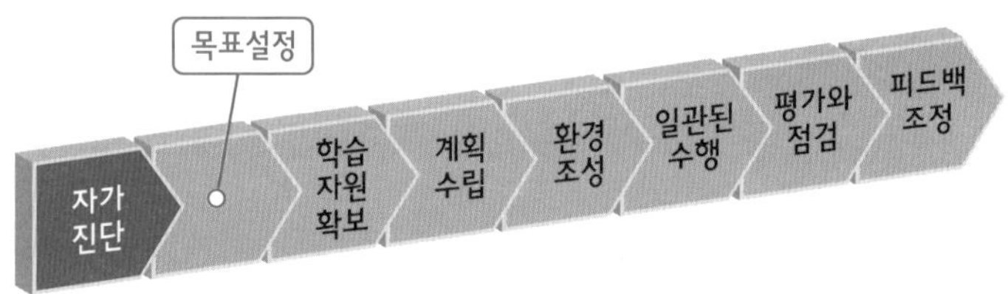

자기주도학습에 임하는 자녀의 상황 파악(?)이 되었으면, 이를 감안한 타당한 단기 목표를 설정해야 한다. 그리고 목표는 다음의 조건들을 충족하고 있어야 한다.

목표의 설정은 아이의 결정에 맡겨라

자기주도학습을 아이에게 뿌리내리겠노라고 마음을 먹었으면 목표 설정부터 철저하게 아이에게 주도권을 양보해야 한다. 우리는 앞에서 자존감을 지키는 첫 번째 학습 원칙으로 '주도권을 자녀에게' 돌려야 함을 강조하며, 자존감이 높은 최상위권의 아이들이 예외 없이 자기주도학습을 수행하고 있다는 점을 충분히 설명하였다. 학습 습관, 질서가 잡혀 있지 않은 초기에는 엄마의 적극적인 참여가 요구되지만 자녀의 동의에 의해서만 가이드를 할 수 있으며, 모든 의사결정은 철저하게 자녀 스스로 내리고, 그 결과에 대해서도 본인이 책임을 지게 해야 한다. 또 높은 목표를 아이가 설정하도록 분위기를 임의로 조성한다거나, 기대에 찬 눈길로 아이를 압박하는 상황 연출도 하지 말기를 진심으로 바란다.

단기적이고 달성 가능한 것이어야 한다

목표를 지나치게 멀리 잡아서는 자기주도학습을 유지하는 동기 부여의 힘이 약하고, 목표의 조정 및 점검에도 부적합하다. 따라서 중간, 기말고사나 모의고사와 같이 학기 중 2~3회 정도 평가할 수 있는 목표 설정이 적절하다. 그 이상의 빈번한 목표는 학습 효과는 적고 불필요한 압박감만 가중시킬 수 있어서 자제하도록 한다. 또 최종 목표는 결국 대입시험이므로 그 과정상의 목표는 학습 진단과 점검의 수단이다. 즉, 과도한 수준의 단기목표는 학습법, 태도의 조정과 노력에 따라 얼마든지 달성될 수 있도록 현실적인 수준에서 잡아야 한다. 아이가 목표를 달성한 후 성공의 보람을 느끼게 되면, 이후의 자기주도학습에도 한결 속도가 붙는 것을 느끼게 될 것이다.

브랜드 전략에 입각한 목표임을 확인하라

목표는 단기적이지만 지향점은 현재의 점수에 국한되어 있지 않고, 비전(Vision)과 꿈의 달성을 가리키고 있어야 한다. 따라서 목표를 달성한 자녀에게 평소에 갖고 싶어하던 물건을 사 주는 등의 포상을 줄 수는 있지만, 몇 등 올리면 무엇을 사 주겠다는 식의 협상을 해서는 안 된다. 이런 타협은 장기적으로 자기주도학습에 무익한 결과만을 초래할 뿐이다. 단기 목표는 본인의 브랜드 전략에 필요한 과정상의 일부분이므로, 본인 스스로 장기적인 목적 의식을 동기 부여의 근원으로 삼고 자기주도학습에 임할 수 있도록 많은 신경을 써야 한다.

목표는 학습 계획으로 구체화되어야 한다

목표는 실천을 할 수 있는 학습 계획으로 구체화되어야 한다. 지금 다루고 있는 '목표 설정' 다음 단계인 '학습 자원의 확보', '계획 수립'이 그것인데, 목표를 설정 직후에 올바른 학습법·태도의 교정 및 구체적인 학습 계획에 입각한 실천이 따라오지 못한다면 목표는 공염불에 그칠 수밖에 없다. 그러면 이제 자기주도학습 자원의 확보와 학습 계획을 세우는 기준안을 순차적으로 살펴보자.

자기주도학습 3단계
_학습 자원을 확보하라

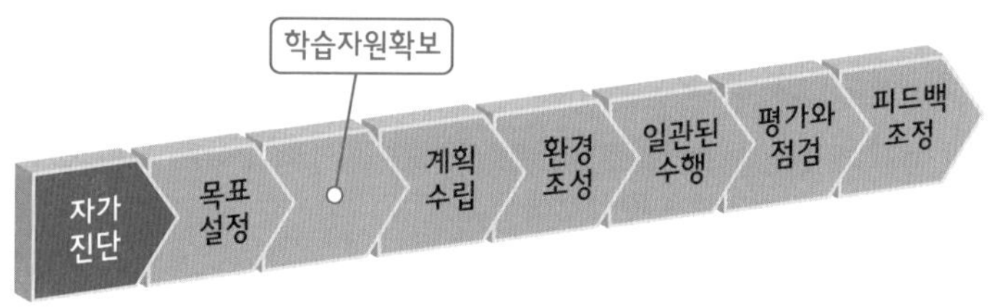

재벌 총수나 일반 샐러리맨, 전국 수석과 우리 아이들 모두가 차별 없이 공평하게 가지고 있는 자산이 있다. 바로 '시간'이다. 재벌이 수조 원의 돈을 쓴다 한들 1초의 시간도 잡아 둘 수 없고, 전국 1등도 다른 모든 아이들과 같은 조건의 24시간 내에서 공부를 한다. 다만 그 차이는 그 시간을 얼마나 주도적으로 사용하여 가치 있는 결과를 산출했느냐에 달려 있다.

고등학교에 진학하면 보통 7시 40분에 0교시를 시작해서 오후 4시 30분 하교와 이후의 학원 수업 또는 자습활동 등으로 아이들은 명목상으로 하루 평균 11시간 이상을 공부에 할애한다. 여러 민간 기관의 연구에 따르면 최상위권부터 중·하위권까지 학생들이 공부하는 절대 시간의 차이는 10%에 불과하다고 한다. 그러나 고교생 기준으로 볼 때 자습의 시간에 있어서는 큰 격차가 있다. 1등급 학생은 일평균 3시간 이상의 자습 시간을 확보하는 데 비해 일반 학생은 1.5~1.8시간, 하위권은 1등급의 20% 수준인 30분 이내로만 자습에 임하는 것으로 보고되고 있다.

즉, 상위 학년에 올라갈수록 학습능력 향상과 성과는 얼마나 자습 시간을 확보하느냐에 달려 있다고 봐도 무방하다. 중·고생의 공부는 '수용−이해−정리−암기−응용'의 다섯 단계의 과정으로 이루어지는데, 수업을 듣는 것은 앞의 두 단계인 '수용−이해'에 해당한다. 수업을 들을 때는 다 알 것 같다가도 정작 물어보거나 시험을 볼 때 생각이 나지 않는 것은 다음 단계인 '정리−암기−응용'의 과정을 충실히 이행하지 않았기 때문이다. 수업의 내용을 어느 정도 이해하였으면 복습을 통해 이해된 내용을 정리하고 자신의 구조화된 정보 체계에 내재화하여야 한다. 중요한 요점들은 찾아서 외우고, 응용하는 훈련까지 이어져야지 그렇지 않으면 아무리 값비싼 명강의를 듣는다고 해도 배운 내용이 내 지식이 될 수 없다.

아이들의 하루 24시간을 좋던 싫던 무조건 지출해야 하는 비용(Cost)이라고 생각해 보자. 자퇴를 하지 않는 이상, 이른 아침부터 늦은 오후

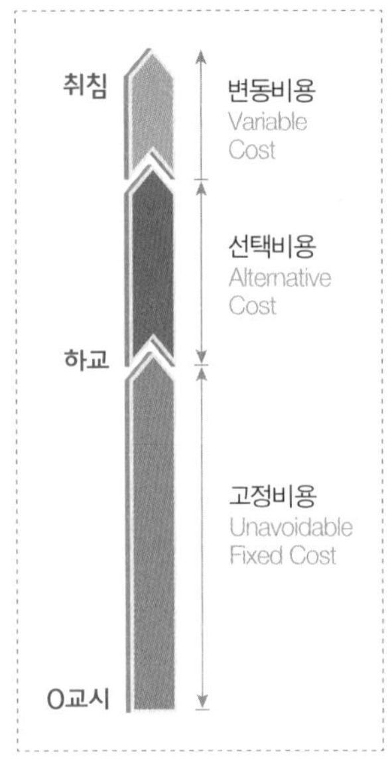

까지 9시간 이상은 학교에서 보내야 하므로 회피가 불가능한 '고정 비용'(Unavoidable Fixed Cost)이다. 하교 이후의 5시부터 통상적으로 잠자리를 준비하는 10시까지의 다섯 시간은 학원에 갈 것인지, 자습 시간으로 삼을 것인지를 결정해야 하는 '선택 비용'(Alternative Cost)에 해당한다. 마지막으로 심야 시간은 늦게 잠자리에 들수록 가용성이 늘어나므로 '변동 비용'(Variable Cost)이라고 하자.

최상위권과 하위권 학생 간에는 일평균 3시간과 30분이라는 자습 시간이 학업 성취의 차이로 나타난다고 하였다. 따라서 엄마는 바로 위 세 구간의 시간(고정 비용, 선택 비용, 변동 비용)을 학습 자원으로 보고 최선의 성과를 위해 어떻게 배분하고 사용할 것인지에 대한 전략을 세워야 한다. 이 학습 자원의 확보와 배분에 자기주도학습의 성패가 달려 있다.

하루 책상에 앉아 있는 시간을 최대 15시간이라고 본다면 학교에서 보내는 시간은 60% 이상이지만, 많은 아이들은 학교 수업에 전혀 참여하지 않고 잠을 자거나 다른 공부를 하다가 같은 내용을 학원에서 고스란히 반복한다. 전체 공부 시간의 과반을 넘는 학교 수업을 허공에 날리고, 나머지 자산만으로 경쟁하겠다는 어리석은 뚝심은 어디에서 비롯된 것인지 참 궁금하다. 객관적으로 본다면, 학교 수업이 학원보다 못할 수 있다. 그러나 피할 수 없는 고정비용이라면 최대한 효과를 거두겠다는 마음가짐부터 가져야 한다. 비난만 하기에 바쁜 학교 수업에서 무엇을 얻을 수 있겠는가? 시간이라는 자원의 제한성을 생각한다면 조건없이 학교 수업에 참여하고 자기주도학습의 중심으로 삼아야 한다.

하교 후의 선택 비용은 최우선적으로 '복습시간 확보'에 배분한다. 그리고 나서 부족한 배움을 보완할 수 있는 학원, 과외, 인강 등에 시간을 배정하는 것이 원칙이다. 앞의 '사교육과 선행학습, 그 득과 실'에서 언급한 바와 같이 명확한 사교육 활용의 목적이 없다면, 절대 선택 비용을 함부로 '자습'에서 사교육으로 옮겨서는 안 된다. 그리고 잠들기까지의 변동 비용은 고2, 3 이전까지는 가급적 공부에 쓰지 말고 충분한 수면과 휴식에만 사용하는 것이 좋다. 그 이유는 다음의 자기주도학습형과 학원형 자녀의 에너지 사용의 패턴 비교에서 여실히 드러난다.

공부 에너지 사용 패턴 비교는 시간이라는 자산을 얼마나 효율적으로 사용하고 있는지를 보여 주는 그림으로, 좌측의 자기주도적 학습형의 에너지 사용 패턴을 보면, 고정비용인 학교 수업에 예습, 복습을 통한 적극적인 참여로 60% 이상의 에너지를 할애하고 있어, 실제 시간 사용과 공부하는 에너지 소비 비율이 거의 동일하다. 반면에 우측의 학원형 에너지 사용 패턴을 보면 하교 시간 이후에 70% 이상의 에너지를 쓰고 있고, 정작 학교 수업은 형식적으로만 보내고 있음이 나타난다.

최상위권 학생 중 학교 수업을 소홀히 여기는 친구들은 사실상 없다. 학교 수업의 질이 학원보다 좋아서가 아니라 학교에 다니는 이상은 학교 수업을 최대한 활용해야만 하교 후 남은 시간을 효율적으로 사용

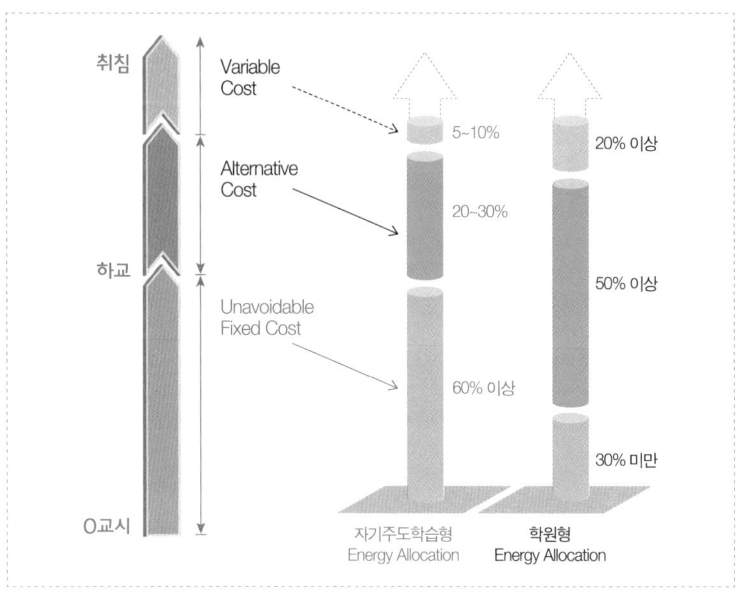

▲ 공부 에너지 사용 패턴 비교

할 수 있기 때문이다. 예습은 당일 아침 또는 수업 전 5~10분 동안 그날 배울 단원과 학습목표, 키워드를 대략적으로 정리하여 감각을 키우는 것만으로도 2~3배 이상의 수업 이해와 기억력 증대가 가능하다. 또 이미 공부하고 들어간 선행학습과 달리 예습은 수업에 대한 흥미와 집중력을 높임으로써 지겨운 시간을 즐길 수 있는 시간으로 바꾸는 마법을 발휘하기도 한다.

복습은 어떠한가? 에빙하우스의 '망각곡선이론'에 따르면 학습 직후의 주기적인 반복 학습만으로 기억의 유지력은 급격히 상승한다. 수업이 끝난 후에 짧게 교재와 노트를 훑어 보고나면 선생님이 강조한 내용이 확실해질 뿐만 아니라 하교 후 복습할 때에도 헷갈리지 않고 낮에 들었던 내용을 마치 비디오로 재생하는 것 같이 기억이 새로워지는 놀라운 경험을 하게 된다. 이처럼 최상위권의 자기주도학습형 에너지 사용 패턴은 주어진 시간 내에서 최대한의 공부 효율을 높이기 위해 학교 수업에 치열하게 참여한다.

이렇게 공부하고 나서 학교를 벗어나기 무섭게 학원에서 또 수업을 듣는다는 것은 도저히 불가능하다. 마치 뇌가 녹아내리는 것 같은 피로감으로 깊은 휴식을 먼저 찾기 마련인데, 아무렇지 않게 학원에 재등교를 한다는 것은 우측의 학원형과 같이 학교에서 대충 시간을 때워야 가능하다.

어차피 학원에서 또 듣겠다고 생각하고 학교에서는 잠을 자거나 휴식을 취하는 패턴이다. 학원들은 엄마들의 기대에 부응하고자 버거운 양의 숙제를 내 주고, 아이들은 잠을 줄여서 학원 숙제를 한 후에 다음날 다시 학교에서 부족한 잠과 휴식을 보충한다. 이와 같이 학원형의 악순환을 보면 외형상으로는 최상위권보다도 공부량이 많고 수면시간도 적지만, 아는 것은 얼마 없고, 공부에의 의욕과 체력은 떨어지고 있다.

정리하자면 자기주도학습 본질은 '시간 관리'에 있다. 공부할 수 있는 시간은 한정되어 있으므로 '내가 듣는 이 수업이 나에게는 마지막 기회다'라고 자기최면을 걸어서라도 학교 수업을 최대한 활용해야 한다. 제대로 들어 보겠다고 마음가짐만 다르게 해도 학교 공부가 소화하기 버거운 막대한 분량임을 알 수 있다. 하교 후에 학교 수업 내용을 자기 것으로 내재화하는 데에도 시간이 턱없이 부족하다. 공교육의 질을 문제 삼으며, 보험을 드는 심정으로 사교육을 이용해야 한다는 옆집 엄마의 말에 동요하지 말기를 바란다. 공부 결과는 절대적으로 '자기공부' 시간 확보에 달려 있다. 너무도 당연한 지침이 비현실적으로 받아들여지는 이 세대에서 올바른 자기주도학습 원칙이 굳건히 실천하기를 진심으로 바란다.

자기주도학습 4단계
_계획을 수립하라

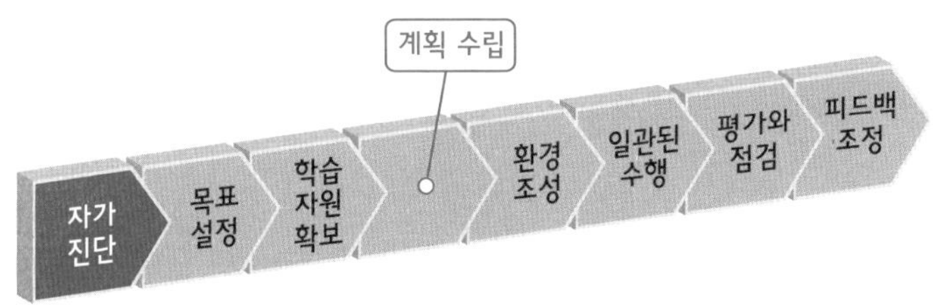

새학기, 방학 등 마음을 다잡게 되는 변곡점마다 엄마와 아이들은 학습 계획을 세운다. 그러나 여기서 우리가 말하고자 하는 학습 계획은 새 마음, 새 뜻을 담는 그랜드플랜(Grand Plan)이 아니라 자기주도학습 지도의 단계상 학습을 계획하고 관리하는 중추로서의 계획이다. 따라서 계획 수립에는 전 단계인 '자기 진단-목표 설정-학습 자원 확보'가 반영되어야 하며, 처음부터 너무 잘 만들려고 애쓰지 말고 자기주도학습 습관과 함께 점진적으로 발전시켜 나가야 한다. 자기주도학습의 각 단계를 정리하자면, 먼저 자기주도학습을 시작하는 자녀의 수준을 파악하고 현실성 있는 단기 목표를 설정한다. 그리고 학습에 필요한 시간(자원) 배분의 기준을 수립하고, 이 범주 내에서 세부 학습 계획 디자인(Design)을 본격적으로 시행한다.

"새로운 마음으로 방안 정리까지 마치고 책상에 앉았는데, 막상 무엇부터 해야 할지 몰라서 책만 뒤적거리다 잠들었어요."

학습 계획에는 으레 '작심삼일'이라는 말이 따라온다. 남들 얘기할 필요도 없이 엄마의 경험만 돌이켜 보아도 비현실적인 목표와 부족한 의지, 예상치 못한 돌발상황 등 이유로 계획을 지키지 못하고 단 몇 일만에 계획이 무너지는 경험이 많았을 것이다. 그러나 자기주도학습에서의 학습 계획에 실패란 있을 수 없다. 왜냐하면 준수율이 낮은 계획도 그 나름의 가치가 인정되며, 원인 분석을 통해 다음의 학습 계획이 보완되기 때문이다. 다음은 자기주도학습에 적용되는 학습 계획 설계의 원칙과 방법이다.

학습 계획은 공부 시간이 아닌 공부 범위를 기준으로 삼는다

대부분의 엄마들은 자녀들을 잘 믿지 못하거나 학년이 올라갈수록 공부의 내용을 엄마가 따라갈 수 없어서 '몇 시간 책상에 앉아 있었는 지'로 아이들의 공부를 관리하려 한다. 학원에 자녀를 보내는 마음도 다르지 않은데, 최소한 학원에 있는 시간에는 조금이라도 공부를 하리라 믿는 것이다. 그러나 이제는 학습 계획의 기준이 바뀌어야 한다. 자기주도학습은 '공부 시간'이 아닌 '공부 범위'가 학습 계획의 대상이 되어야 한다.

공부 시간을 과감히 학습 계획의 기준에서 빼내게 되면 계획서의 형태가 매우 달라진다. 다음의 표는 시간을 기준으로 하는 계획표의 전형적인 예로, 시간 단위로 쪼개어진 학습 계획표는 유연성이 떨어져 준수율이 낮을 수밖에 없고, 계획표상에서 학습 결과에 대한 점검과 반성이 어렵다. 또 공부 분량이 남아 있어도 배정된 시간이 지나면 다른 일정으로 넘어가야 하기 때문에 학습 효율성도 떨어질 뿐만 아니라 정한 시간 동안 버티는 데에 급급한 보여 주기식 학습 태도를 유발한다. 이렇게 해서는 목표를 위한 학습의 전반적인 계획과 전혀 연계성을 가질 수 없다. 그야말로 자기주도학습에 전혀 도움이 되지 못하는 학습계획 방식이라고 할 것이다. 반면에 앞으로 우리가 제시할 '공부 범위' 중심의 계획표는 유연한 시간 사용이 가능하고, 학습 목적과 평가의 기준이 명확하다.

▲ 전형적인 시간별 계획표

12월 1일 계획표			
	월요일	화요일	수요일	목요일
08:00~09:00	기상 및 아침	기상 및 아침	기상 및 아침	기상 및 아침
09:00~10:00	영어 단어/위인전	영어 단어/위인전	영어 단어/위인전	영어 단어/위인전
10:00~12:00	EBS(사과)	EBS	EBS	EBS
12:00~13:00	점심 및 독서	점심 및 독서	점심 및 독서	점심 및 독서
13:00~14:00	태권도	태권도	태권도	태권도
14:00~15:00	휴식 및 독서	휴식 및 독서	휴식 및 독서	휴식 및 독서
15:00~16:30	학원 예습, 복습	학원 예습, 복습	학원 예습, 복습	학원 예습, 복습
16:30~20:00	학원(영, 수)	학원(국, 과, 사)	학원(영, 수)	학원(국, 과, 사)
20:30~21:30	저녁 및 휴식	저녁 및 휴식	저녁 및 휴식	저녁 및 휴식
21:30~22:30	학원 숙제 및 복습	학원 숙제 및 복습	학원 숙제 및 복습	학원 숙제 및 복습
22:30~23:30	개념 원리/한자	개념 원리/한자	개념 원리/한자	개념 원리/한자
23:30~24:00	취침	취침	취침	취침

	금요일	토요일	일요일
08:00~09:00	기상 및 아침		
09:00~10:00	영어 단어/위원전	기상 및 아침	기상 및 아침
10:00~12:00	EBS(사, 과)	영어 단어/위원전	성당
12:00~13:00	점심 및 독서	점심 및 독서	점심 및 독서
13:00~14:00	태권도	EBS 보충	휴식
14:00~15:00	휴식 및 독서	개념 원리 복습	휴식 및 독서
15:00~16:30	학원 예습 복습	영어 How-to	쎈 수학 복습
16:30~20:00	학원(영, 수)	휴식 및 저녁	단어/위인전/영어 복습/저녁
20:30~21:30	과학 올림피아드	독서	EBS(사, 과)
21:30~22:30	저녁 및 휴식	독서록 쓰기	독서록 쓰기
22:30~23:30	개념 원리/한자	한자	한자
23:30~24:00	취침	취침	취침

유연성을 크게 하고, 관리의 대상은 단계적으로 늘려 나간다

첫술에 배부를 수는 없다. 학습 계획의 관리 대상과 범위는 단계적으로 늘려갈 생각을 하고, 처음에는 최대한 유연하고 단순하게 구성해야 한다. 또 학습 계획은 각 과목별 특성 및 전체 단원의 구성, 난이도 등을 이해하고 있어야 제대로 된 계획 수립이 가능하다. 그러므로 처음부터 학습 계획을 완벽하게 세우고자 하는 욕심을 버리고, 자기주도적 학습을 해 가면서 보완·발전해 나간다고 생각해야 한다. 특히 계획의 유연성 확보를 위해 주말 특히 일요일은 계획을 비워 두도록 한다. 한 주간의 학습 계획은 예상치 못했던 일들, 가령 몸이 아프거나 특정 과목의 수행 과제가 많이 주어지는 등 돌발 요인들로 인해 학습 계획이 밀릴 수 있다. 이때 일요일을 활용하여 밀린 공부를 해결하는 것이다. 그리고 학습 계획은 자신에 대한 약속이므로 80% 이상은 무난하게 달성할 수 있도록 현실적인 설계를 해야만 한다.

월·주 단위가 학습 계획의 중심이 되게 한다

자기주도학습의 계획표는 월(Month)과 주(Week)가 기본 단위이다. 학습의 목표와 방향 설정, 평가는 모두 이 월·주 단위 계획표에 입각하여 행해지게 된다. 학기(Semester) 단위 이상의 넓은 계획표는 학기 전체를 조망하기 위한 로드맵(Roadmap)을 만들거나 월에 걸친 학사관리의 공백을 미연에 방지하는 제한된 차원에서만 사용한다. 주 단위, 월 단위 계획도 빗나간 학습량 예상과 돌발 상황들로 조정이 이루어진다는 점을 감안했을 때, 학기 단위 또는 그 이상의 계획은 일정 시간이 지나면 현실과 전혀 맞지 않게 된다.

또 일일계획표는 단정적으로 말해서 활용하지 않는 것이 좋다. 학습 계획은 아이가 자기주도학습을 잘 해 나가도록 만들기 위한 수단임에도 불구하고, 일일 단위로 계획서를 만들고 체크하게 되면 자칫 엄마의 엄격한 통제 아래 진행되는 '엄마주도학습'으로 변질될 가능성이 크다. 그리고 심리적인 압박감 때문에 자칫 계획적인 학습 자체를 자녀들이 거부하는 역반응을 보이기 쉽다. 그러므로 아이의 자발적인 필요에 의한 것이 아니면 학습 계획의 최소 단위는 '주(Week)'이며, 최대는 '월(Month)'을 적용한다.

월간 계획은 학사 일정 관리와 공부의 균형을 잡기 위한 목적으로 활용한다

학습 계획은 월간 계획은 전체적인 공부의 균형을 잡고, 시험을 포함한 주요 학사 일정에 체계적으로 대비하기 위한 숲을 보는 계획표라고 하겠다. 따라서 학사 일정의 확인이 월간 계획 수립 이전에 반드시 필요하다. 놀토(쉬는 토요일)와 특기 적성 활동이 언제인지, 정기 지필고사까지는 얼마의 기간이 남았는지 등이 월간 계획에 반영되어야 한다. 그래야만 과목별 학습량을 정해지는 주간 계획과 시험 공부 대비 전략 등이 순차적으로 세워질 수 있다. 또, 월간 계획 수립의 주의점으로는 그 달의 내용만을 국한하여 계획할 것이 아니라, 늘 한달 앞을 더 내다본다는 생각을 가져야 한다. 가령 다음 달 초·중반에 중간고사가 있다면, 이번 달 계획만을 놓고 보았을 때에는 중간고사 일정이 보이지 않으므로 적절한 시험 대비 시기를 놓칠 위험이 있다.

월간 학습 계획표의 작성 방법은 다음의 예를 보면서 설명하겠다.

<table>
<tr><th>월</th><th>화</th><th>수</th><th>목</th><th>금</th><th>토</th><th>일</th></tr>
<tr><td></td><td></td><td></td><td></td><td>1</td><td>2</td><td>3</td></tr>
<tr><td></td><td></td><td></td><td>수학 복습
영어 단어
국어 비문학</td><td></td><td colspan="2">주간 수업 정리/복습
(영어, 수학 – 국어, 과학, 사회 중심)</td></tr>
<tr><td>4</td><td>5</td><td>6 현충일</td><td>7 D – 21</td><td>8 D – 20</td><td>9 D – 19</td><td>10 D – 18</td></tr>
<tr><td>수학 복습
영어 리딩, 듣기</td><td>수학 복습
영어 리딩, 단어</td><td>수학
(취약 단원 복습)
국어 문학</td><td>수학 복습
영어 듣기, 단어</td><td>수학 복습
영어 단어
국어 비문학</td><td colspan="2">암기 과목 1차 정리/복습
(진도 나간 범위까지 – 교과서 정리 요약, 자습서 개념 문제)</td></tr>
<tr><td>11 D – 17</td><td>12 D – 16</td><td>13 D – 15</td><td>14 D – 14</td><td>15 D – 13</td><td>16 D – 12</td><td>17 D – 11</td></tr>
<tr><td>수학 복습
영어 리딩, 듣기</td><td>수학 복습
영어 리딩, 단어</td><td>수학 복습
영어 리딩, 단어</td><td>수학 복습
영어 듣기, 단어</td><td>수학 복습
영어 단어
국어 비문학</td><td colspan="2">암기 과목 2차 정리 / 복습
(주간 복습 – 1차 정리 재복습 – 교과서 정리 요약, 자습서 개념 문제)</td></tr>
<tr><td>18 D – 10</td><td>19 D – 9</td><td>20 D – 8</td><td>21 D – 7</td><td>22 D – 6</td><td>23 D – 5</td><td>24 D – 4</td></tr>
<tr><td colspan="3">영어, 수학 정리/복습</td><td colspan="3">암기 과목 3차 정리/복습(자습서 단원 평가 활용)</td><td rowspan="2">암기 과목
4차 정리/복습</td></tr>
<tr><td>영어, 수학</td><td>영어, 수학</td><td>영어, 수학</td><td>1일차 암기 과목</td><td>2일차 암기 과목</td><td>3일차 암기 과목
과학, 사회 보강</td></tr>
<tr><td>25 D – 3</td><td>26 D – 2</td><td>27 D – 1</td><td>28 기말고사 1</td><td>29 기말고사 2</td><td>30 기말고사 3</td><td></td></tr>
<tr><td colspan="3">기말고사 날짜 별 최종 정리</td><td rowspan="2">국어, 과학,
한자, 미술</td><td rowspan="2">영어, 도덕,
기술 가정, 체육</td><td rowspan="2">수학, 사회,
음악, 컴퓨터</td><td rowspan="2"></td></tr>
<tr><td>기말고사 3일차
시험 준비 완료</td><td>기말고사 2일차
시험 준비 완료</td><td>기말고사 1일차
시험 준비 완료</td></tr>
</table>

▲ 월간 학습 계획표 예

먼저 월간 계획표는 거시적 기준이므로 중요한 핵심 사항만을 정하고, 돌발 상황에 의한 학습 부족분과 취약 과목을 보완할 수 있는 여유일을 주말에 두도록 한다. 또 각 과목별 학습목표에 맞게 주요 공부 영역을 규칙성 있게 요일별로 할당한다.

예를 들어, 영어 듣기는 매주 화요일과 목요일에, 국어 비문학은 매주 금요일로 배정하는 등 학습목표 달성을 위한 과제가 빠짐이 없도록 해야 한다. 단, 모든 공부는 학교 수업 과정에 따른 복습 위주의 계획이라는 대전제를 놓쳐서는 안 된다.

시험 공부 대비 계획

위 월간 계획 사례표는 기말고사가 포함된 월을 가정하고 있다. 주요 지필고사는 위 표와 같은 계획으로 대비하였을 때에 장기적인 공부 밸런스를 유지하면서도 시험에서 최상의 성적을 거둘 수가 있다.

우선 내신 시험 준비는 시험 주간 3주 전부터 시작한다. 3주 전에는 시험 진도를 마치지 못한 경우가 대부분이므로 주말 시간을 이용하여 당시까지의 진도에 해당되는 개념 중심의 정리 노트를 만든다. 그리고 본격적인 시험 공부는 D-10일부터 시작하는데, 최초 3일 동안은 국·영·수 과목 최종 정리에 할애한다. 이때는 평소에 정리해 둔 개념서와 오답 노트 정도만을 가지고 반복하며 공부한다. 그리고 D-7일에서 D-5일은 시험 보는 순서대로, D-3일에서 D-1일은 시험 일자의 역순으로 기타 과목들을 준비하는데, D-7일부터는 국·영·수를 배제하고 오직 암기 중심의 공부에만 집중하도록 한다.

주간 계획은 예습의 일부로 시간과 노력을 아끼지 않는다

주간 계획은 과목별로 구체적인 공부 범위와 학습량, 방법 등을 기재해야 한다는 점에서 학습 계획의 의미를 떠나 사실상 예습의 과정이라고 할 수 있다. 즉, 자기주도학습 주간 계획을 세우려면 과목별 학습 내용을 아주 잘 알고 있어야 하므로 예습에 준하는 시간과 노력이 뒤따르게 되어 있다. 따라서 주간 계획에 시간이 많이 든다고 해서 절대로 아까워해서는 안 된다. 주간 계획을 세우는 과정 가운데, 그 주에 필요한 공부의 틀이 자연스럽게 잡히게 된다. 그러나 주간 계획에는 교육과정을 살펴보아야 하는 많은 노력이 필요로 하는 만큼 주 초에 모든 계획을 다 세우려 하지 말고, 초반에는 최소 2일 후의 학습 계획만이라도 잡을 수 있도록 훈련하는 것이 좋다.

핵심 공부 내용만 계획하는 월간 계획표와는 달리 주간 계획표에서는 국·영·수 이외의 과목까지 학습량을 정하고, 요일별로 배정해야 한다. 이때의 배정 기준은 학교 수업 커리큘럼을 거의 그대로 반영하는 형태가 가장 좋다.

기간	이 주의 공부 목표		과목	구체적 계획과 방법	결과
3/1					
~3/8	실제 달성도				

한 주를 향한 각오, 태도
Think: 어디에 있느냐는 중요하지 않다. 어디로 가고 있느냐가 가장 중요하다.

자투리 시간의 활용 계획	확인
1	일,월,화,수,목,금,토
2	일,월,화,수,목,금,토
3	일,월,화,수,목,금,토
4	일,월,화,수,목,금,토

요일	학습교재 및 내용	학습목표	소요 시간	점검
월				
화				
수				
목				
금				
토				
일				

▲ 주간 학습 계획표 예

국·영·수는 매일 수업이 있으므로 매일 공부해야 할 대상이 되고, 기타 과목은 학습량, 중요도에 따라 주 1~3시간이 들어 있으므로 그 배정 비율을 그대로 적용한다면 부족함도 넘침도 없는 계획을 세울 수 있다.

예를 들어 월, 수에 1시간씩 있는 국사 과목을 좋아한다고 해서 주에 4일씩 하루 2시간 이상을 국사 공부에 할애한다면 다른 과목들은 상대적으로 부실해질 수 있다. 또 싫어하는 과목이라고해서 시험 기간을 제외하고는 아예 쳐다보지도 않는다면 반드시 나쁜 성적으로 이어지게 된다. 따라서 학교 커리큘럼과 수업 시간의 수에 맞추어 기타 과목들의 주간 계획을 잡는 것이 자기주도학습 초기에 시행착오를 줄이는 최선책이라고 할 수 있을 것이다.

자기주도학습 5단계
_환경을 조성하라

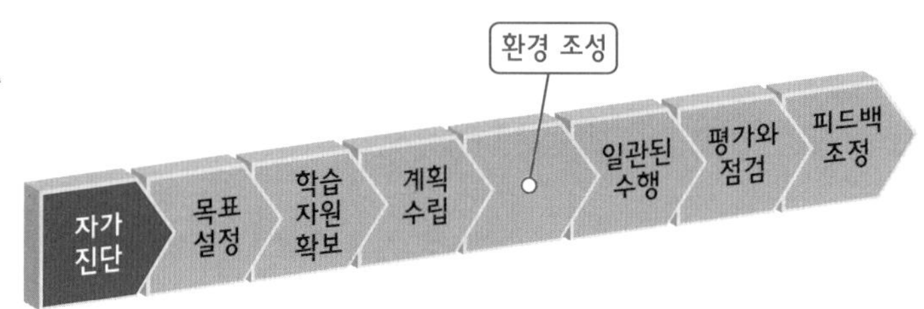

자기주도학습 단계별 지도에서 '자기진단－목표 설정－학습 자원 확보－계획 수립'까지 살펴보았다. 이번에는 실천 영역으로서의 '환경 조성－일관된 수행－평가와 점검'으로 나가야 하는데, 이 중에서 '환경 조성'은 자녀보다 엄마와 가족들이 감당해야 할 몫이 더 큰 단계이다.

가족의 협조

월간 계획은 가족 모두가 인지할 수 있도록 거실 등 개방된 공간에 붙여 놓아야 한다. 그리고 그 계획을 중심으로 온 가족의 배려와 참여를 유도하도록 해야 한다. 월간 계획표를 통해 전달된 학습 계획 정보가 가족의 희생과 조율을 낳는 촉매제가 되는 것이다. 또 자신의 학사 일정과 학습 계획에 맞추어 가족 구성원들이 노력하고 양보하는 것을 봄으로써 아이의 학습 책임감도 한 차원 깊어지게 된다.

그렇다고 가정을 자기주도학습의 중심 공간으로 삼지는 않도록 한다. 가족원이 학습 계획을 공유하고 협조한다고 해서 집안을 독서실로 만들라는 의미는 아니다. 가정은 공부보다 휴식과 재충전을 위한 공간이다. 공부 환경에 대한 많은 교육 전문가들의 공통적인 견해는 '학습과 휴식의 명확한 분리'이다.

가정에서의 시간은 다음에 있을 집중력 있는 공부를 위해 휴식을 취하는 데에 쓰도록 한다. 물론 여기에서의 휴식은 관리된 계획에 의한 휴식임을 전제로 한다. 공부의 리듬을 잃게 만드는 무분별한 텔레비전 시청이나 가족간의 대화와 소통이란 찾아볼 수 없는 칩거, 인터넷과 게임 등은 공부를 위한 휴식과 거리가 멀다. 집에서는 가족 간의 대화를 갖고 또 지친 머리를 쉬게 하는 적정한 분량의 텔레비전, 음악, 잠 등을 취하는 것이 최선이다.

공부의 장소

엄마들이 궁금해 하는 최적의 자기주도학습 장소는 학교, 도서관, 독서실 등 공부를 위한 전용 공간이다. 만약 아이가 외부의 유혹에 쉽게 흔들리고 잘못된 공부 습관의 문제 등으로 어쩔 수 없이 엄마의 관리가 가능한 집에 있어야 한다면, 공부하는 시간·장소를 일상과 분리하도록 한다. 가령 책상에서는 공부 외의 목적으로는 앉지 않도록 한다거나, 소파나 바닥에서는 공부를 하지 않게 하는 등이다. 또 공부할 때에는 비록 집이지만, 밖에서 공부하는 것처럼 불편한 외출복을 갖춰 입도록 한다. 편한 파자마나 트레이닝 복장 차림으로 공부하면 긴장감과 집중력을 잃게 마련이다. 오래 앉아 있는 것이 능사가 아니다.

엄마는 아이가 집에서 자기주도학습을 할 때에는 책상에 앉아 있는 시간에 연연해 하지 말고 공부의 집중력을 잃지 않도록 하는 공부 환경 조성과 바른 학습 자세를 지키는 것에만 관심을 기울여야 한다. 그리고 바깥처럼 엄마의 간섭없이 자유롭게 쉬는 정도는 아니어도, 그에 상응하는 양질의 휴식을 가정에서도 보장해 주어야 한다. 그렇지 않으면 아이는 질식해서 자기주도학습은커녕 공부 자체에 대한 거부감과 보여주기 흉내만 내고 끝날 수 있다.

'집에 오자마자 컴퓨터 앞에 앉아만 있습니다. 염려되어서 그만하라고 하면 한바탕 다툼으로 이어집니다. 어떻게 해야 할까요?'

컴퓨터, 게임과 휴대폰

자기주도학습의 환경을 조성해야 할 엄마들의 가장 큰 고민 중 하나가 컴퓨터, 게임, 휴대폰 등에 관한 것이다. 필요성은 있지만 통제가 잘 안 되어서 아예 사용을 금지해야 하는지에 대해 많은 질의를 한다. '양귀자'님의 '나는 소망한다. 내게 금지된 것들을'이라는 소설 제목보다 컴퓨터·게임·휴대폰 등에 대한 아이들의 갈망과 집착을 더 정확히 대변하는 표현은 없을 것 같다. 금지된 것, 자유롭게 쓸 수 없는 것들은 아이들에게 그 '억제'만으로도 욕망을 자극한다. 그러므로 오히려 이를 공식화하고 인정하는 것이 공부의 방해 요소로 최소화하는 방책일 수 있다. 완전히 몰수하거나 철저한 감시를 하면 일단은 소기의 목적을 달성되는 것처럼 보일지 몰라도, 일시적인 효과일 뿐 더 큰 부작용을 가져올 수 있다. 사용을 인정함으로써 공부와 마찬가지로 이것들도 아이들의 자발적인 선택과 주도적 제한의 대상이 되게 하는 것이 최선이다.

컴퓨터를 하는 것과 멈추고 공부에 임하는 것 모두 아이가 자발적으로 할 때까지 자녀를 믿고 기다려야 한다. 가령 엄마는 학습 계획표상의 현재 상황에 대한 정보를 주고, 얼마나 컴퓨터를 할 것인지는 아이가 판단하도록 만든다. 일회성에 그치는 생색내기가 아니라 엄마의 일관된 태도에서 선택의 주도권이 자신에게 있음을 체감하고 나면, 아이도 그에 준하는 책임감 있는 태도와 행동을 보이게 된다.

그러나 아무리 좋은 말이라도 엄마의 결정에 의해 컴퓨터, 휴대폰 등의 유혹으로부터 차단되었다는 생각이 들면, 더욱 갈망하게 되고 공부 역시 엄마가 강요하는 것이라고 느끼게 된다. 더욱이 이로 인한 내적 불만이 축적되고 나면 자기주도학습의 노력과 시도까지도 완전히 포기할 가능성까지 높아질 수 있다. 그러므로 엄마 입장에서는 다소 못마땅하고 불안하겠지만 유혹들을 차라리 공식적으로 인정하고 양성화하도록 한다. 컴퓨터, 게임, 휴대폰 외에도 공부에 방해 요소라고 생각되는 이성 교제, 동아리 활동 등 모두가 동일하다.

자기주도학습 6단계
_일관되게 수행하고 평가하라

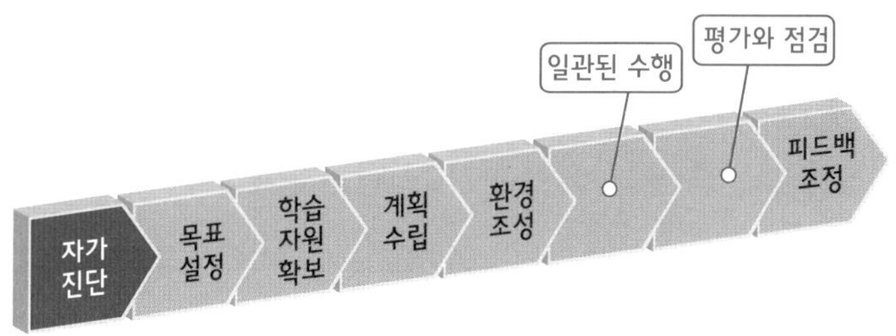

아무리 계획을 잘 세우고, 공부에 적합한 환경을 조성했다고 하더라도 일관된 수행으로 자기주도학습을 체화시키지 않으면 의미가 없다. 자기주도학습에는 자기진단에서부터 목표와 계획 수립 등 각 단계에서의 크고 작은 시행착오를 거치지 않을 수 없는데, '체화'란 이러한 시행착오 끝에 자녀에게 가장 잘 맞는 학습법을 찾고 습관화하는 것을

의미한다. 따라서 자기주도학습 시도의 과정에서 실수와 어려움이 발생한다고 중도에 포기한다거나, 궤도를 수정하는 성급함을 보여서는 안 된다.

일관된 수행에 대한 원칙은 다음의 몇 가지이다. 먼저 학습 계획의 중심인 주간과 월간 계획이 학습목표에 입각해서 일단 정해졌으면 계획 기간 중에는 절대 그 내용을 조정, 변경하지 않는다. 너무 과도한 목표와 계획을 세운 탓에 달성이 어려우므로 중간에라도 현실적인 수준으로 계획을 수정하는 것이 낫다는 판단이 들 수 있다. 그러나 계획표의 점검란에 온통 부정적인 지표들만 있어서 보기 싫더라도 다음 계획 시점까지는 우직하게 밀고 나가야 한다. 그리고 다음 월간, 주간의 목표와 계획 시점에 가서 현실적이지 못한 기준 등의 문제점을 반영하도록 한다. 그렇지 않으면 빈번한 자기 타협으로 인해 학습 계획표는 유명무실해지고, 자신에게 맞는 자기주도학습의 계획과 방법이 무엇인지 조차도 알기 어려워진다.

우리가 제시한 계획표에는 공부 목표, 내용의 기록 외에도 성과에 대한 평가와 피드백, 조정을 위한 장치들이 마련되어 있어서, 각각을 빠짐없이 기록한다면 더 나은 계획을 세울 수 있는 근거와 이해, 통찰력을 가질 수 있다. 작심삼일로 원래의 계획이 변경된 상황에서도 그 원인과 어느 정도 준수했던 지난 이틀 간의 성과를 성실하게 기재했을 때, 다음 계획에서 구체적이고 창의적인 대안이 반영되는 것이다.

일일계획표는 정말 특수한 필요와 목적이 아니라면 지양하고, 매일의 자기주도학습은 주간 계획표상의 학습 범위로만 자발적으로 통제하고 점검한다. 또 계획된 분량이 채워졌으면 아무리 시간이 많이 남았다고 하더라도 자유로운 휴식을 보장해 주도록 한다. 그래서 이전에는 정해진 시간을 채우느라 망상과 딴짓으로 책상에만 앉아 있었던 비효율적인 학습 습관이 이후에는 더 많은 휴식을 취하기 위해서 집중력 있게 공부하는 태도로 바뀔 수 있다. 일찍 공부를 끝내서 놀겠다는 아이를 보고 초기에는 정말로 공부를 다 한 것인지 못 미더울 수 있다. 그러나 이때 내색하지 말고 무한한 신뢰를 보여 주는 것이 중요하다. 설사 놀고 싶어서 학습 계획을 몇 번은 속일 수 있겠지만 언제까지나 반복되지는 않는다. 반면에 자기주도학습을 믿고 지지해 주는 엄마로부터 아이가 배우는 가치와 효과는 이에 비할 바가 못된다.

"막 공부하려고 하면, 엄마가 왜 공부 안 하냐고 잔소리해요.
그러면 짜증나서 더 공부하기가 싫어져요."

불행히도 대부분의 아이들은 공부를 채근하는 엄마가 불공정하며, 자신을 매우 감정적으로 대한다고 생각한다. 엄마는 속으로 빈둥거리는 아이를 몇 번이나 참고서 마침내 한 번 잔소리를 한 것이지만, 아이들은 공부를 하고 있을 때에는 눈길 한 번 안 주다가 마침내 좀 쉬려고 하니 기다렸다는 듯이 화풀이를 하는 것처럼 느낀다. 이런 '강압과 의심' 그리고 '수동과 반항'의 학습 분위기에서 자기주도학습이 자리 잡힐 리가 만무하다. 결국 엄마와 아이 모두가 공감할 수 있는 공정하고 객관적인 학습 지도의 기준은 오직 학습 계획에 의거한 평가와 점검뿐이다. 쓸데없이 자녀와 감정적으로 대립하는 것을 중단하고, 아이의 공부는 철저하게 '계획표'의 준수로만 평가하도록 한다. 시험 결과로 평가해서도 안 된다. 자기주도학습을 했음에도 성적이 기대에 못 미쳤다면 자녀의 평소 학습태도나 자질을 탓하기보다는 학습 계획을 재조정하고, 학습법을 점검하는 것이 옳다.

성적에 관한 엄마의 질타는 분풀이 이상의 아무런 도움이 되지 못한다. 보통의 엄마들은 강하게 나가지 않으면 평소에 태만한 공부 태도에 대해 자녀가 반성하지 않을 것이라고 생각하지만, 이후의 결과는 상처받은 아이의 자존감뿐이고, 공부 태도의 변화도 기껏 2~3일에 불과하다는 것을 알아야 한다. 그리고 평소 생활 태도나 공부 습관에 대한 잔소리도 반발심만 일으키고 자기주도학습에는 하등의 도움이 되지 않으므로, 다시 강조하지만 공부에 관해서는 학습 계획표만을 가지고 아이들과 커뮤니케이션하도록 하자.

자기주도학습은 엄마를 비롯한 다른 누군가의 인정을 받기 위한 공부가 아니라는 점에서 본인이 자신의 공부에 만족할 수 있어야 한다. 즉, 자신이 학습한 내용에 대해서는 남을 가르칠 수 있을 만큼 완벽하게 이해하고, 이를 자신의 확실한 지적 자산으로 만들어야 한다. 대충 암기하고 넘어가는 행태는 학원에 끌려다니는 학습에서 나타나는 모습이다. 미국에서 있었던 학습에 관한 실험의 한 가지를 예로 들어 보겠다. 자동차로 낯선 도시를 여행하게 한 두 사람이 여정을 마친 후에 도시에 대한 정보를 얼마나 알고 있는지를 측정하는 실험이었다. 한 사람은 운전을, 다른 한 사람은 조수석에 앉혔더니, 여행이 끝난 후 운전자가 다른 사람보다 평균적으로 도시에 대해 무려 4.7배의 정보를 획득한다는 결과가 나왔다. 운전자가 갖는 주도성의 차이는 공부에서도 동일하게 나타난다. 따라서 이러한 실험 결과를 비추어 볼 때 자기주도학습의 공부하는 형태는 학생의 특성과 선호도에 따라 다양하겠지만 최소한 '공부의 주체'로서 주도성을 놓지 않겠다는 자세만은 반드시 담겨 있어야 하겠다.

자기주도
학습
자기주도
학습
자기주도
학습
자기
주도
학습
자기
주도
학습
How to study

Part 5.

국어와 논술의
승전기

가깝고도 먼 당신, 국어

"예비 중1 우리 딸, 영어와 수학은 그래도 어떻게 도와주어야 할지 감이 오는데, 국어와 논술은 도무지 모르겠어요. 지금 시점에서 그냥 책을 많이 읽히면 될까요? 아니면 독서 논술 학원에 보내야 하나요?

대한민국에서 태어나고 자란 사람 중에서 국어를 낯설게 여기는 사람은 없을 것이다. 세 살짜리 어린이가 배우는 말도 국어이고, 젊은 연인 간에 주고 받는 연애 편지도 국어이며, 팔순 할머님께서 들려 주시는 옛날 이야기도 국어이다. 책을 읽을 때에도, 계약서를 쓸 때에도, 심지어는 머릿속으로 생각을 할 때에도 우리는 국어를 사용한다. 국어는 하나의 과목이기 이전에 우리 생활의 일부이다.

그러나 국어 학습과 관련된 상담을 해 보면 어떻게 국어 공부를 해야 할지 도무지 모르겠다는 것이다. 언어 영역 성적이 안 나와서 고민하는 고3 수험생이나 자녀 국어 교육에 고민하는 예비 중1 엄마나 '막연하다'는 대답은 한결같다. 국어는 우리와 가까운 것 같은데, 막상 본격적으로 국어 학습을 하려고 하니 국어가 멀게만 느껴진다. 국어는 어느 노랫말처럼 '가깝고도 먼 당신'이다.

이 때문에 많은 학생들이 국어 공부에 있어 갈피를 잡지 못한 채로 양극단의 공부만 하고 있다. 어떤 아이들은 국어와 친숙해지기 위해 무작정 책을 많이 읽는 데에만 시간을 투자하고, 다른 학생들은 실전에 대비해 미리부터 언어 영역과 논술 문제를 반복 연습하는 것에 몰두한다. 대다수 부모들도 책을 많이 읽히는 것과 언어/논술 학원에 보내는 것 외에, 달리 국어 실력을 향상시킬 방도가 없다고 생각한다. 그러나 이는 중간고리 없이 기초와 실전의 양극단을 오가는 것과 같다.

▲ 중간 고리가 없는 국어 공부

풍부하고 균형잡힌 독서활동이 국어를 포함해서 모든 공부의 가장 중요한 근간이라는 것은 변하지 않는 진리이다. 그렇다고 독서가 국어 실력을 저절로 향상시키고, 높은 성적을 거두게 하는 것은 아니다. 반대로 일찍부터 학원에서 국어 내신 관리와 논술 지도를 받게 한다거나 많은 양의 실전 문제집을 풀게 하는 것도 능사는 아니다. 독서 능력을 바탕으로 단계적이고 자기주도적인 국어 공부를 하고, 이것을 본격적인 입시 대비에까지 연결시켜야 한다. 그렇지 않고 학원과 문제 풀이 중심의 실전 훈련에만 임하는 것은 요령만 키워 사고력과 국어 교과/논술의 유연한 대응력을 떨어뜨리는 나쁜 결과를 가져오기 쉽다.

운동 선수의 연습 흐름에 빗대어 생각해 보자. 모든 운동 선수들이 가장 먼저 실시하고 중요하게 여기는 것은 기초 체력 훈련이다. 앞에서 말한 독서 능력이 기초 체력에 해당한다. 또 운동 선수들은 실전 경기에 대비하여 수많은 연습 경기를 치른다. 국어에서는 문제집 중심의 공부가 이 연습 경기에 해당하는 것이라 할 수 있겠다. 그러나 운동 선수들은 기초 체력과 연습 경기 두 가지 훈련만을 왕복하지는 않는다. 이 둘 사이에서 기술을 습득하고, 몸에 익을 때까지 반복하며, 차별화된 경쟁력을 보강하는 등의 노력을 한다. 운동 선수의 연습과 마찬가지로 국어에 있어서도 기초에 해당하는 독서와 실전 시험 대비 공부를 잇는 중간 단계의 학습이 있어야 한다.

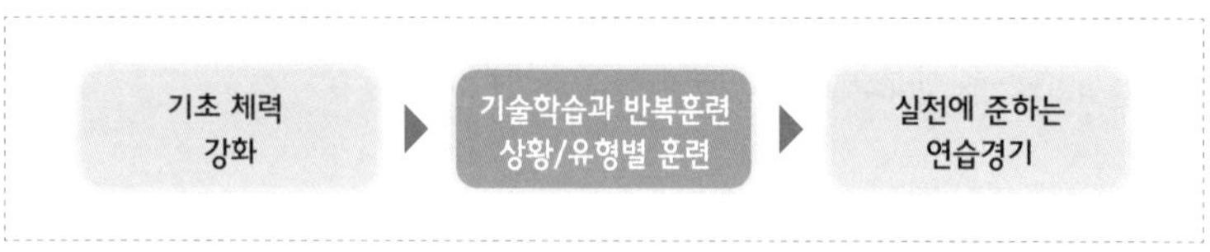

▲ 운동 선수의 연습 흐름도

여기에서는 최고의 성과를 지향하는 '국어공부법'을 중점적으로 다룰 예정이며, 이 중에서도 특히 이전 기초 단계인 '독서를 어떻게 시킬 것인가?'와 대학입시 국어 공부 종착지라고 할 수 있는 '수능 국어시험과 논술의 대비법'에 대해서도 많은 지면을 할애할 예정이다.

공부의 기초 체력은 독서능력을 기르는 것

국어뿐만 아니라 모든 공부의 기초 체력이라고 할 수 있는 '독서 능력'의 중요성은 바뀐 교육과정(2009개정교육과정)과 대학 입시 체제에서 더욱 비중이 커졌다. 극단적으로 말하자면 이른 나이부터 체계적으로 독서활동을 해 오지 않은 아이들은 문·이과를 막론하고 사실상 최상위권 대학에 진학하기 어렵다고 할 수 있을 정도이다. 일단 시험 자체가 다양하고 많은 독서량을 가진 학생들에게 유리하도록 출제되고 있다. 최상위권 대학의 당락을 실질적으로 좌우하는 논술이 교과 통합형 논술로 완전히 정착되었으며, 국어를 포함해 수능의 각 과목별 시험들도 다양한 제시문 이해를 요구하는 유형의 문제들이 출제되고 있다.

더욱이 수시 전형의 한 유형이며, 대입 선진화 방안으로 교육 당국이 부각시키고 있는 입학사정관제에서는 가장 중요한 평가 기준인 '전공 적합성'과 '발전 가능성'을 다름 아닌 수험생의 과거 독서 이력에서 찾는다. '자기소개서에 기재한 책에서 얻은 점은 무엇인가?', '전공과 관련하여 최근에 읽은 책에 대해 말해 보라.'와 같은 질문을 함으로써 대학은 보여 주기식의 독서가 아닌 학생의 실질적 독서 능력을 살피고자 한다.

대학은 다른 어떤 경험보다도 독서가 학생들의 지적, 정서적 성장을 가져온다고 본다. 독서를 통해 전공과 관련한 주제에 대해 탐구했던 경험과 이 과정에서 성장하고, 변화된 가치관이 무엇이었는지를 구체적으로 설명하였을 때, 대학은 응시자의 잠재력과 열정을 높게 평가한다. 또 대학에 진학한 후 탐구하고자 하는 책을 학업계획서에 구체적으로 언급하는 것도 전공 선택과 관련한 학생의 진정성과 깊은 이해, 준비된 모습을 입증하는 좋은 자료가 된다.

"아이가 객관식 문제에서는 그래도 점수가 잘 나오는데, 글쓰기를 싫어하고 잘 하지 못해서 그런지 서술형 문제가 늘어난다는 중·고등학교에 올라가면 어떻게 될 것인지 걱정입니다."

독서의 필요성은 초·중·고교 내신으로까지 영향력이 확대되고 있다. 대입 논술과 마찬가지로 독해력, 사고력, 작문 능력이 요구되는 내신 서술형 문제에서 벼락치기식 공부가 좋은 점수로 이어지기 어렵다는 데에 엄마들의 고민이 깊다. 그런데 2011학년도부터 서울, 경기, 인천, 부산 등 일부 지역에서 출제되고 있는 서술형, 논술형 평가가 전국적으로 확대되어 초1, 2학년을 제외하고는 전 학년 중간, 기말고사에

서술형, 논술형 문제가 40%까지 출제되고, 2012년에는 50%로 비중이 늘어난다. 결국 대입과 내신 모두에서 폭넓은 독서의 능력을 기르는 것이 절대적인 요구 사항이 되어가고 있다.

독서의 중요성이 커지는 것과는 역으로 학생들의 독서 실태는 악화 일로를 걷고 있다. 문화체육관광부가 발표한 '국민독서실태조사'(2009)에 의하면 텔레비전과 같은 영상 매체나 인터넷, 모바일 등 정보 오락 매체보다 책의 접촉 시간이 훨씬 적은 것으로 나타났다. 성인이 아니라 공부를 본연의 임무로 삼고 있는 초·중·고 학생들의 이야기이다. 스펀지와 같이 많은 학습량으로 정보를 빨아들여야 할 아이들이 즉각적, 자극적인 텔레비전과 인터넷을 주된 정보처로 의존하다보니 길고 복잡한 논리적 구조를 가지는 독서능력이 떨어질 수밖에 없다.

특히 학년이 올라갈수록 분야별 도서 선호도에서도 교양 도서가 최하위라는 점은 수능과 대학별 논술의 출제 방향과 특성을 감안했을 때 심히 우려된다. 비판적, 논리적 사고력과 창의적 응용력 등 필수적인 독서능력을 높이기 위해서는 양질의 교양 도서를 접하고 있어야 한다. 이공 계열의 학생들까지도 예외가 없다.

순위	1	2	3	4	5
중·고생	문학도서	만화, 무협지	실용, 취미도서	교양 도서	기타
	43.4	23.1	19.0	13.5	1.0
초등생	학습용 만화	어린이 소설	오락용 만화	전래 동화	창작 동화
	12.1	11.0	8.7	8.7	8.5

▲ 분야별 도서 선호도(단위 : %)

순위	성 인		순위	초등학생		순위	중학생		순위	고등학생	
1	TV 시청	30.4	1	TV 시청	27.5	1	TV 시청	29.8	1	TV 시청	27.5
2	인터넷	13.2	2	컴퓨터 게임	13.4	2	인터넷	14.9	2	인터넷	18.3
3	수면/휴식	11.5	3	인터넷	12.0	3	게임	14.2	3	음악듣기	11.5
4	모임/만남	5.8	4	책읽기	10.3	4	음악듣기	10.5	4	게임	10.1
5	집안일	4.6	5	음악듣기	8.9	5	휴대폰	6.1	5	영화보기	6.2
6	운동하기	4.4	6	운동하기	4.6	6	책읽기	4.8	6	휴대폰	5.1
7	책읽기	4.1	7	만화책	3.7	6	수면/휴식	4.8	7	수면/휴식	4.4
8	신문/잡지	3.5	8	휴대전화	3.5	8	영화보기	2.9	8	책읽기	4.1
9	영화보기	3.4	9	수면/휴식	3.2	9	운동하기	2.0	9	운동하기	2.9
10	음악듣기	3.4	10	영화보기	2.2	10	만화책	1.7	10	만화책	1.2

▲ **여가 활동 비중**(단위 : %) 이상 출처 : 문화체육관광부, '2009 국민 독서 실태 조사' 발표 자료

　　그것은 기술 분야의 진보가 삶의 질과 사회적 가치로 연결되기 위해서는 인문학적 바탕이 절대적으로 필요하기 때문이다.

　　마이크로소프트사의 창업자 빌 게이츠는 인문학과 무관한 것처럼 보이는 IT 분야에 속한 사람이지만 "인문학은 우리의 구체적 삶을 질적으로 향상시키기 위해 절실히 필요하다."고 역설하면서 "인문학이 없었더라면 나도 없고, 컴퓨터도 없었을 것"이라고 말했다. 빌 게이츠의 인문학 강조가 듣기에만 좋은 허언이 아니라는 것은 실제 현대 사회가 기술 이전에 인문학적 통찰력(Insight)를 경쟁력의 핵심으로 요구하고 있다는 사실을 통해 알 수 있다. 이공계 학생들도 미래에 프로그램 코딩만을 하는 단순 노무직(?)에 만족하며 살아갈 생각이 아니라면, "애플은 항상 변함없이 기술과 인문학 사이에 존재하였다."는 스티브 잡스의 말에 귀를 기울여야 할 것이다.

독서능력을 높이기 위한 네 가지 단계

국어 공부는커녕 책 읽기도 버거워하는 아이들로 시름이 깊은 엄마들에게 독서능력의 중요성과 필요성만을 강조할 수는 없어서, 독서능력 신장을 목표로 한 독서지도 가이드를 간략하게 나마 정리하고자 한다. 사실 독서능력에 있어 학생들의 수준이 제각각이고 책에 대한 선호도, 진학 목표, 학년 등에 따라서도 독서 진단이 달라지기 때문에 하나의 기준만을 제시할 수는 없다. 최종적으로는 엄마의 세심한 관찰과 자녀와의 대화를 통해 내 아이에 맞는 최적의 방안을 도출해야 한다.

독서능력을 높이기 위한 책 읽기는 '목표-계획-관리-지속'의 네 가지 단계의 체계적인 접근이 필요하다.

1단계 - 독서의 목표

대개 엄마들은 '이번 방학에 몇 권을 읽겠다'는 식의 목표를 세운다. 그러나 이러한 수치는 독서의 목표라기보다는 단순한 각오에 가깝다. 양서를 다독하는 것이 독서 능력에 도움이 되는 것은 부인할 수 없는 사실이지만, 아이들에게 독서할 수 있는 시간은 한정되어 있기 때문에 명확한 목표를 잡고 우선순위에 맞게 책을 선택하고 시간을 배분하는 지혜가 필요하다.

'끝에서부터 시작한다.'는 말이 있다. 이 말은 중간을 건너뛴다는 의미가 아니라, 최종적인 목표를 설정하고 그 목표를 이루기 위하여 지금부터 목표 달성까지의 기간을 역산하여 계획을 세우는 것을 의미한다. 지금 눈 앞의 것부터 하다 보면 자연스럽게 목표의 도달할 것이라는 방식과는 달리, 독서에는 명확한 목표와 함께 방향에 맞게 현실적인 계획을 세우는 것이 더 나은 방법이다. 특히 입시가 가시권에 들어온 중3 이상의 학생들에게는 특히 계획적인 독서가 절실히 필요하다.

"지금 애가 고1인데 서울대를 목표로 하고 있습니다. 조금 늦었지만 지금이라도 서울대학교 권장도서 100권을 읽혀야 하나요? "

그렇다면 독서의 목표는 무엇일까? 좋은 책이라고 해서 무작정 많이 읽고 배경 지식을 쌓는 것이 능사가 아니다. 대학에서 추천하는 고전 100선을 읽었다고 하더라도 줄거리와 개략적인 정보만 기억해서는 아무런 의미가 없다. 우리가 잡아야 할 목표는 독서를 통해 현대 사회의 다양한 문제와 현상들에 적용할 수 있는 비판적 사고력과 판단 능력, 응용력을 기르는 것이다. 그리고 독서의 분량과 책의 선택도 이 목표에 맞는 수준으로 정하면 된다.

독서의 목표를 보다 구체적으로 이해하기 위해 대입 논술 시험을 살펴볼 필요가 있다. 2011학년도 서울대학교 정시 논술을 보면 인문계와 자연계 모두 교과 간 통합과 학교 교육 과정 중심의 출제 원칙을 비교적 충실히 따랐다. 인문계 첫 번째 문항은 긴 과학 제시문으로, 행성의 운행 궤도 입증에 관한 문제였고, 두 번째는 저출산 대책과 관련한 분석 자료를 주고 어떤 정책을 선택하는 것이 바람직한지를 서술하도록 하였다. 마지막 문항은 교과서에 수록된 고전 소설 '구운몽'과 EBS에서 소개된 '유우춘전'을 제시문으로 하여 소설에 등장하는 인물들의 음악에 대한 인식과 태도를 포함해서 "좋은 음악이란 무엇인가?"에 대해 질문하였다.

많은 학생들은 대학의 논술에서 빼어나고 독창적인 작문력이나 방대한 지식을 보여 주어야 한다고 생각하지만, 통합 논술이 요구하는 바는 주어진 제시문 안에서 자신의 논지를 밝히고 이를 뒷받침하는 논리적 근거를 찾아 서술하는 것이다. 즉, 대학은 별도의 배경지식과 글쓰는 스킬(Skill)이 아닌, 폭넓고 균형잡힌 독서를 통해 길러진 사고력과 판단 능력을 요구하고 있는 것이다. 따라서 책 읽기의 목표는 단 몇권의 책이라도 특정 분야에만 쏠리지 않도록 균형을 잡고, 깊이 있게 이해하고 완전히 소화해 내는 것으로 잡아야 한다. 명심할 점은 어려운 책이나 고전을 붙잡고 있다고 해서, 또 책을 닥치는 대로 읽어서 독서 능력이 저절로 길러지는 것이 아니라는 것이다. 책을 읽고 자신의 생각을 정리, 전달할 수 있는 사고력을 기르는 과정상의 노력에 목표의 초점을 맞추어야 한다.

2단계 - 독서의 계획

독서의 목표가 분명해졌다면 다음으로는 그에 입각한 독서의 계획을 세워야 한다. 독서를 통해 기르고자 하는 역량을 무시한 채 '언제까지 몇 권을 읽겠다'는 목표와 계획은 부질 없다. 그렇다고 정량적 목표가 무의미하다는 것은 아니다. 목표로 한 독서 능력을 기를 수 있도록 아이의 특성, 선호, 수준에 맞는 균형잡힌 독서를 정량화시켜서 독서 계획을 세우는 것이 필요하다. 다음 독서 통계는 독서 계획 수립에 시사점을 제공해 주는 자료이다.

두 명의 중학생이 최근 3년간 자신이 읽은 책을 통계적으로 정리한 기록표로 자신의 관심, 중요도에 따라 분야별로 순위를 매기고 책의 권수와 비중을 기록하였다. 엄마는 이처럼 아이가 자신의 독서 계획을 세우기에 앞서 위와 같은 독서 통계를 산출하도록 한다. 분야별 우선 순위와 비중에서 아이의 진로와 관심 분야를 파악할 수 있다.

순위	분류	권수(권)	비중(%)
1	역사, 위인	19	15
2	문학	35	27
3	예술	16	12
4	사회과학	15	11
5	과학	21	16
6	수학	14	11
7	종교, 철학	8	6
8	기타	3	2
합		131	100

순위	분류	권수(권)	비중(%)
1	수학	41	28
2	과학	26	17
3	종교, 철학	18	12
4	역사, 위인	30	20
5	문학	16	11
6	사회과학	11	7
7	예술	5	3
8	기타	2	1
합		149	100

* 중학 2년 여학생 사례(초등 5학년 말~중학 2년 중)　　* 중학 1년 남학생 사례(초등 4학년 말~중학 1년 중)

* 코믹만화는 통계에서 제외, 교육만화는 포함

* 교과서, 문제집을 제외한 참고서 포함

▲ 독서 통계와 분류

　　예시의 두 학생은 비교적 균형잡힌 독서를 하고 있으며, 명확한 선호도와 방향성을 갖고 있는 것으로 나타난다.

　　우리 아이들의 독서 통계는 엄마에게 무엇을 설명해 주고 있는가? 모든 영역을 동일한 비중으로 읽어야 하거나, 독서의 분량에 연연할 필요는 없다. 그러나 객관적인 독서량이 지나치게 낮거나, 특정 관심 분야에만 편향된 독서를 하지 않도록 계획을 세우고 균형을 잡힌 책읽기를 관리해 주어야 한다. 그리고 위에 예시된 과거 독서 이력 통계는 개괄적인 현황을 파악할 수 있는 최소한의 기본 자료이고, 독서의 계획은 책의 난이도, 연결성, 방향성에 따라 우리 아이들의 특성에 맞게 보다 정교하게 만들어 보는 것이 좋다.

3단계 - 독서의 평가

독서 목표를 세우고 계획대로 진행하더라도 소기(所期)의 독서 능력이 잘 형성되어가고 있는지를 주기적으로 평가해 보아야 한다. 그러나 독서에 대해 전문가 피드백을 받는 경우가 드물고, 아이에게 매번 책을 읽고 독후감 숙제를 부과하는 것도 사실상 어렵다. 그래서 우리는 원활한 독서 평가를 위해 다양한 독서 지원 시스템들을 활용해 볼 것을 권한다.

현재 국내에는 논술 학원과 같은 사교육 업체 외에도 무료로 독서 지도의 도움을 얻을 수 있는 다양한 독서지원시스템이 있다. 공공도서관에서 자체적으로 운영하는 독서지원 프로그램을 이용하거나 별도로 사서와 개인적인 상담을 해 보는 것도 좋은 방법이다. 이와 함께 우리는 온라인 지원 환경으로 교육과학기술부가 운영하는 '독서교육지원시스템'(www.reading.go.kr)과 한국간행물윤리위원회의 '독서정보통합센터'(www.rdcenter.or.kr)를 소개하고자 한다. 대한민국 학생이면 누구나 이 사이트에서 책에 관한 정보를 얻고 독서 이력을 남길 수 있다. 특히, 최근 특목고와 대학 입시에서 독서 이력의 중요성이 높아지면서 독서교육지원시스템 등에서 제공하는 입학자료용 독서 포트폴리오 서비스를 이용하는 학생들이 점차 늘어나고 있다.

또한 독서교육지원시스템은 일반적인 권장도서 검색 및 각 교과별 연계 도서목록을 지원하는 것은 물론, 독서 동아리 또는 독후감 게시판을 이용한 독후 활동을 할 수 있도록 되어 있다. 엄마는 아이들의 독서 결과 평가를 바로 이러한 시스템으로 시행하는 것이 좋다. 단, 주의해야 할 점으로 독서 평가는 어디까지나 책을 읽은 아이 본인이 자발적으로 수행하는 것이며, 독서 능력 향상을 위한 자기 점검을 위한 과정임을 잊어서는 안 된다. 독서 후의 관리가 중요하다고 독후감을 아이에게 강요하거나 섣불리 독서 능력의 향상도를 측정하겠다고 달려들어서는 아이가 책 읽기를 싫어하거나 거부하게 될 수 있다. 엄마는 독서교육지원시스템과 함께 조력자의 자리를 지키고 있어야 한다.

4단계 - 독서의 지속

독서의 목표, 계획, 평가도 중요하지만 정작 엄마들 입장에서는 아이의 독서를 지속시키는 것이 가장 큰 숙제일 것이다. 매번 엄마가 읽어야 할 책을 지정하고, 독서 활동을 관리해 줄 수는 없다. 독서는 일반 학습과는 다르게 강제성도 없고, 학교에서 주기적 시험으로 비교 평가가 이루어지는 것도 아니므로 아이가 필요성과 재미를 깨달아 스스로 지속하도록 만들어야 한다. 또 책 읽기가 독서 능력으로 이어지려면 단발성, 단절된 독서로는 한계가 있기 때문에 본인이 독서의 가치와 필요를 느끼게 되는 것이 최선이다. 이를 위해서 다음의 독서 지속의 세 가지 방안을 추천한다.

첫째, 책을 주제로 한 대화의 시작이다. 아이들은 독서 후에 책에서 얻은 정보와 감상을 내면화하여 정리하거나 발전시키는 데에 익숙하지 못하다. 따라서 자녀가 책을 완독한 이후에는 엄마가 읽은 책에 대해 대화를 유도하여 독서의 결과를 자기 것으로 만드는 기회를 갖도록 해야 한다. 이때 막연하게 줄거리나 느낌을 물어서는 의미 있는 대화가 될 수 없다. 최소한 엄마도 그 책의 배경 지식을 갖고, 등장 인물과 사건이 아이의 관점에서 어떻게 이해되고 있는지를 묻거나, 저자의 생각이 오늘날 우리 사회에서 어떻게 적용될 수 있는지에 대해 대화할 수 있어야 한다. 초등학교 저학년과의 대화에는 읽은 책의 내용을 정리하는 수준이지만, 학년이 올라갈수록 독서에 기반한 생각의 확장에 무게를 두도록 해야 한다. 그리고 책의 주제, 내용과 관련한 자신만의 생각을 주제로 대화함으로써 아이의 사고의 폭과 수준을 넓히고, 이와 관련된 2차, 3차 독서의 필요성과 호기심을 갖게 만든다.

둘째, 독서의 흐름도를 만드는 연습이다. 처음에는 아이가 한 권의 독서를 마치면, 독서의 감상을 예전에 읽었던 책과 연관지어 보게 함으로써 자신의 생각을 확장하는 것이 좋은 예이다. 책 사이의 흐름은 과거 독서와의 비교뿐만 아니라 미래에 읽고자 하는 책까지 연결될 수 있다. 이는 한 권의 책을 통해 얻은 지식과 감상을 바탕으로 다음에 읽을 책을 아이가 스스로 결정하도록 하는 '독서의 꼬리물기'를 말한다. 이러한 연결성을 갖는 독서가 1~2년간 꾸준히 지속되고 나면 분야와 주제, 난이도에 따라 책을 분류하는 안목이 길러진다. 또한 동시에 자신의 지식을 논리적으로 구축하고 분류하는 사고의 체계까지 만들어진다.

단, 엄마는 아이들이 한 분야의 책에만 관심을 두지 않고 다양한 분야로 뻗어 나가도록 적절한 코칭을 하는 것이 필요하다. 분야는 물론이고 매체에 있어서도 책이라는 형태에 독서를 가두지 말아야 한다. 아이의 관심이 시사적인 문제로 흘러간다면, 관련한 주간지들을 읽히는 것이 좋다. 또 관심 있는 책이 영화로 만들어졌을 경우 영화를 독서와 연관지어서 보게 하는 방법도 추천할만 하다. 특히 읽기에 무거운 책과 가벼운 책, 복잡한 책과 간단한 서평, 실용적인 책과 학문적인 책을 적절하게 섞으면서 조절하는 지혜가 필요하다.

독서 흐름도 만들기의 또다른 주의 사항은 아이에게 전집류를 사주고 읽히는 것은 지양하라는 점이다. 전집의 경우 일정한 기획 방향으로 출판되어 종합적인 이해를 돕고 저렴한 가격으로 여러 권을 구입할 수 있다는 장점은 있지만, 집필자 간의 역량 차이로 각 권마다의 질이 천차만별인 경우가 많고, 무엇보다 독서 지속의 핵심인 아이들의 자발적인 호기심을 무너뜨리기 마련이다. 따라서 전집이라도 관심이 가는 낱권을 골라서 읽히는 것이 좋다.

셋째, 목표 대학의 논술을 미리 경험해 볼 것을 추천한다. 대입 논술은 여전히 대입 3불정책(본고사·기여입학제·고교등급제 금지)의 테두리 내에서 출제된다. 즉, 논술은 본고사가 아니므로 교과 관련 지식을 묻는 단답형·선다형 문제가 출제될 수 없고, 제시문에 영어 지문을 포함시킬 수 없다(한국외국어대학 등은 대학 특성에 따라 영어 제시문을 일부 사용) 그래서 고등학교 교과 과정을 이수하지 않았더라도 대입 논술을 미리 경험해 보는 데에 무리가 따르지는 않는다. 독서만큼 추상적이고 준비 과정이 모호한 것은 없지만, 불과 몇 년 후에 치루어야 할지 모르는 대입 논술의 문제를 접하는 순간 자신이 준비해야 할 독서의 수준과 역량을 절실히 느낄 수 있게 된다. 독서의 지속에는 근본적으로 지적 호기심과 책에 대한 흥미, 관심이 있어야 하겠지만, 대입 논술에 대비한 긴장감도 독서의 지속에 큰 역할을 한다.

우리가 지금까지 요구하는 수준의 깊이로 독서 활동을 하려면 방학 중 월간 2권, 학기 중에는 월간 1권을 읽는 것도 쉽지 않다. 이마저도 주요 시험 기간 중에는 지속하기가 힘들다. 따라서 단기간에 무리한 욕심을 내지 말고, 현실적인 독서의 추세선을 미래 대입 시점까지 연결하여 선택과 집중을 바탕으로 한 전략적인 독서 활동을 실천해 나가야 한다.

국어 교과에 대한 잘못된 오해가 국어를 망친다

'독서활동'은 국어와 논술 대비에 있어 기초 체력에 해당한다고 설명하였다. 최고의 운동 선수들이 강인한 기초 체력을 예외없이 자랑하고 있는 것처럼, 풍부하고 균형잡힌 독서는 국어를 포함하여 전 교과 과목에서 높은 성적을 지탱하는 기반이 된다. 그러나 대다수의 엄마와 아이들은 본격적인 대입 준비까지 독서를 어떻게 국어 공부로 이어가야 할 것인지를 몰라 숙제로만 안고 있다. 어릴 때부터 튼튼한 독서기반을 닦았고 국어 공부에도 적지 않는 노력을 쏟아 부었지만 여전히 국어 교과에 갈피를 못잡는 안타까운 예들이 너무도 많다. 기껏 찾아낸 방식이 자습서 문제 풀이에 그친다면 그동안 축적한 독서능력을 성적으로 이어가지 못하고 도리어 국어와 논술에서 발목이 잡힐 위험이 매우 크다.

지금까지 국어 공부를 막연하게 느끼고 성과가 담보될 수 없는 잘못된 학습법을 마지못해 하고 있는 것에는 국어 교과에 대한 잘못된 인식이 주된 원인이다. 국어가 어떤 성격을 지닌 교과목이고, 현 교육과정과 대학입시 체제하에서 어떤 기준으로 평가되고 있는지를 모르기 때문에 준비 단계에서도 헤매는 것이다. 따라서 우리는 국어에 대한 대표적인 두 가지 오해를 먼저 깨뜨림으로써 올바른 국어 공부법의 단초를 찾고자 한다.

▲ 중간 고리가 없는 국어 공부

첫 번째 오해 – 다른 과목에 비해 국어실력 차이가 크지 않다?

국어에 대한 잘못된 인식 첫 번째가 국어 교과의 지식이 얼마 되지 않고, 학생들 간에도 큰 차이가 없다는 생각이다. 다시 말하면, 국어는 우리 일상의 언어로 연습과 훈련을 게을리했기 때문에 성적이 부진한 것이지, 실제 우리말 활용 능력에는 최상위권이나 우리 애나 거기서 거기라고 생각한다. 국어 성적이 낮은 친구들의 말솜씨가 유려하고 오히려 최상위권 학생이 어눌한 경우가 많아서 이런 견해를 갖게 되는 것인지도 모르겠다.

그러나 국어는 말하기와 듣기, 읽기와 쓰기가 총체적으로 결합된 언어 활용능력으로 영어, 수학 못지 않게 실력의 큰 격차가 존재한다는 점을 인정해야 한다. 마치 영미권 국가로 이민을 가서 수년을 보내고 나면 일상생활에 불편을 느끼지 않을 정도의 영어는 배우지만, 전문적인 일을 하고 상위권 문화에 동참하기에는 영어가 턱없이 부족한 것과 마찬가지이다. 한국교육개발원(KEDI)은 우리나라 국민의 단순문맹률(글자 해독능력)은 낮지만, 실질문맹률(문서 해독능력)은 OECD 국가들 중에서 최하위권이라는 충격적인 결과를 발표한 바가 있다.

"국사 수업이요? 그냥 교과서에 있는 어려운 단어 몇 개 설명하고 무슨 말인지 풀어 설명해 주다 보면 끝나고 맙니다. 마치 국어 시간 같다니까요."
"영어가 문제가 아닌 것이, 단어와 문장을 해석할 수 있어도 정작 본문이 말하고자 하는 내용을 이해하지 못해서 틀리니 답답하죠."

국어 실력이 차이는 학습의 정확성과 속도에서 도드라진다. 바로 어휘력의 차이인데 중·고등학교 교과의 거의 모든 핵심 개념들이 한자어로 되어 있다. 그래서 국어가 짧은 아이들은 전 과목에 걸쳐 개념 이해가 취약할 뿐만 아니라, 잘못된 개념이 고착되어 중요한 시험에서 큰 실수를 저지르는 경우가 많다. 반대로 우리말 어휘력이 뛰어난 아이들은 개념을 정확히 파악함으로써 높은 학업 성취도와 함께 재미를 느낀다. 가령 화학에서 합성(合成), 환원(還元)과 같은 단어의 본 뜻을 모르는 중학생이 있다면 수업 내용을 이해하기보다는 알아듣기 힘든 지식을 외워야 한다고 생각한다. 합성, 환원의 개념을 응용한 문제가 나오면 대응하지 못하거나, 엉뚱한 결론을 찾을 것은 불보듯 뻔하다.

학습 속도에 있어서도 국어 어휘력이 준비된 아이들은 신속하고 정확한 이해가 가능하기 때문에 월등히 높은 학습 효율성을 보인다. 어떤 학생은 수업시간에 배운 내용조차 벅찬데 비해, 같은 시간을 공부하더라도 국어가 뒷받침되는 학생은 수업의 이해는 물론 중요한 부분을 개념화하고, 체계적으로 정리, 암기하는 등의 차이가 나타나는 것이다.

결론적으로 말해서 우리 아이들의 국어 실력을 객관적으로 보아야 하고, 국어에 많은 시간을 할애해야 한다. 국어를 잘하는 아이들은 빠르고 정확한 학습 잠재능력을 갖고 있어서 다른 교과 학습에도 뛰어나며, 서술형 문제와 논술의 비중이 높아지는 현 교육, 입시 체제에서 강력한 뒷심을 발휘할 수 있다. 당장 눈에 보이는 외워야 할 지식이 많지 않다고 해서 영어, 수학 심지어 기타 암기 과목보다도 소홀하게 준비해서는 안 된다. 엄마는 국어내신, 수능준비 이상에 목표를 두고, 깊이 있는 국어 학습이 이루어지도록 지도, 관리해야 할 것이다.

TIP. **부실한 한자어 능력의 실태**

❶ 초등학교의 절반은 한자 교육 미실시 : 학교들이 한자 자율학습이나 교장 재량의 형식으로 한자학습을 하고 있지만 56% 정도만 실시

❷ 본인 성명을 한자로 쓰는 중학생 비율 하락 : 73.6%(1999) → 61.3%(2004)

❸ 중학생의 90%는 자신의 부모 성명을 한자로 쓸 줄 모름 : 아버지 16%, 어머니 10%

❹ 학생 본인 의견으로 한자 교육이 필요한가? : 중학생의 70.1%가 필요하다고 답변

❺ 학생 스스로 한자 교육이 필요한 시기가 초등학교 때라고 답변 : 중학생들은 한자 교육 도입 시기로 초등 4∼6학년을 50.9%나 요구, 초등 1∼3학년도 19.3%로 답변

❻ 국어 시간에 한자 지도가 이루어지고 있는가? : 18.5%만 국어 시간에 한자어 지도가 이루어지고 있고 81.5%는 이루어지고 있지 않다고 답변(6차 교육과정 교과서에서는 학습활동란에 기초 한자가 있었으나, 7차 교육과정부터는 기초 한자 표시를 제시한 학습활동란조차 축소되어 거의 사라진 상태)

❼ 국사, 사회, 도덕 교과의 경우는 별도 한자어 지도가 필요 : 가령, 국사 과목에서 임금이나 왕자들이 하는 '경연(經筵)'에 대해 교과서는 한글 표기 '경연'으로만 나와 학생들은 실력을 겨루는 '경연(競演)'과 혼동할 수밖에 없고, 구성 한자의 의미를 모른 채 국사 학습을 하고 있음. 현재 국사 교과서는 국한병용체(國漢竝用體)가 아닌 한글전용체를 사용

❽ 현직 중·고교 교사도 초등학교 한자 교육 필요성 제기 : 현직 중·고교 국어교사 설문에서 초등 3∼4학년부터 한자 교육을 시작해야 한다는 응답이 35.5%로 가장 많았고, 초등 ∼6학년부터 시작하자는 응답은 31.5%로, 67%가 초등학교 한자 교육을 요구

▶ 출처 : 민현식, 우리나라 국민의 국어능력 실태, 새교육생활 제18권 2호

두 번째 오해 - 수능 시험은 국어 교과의 지식을 묻는 시험이다?

국어에 대한 두 번째 오해는 국어시험, 특히 수능 국어에 대한 잘못된 이해이다. 의외로 많은 학생들이 수능을 국어의 교과적 지식을 평가하는 시험이라고 생각하고, 암기과목의 시험을 준비하듯이 공부하는 모습을 보인다. 즉, 열심히 시험 문제의 유형을 익히고, 그에 맞는 법칙

들을 찾으려 한다. 심지어는 문학작품의 줄거리와 주제만 모아 놓은 요약집을 사서 암기하는 학생들도 있다. 그러나 이러한 공부법은 철저히 수능 국어의 특성을 오인한 결과이고, 이렇게 준비할 경우 수능, 나아가서는 논술에서 반드시 실패하게 되어 있다. 수능은 국어 지식을 묻는 시험이 아니다. 국어를 아무리 공부해도 모의고사에서 성적인 오르지 않는다고 아이가 하소연한다면 이는 십중팔구 국어를 지식 중심으로 공부한 결과라고 본다.

수능 국어가 지식이 아닌 능력을 평가하는 시험이라는 것을 보여주는 가장 대표적인 특성은 출제 범위에서 나타난다. 수학과 탐구 영역에서는 교과서 내 지식이 문제 출제의 기본이고, 출제 범위도 교과서 범위를 넘지 않는 반면, 국어에서는 기존에 접해 보지 못한 교과서 밖의 지문이나 보기가 활용된다. 인문, 사회, 과학, 기술, 문학, 예술, 생활, 언어 등을 망라한 지문을 주고, 논리력과 추론력, 보편적 정서를 필요로 하는 문제해결 능력을 평가한다.

따라서 특정 참고서의 제시문과 문제에만 의존했던 학생들은 내신에서 좋은 성적을 낼 수 있을지 모르지만, 수능의 생소한 지문과 질의 앞에서는 사고력과 문제 해결력을 높이고자 노력했던 학생들에게 밀리게 되어 있다. 다시 말해서, 앞으로 우리 자녀들의 승부를 보아야 할 수능과 논술에서는 박제화된 암기지식을 넘어 개념을 연결(Link)하고 생각을 확장시켜 나가는 힘이 핵심이 될 것임을 잊어서는 안 된다.

❶ 교과 지식이 아닌 적용 능력을 측정 : 지식의 단순 암기나 특정 교과 지식에 의존하여 푸는 문항의 출제를 지양하고, 기본 개념에 대한 이해와 적용 능력, 주어진 문제 상황을 통해 문제를 탐구, 분석, 추리, 해결하는 사고 능력을 측정하도록 출제한다. 특히, 제7차 교육과정에서 강조하는 추론적·비판적·창의적 사고와 관련한 문항을 중점적으로 출제한다.

❷ 교과서를 뛰어넘는 출제 범위 : 폭넓고 다양한 언어능력을 평가하고자 제시문의 소재를 특정 분야로 제한하지 않고 범교과적 소재를 두루 사용한다. 특히, 시사성이 있는 소재도 다루어 학생들이 폭넓은 관점을 가지도록 유도한다.

❸ 다양한 출제 영역 및 장르, 유형 : 듣기, 쓰기, 읽기 영역의 이해와 표현 능력을 고루 평가하며, 인문, 사회, 과학, 기술, 문학, 예술, 생활, 언어 등 여러 분야의 지문을 활용한다. 출제 영역에 있어 어휘·어법, 사실적 사고, 추론적 사고, 비판적 사고, 창의적 사고 능력을 평가한다.

❹ 특징적인 변화 : 다변화하는 언어 환경과 학생들의 언어 경험을 적극적으로 반영하여, 통합적인 사고력과 문제 해결력을 측정하기 위해 다양한 상황과 유형의 문항을 개발한다. 교과서에서 다룬 작품과 EBS 수능 방송 및 교재, 그리고 새로운 작품을 적절하게 안배하여 출제한다(2011학년도 수능 이후 EBS 연계율 70% 이상 유지).

▶ 출처 : 2011학년도 대학수학능력시험 출제본부, '2011학년도 대학수학능력시험 영역별 출제 방향' 내용을 재구성

이제 국어 시험에 대한 이러한 올바른 이해를 바탕으로 모두(冒頭)에 제기하였던 독서 능력과 실전시험대비를 연결하는 구체적인 국어 공부의 방법론을 살펴보고자 한다. 코칭맘스쿨은 올바른 국어의 학습법으로 오늘날 통섭(通涉)시대의 핵심 학습원리인 '연결하기(Link)'가 적용된 세 가지 학습 기준안이 제시한다. 글 읽기의 논리적 훈련, 독서감상의 점검, 개념어의 정리가 그것이다. 그럼 이 가운데서 글 읽기의 논리적 훈련부터 순차적으로 설명하겠다.

글 읽기의 논리적 훈련으로
사고의 전개 연결하기

대부분의 글은 장르에 따라 일정한 형식을 가지고 있다. 시, 소설, 희곡, 수필, 설명문, 논설문, 편지글 등 장르별로 형식과 특성을 아는 것은 글의 내용을 수용함에 있어서 매우 중요하고 유용하다. 시험에서 처음 접하는 지문을 만나도, 글의 형식을 통해 장르를 파악하였다면 그 특성에 맞추어 내용을 빠르게 이해할 수 있다.

이러한 장르적 특성과 형식 이해는 학교 국어수업을 충실히 듣는 것으로 충분하다. 학교 국어 수업은 개별적인 감상이나 비평, 토론보다는 형식 이해 중심의 강의가 주를 이루고 있다. 이는 현실적으로 학교 현장에서 감상 및 비평 위주의 수업이 어렵다는 이유도 있겠지만, 무엇보다 국어의 보편적인 이해의 바탕을 제공하는 것에 지도 목표를 맞추고 있기 때문이기도 하다. 이 부분을 사교육에 의지하는 엄마들이 간혹 있는데, 학원에서는 기초적인 장르적 이해보다는 문제 풀이 중심의 수업 진행이 대부분이기 때문에 학교 수업이 기초적인 장르적 개념과 형식을 습득하는 데에는 최적의 방법으로 보아야 한다. 우리가 성공하는 국어 공부의 방법론으로 들고자 하는 '논리적 글 읽기의 훈련'도 최소한 이처럼 학교 수업에 충실히 임한다는 전제하에서 시작될 수 있다.

논리적 글 읽기를 위한 자료는 수능 시험과 연계 비율이 높은 EBS 교재를 사용하는 것이 좋다. 단, 교재의 설명, 문제 풀이와 관계 없이 사용된 지문을 가지고 깊이 있게 글을 읽는 훈련을 한다. 그 이유는 다음과 같다. 수능에서 EBS 교재와의 연계성을 높이겠다는 한국교육과정평가원의 발표가 있었으나, EBS 문제 풀이에 매달렸던 학생들은 실제 시험에서 실망하는 경우가 많았다. 평가원에서 말하는 연계성이란 EBS 교재에 등장하는 지문을 문제 출제에 활용하겠다는 것이었지, 일부 학생들이 착각한 것처럼 교재 안의 문제를 그대로 옮겨놓겠다는 뜻은 아니었던 것이다. 그렇기 때문에 논리적 글 읽기 훈련의 자료로 EBS 교재를 사용하되, 문제에 제한을 받아서는 안 되는 것이다.

EBS 교재를 중심으로 한 학습은 꼭 대입을 가까이에 둔 고등학생에만 국한된 것은 아니다. 학교 자체 내신시험과 주요 모의고사를 위한 대비에도, EBS 교재와 강의가 교과 지도의 기준이 되고 있다는 측면에서 이를 활용하는 것이 바람직하다. 동시에 절대 EBS 강의를 따라가는 것에서만 그쳐서는 안 되고, 반드시 제시된 지문 자체를 논리적으로 읽고 소화하는 학습을 따로 해야 한다.

논리적 글 읽기란 글의 중심 사상을 찾고, 이를 중심으로 글의 전체적인 구성과 흐름을 파악하는 것을 말한다. 즉, 저자의 논지를 먼저 이해하고, 이를 뒷받침하는 논거들이 어떠한 형태와 구조로 제시되고 있는지를 그려 보는 훈련이라고 하겠다. 사실 글의 논지를 찾고, 논거를 정리하는 훈련은 사실 초등학교 수업에서부터 꾸준히 반복해 오고 있다. 그러나 아이들이 수업시간이 아닌 자습을 통해 스스로 이를 해 보는 훈련을 하지 않았기 때문에 어렵게 느껴질 뿐이다.

보편적으로 제시문들은, 장문의 글에서 일부분을 발췌한 것이므로 '서론-본론-결론'의 완성된 형태를 갖고 있지 못하다. 자연히 제시문이 전체 글에서 어느 부분에 해당하는지와 그 구조적 특성을 파악하기가 쉽지 않다. 그래서 글을 읽을 때에는 자동적으로 각 문단의 앞에 번호(가-나-다-라 또는 1-2-3-4)를 붙이게 하고, 중심 문장이 위치한 단락을 빠르게 찾는 연습부터 하게 한다. 그리고 나서 나머지 단락과 문장들은 어떠한 위계적 구조를 가지고 배열되어 있는지 그 역학관계를 그려보게 한다. 그러면 그림과 같은 다양한 구조도가 그려질 것이다.

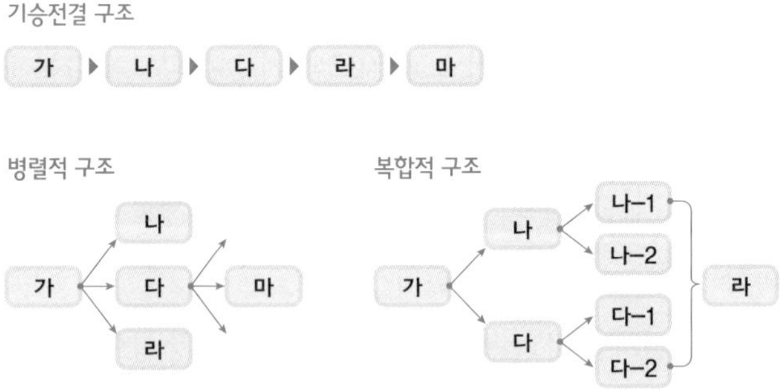

사실 이 학습법은 지문 하나에도 많은 시간이 소요되는 느린 공부법이다. 그러나 국어는 속도와 양이 공부의 질과 관련성이 떨어지는 대표적인 과목이다. 자녀들의 논리력을 키우는 최선의 방법이라고 생각하고 이 방법이 습관이 될 때까지 반복할 수 있도록 해야 한다.

실제 수능에서는 제시문을 모두 읽고 논리적 구조를 그릴 수 있어야 풀 수 있는 문제는 거의 나오지 않는다. 또 문제지를 먼저 읽고 제시문을 추론하거나, '그러므로, 결론적으로 말해서' 등과 같은 연결어와 지시어를 적절히 사용하는 것으로도 핵심 논지를 빠르게 파악할 수 있다(이러한 스킬은 논리적 글 읽기 훈련을 통해 자연스럽게 습득된다.).

그럼에도 불구하고 우리가 논리적 글 읽기를 강조하는 것은 문제를 빨리 푸는 요령이 수능 고득점과 논술에서 필요한 언어적 사고력에 하등 도움이 되지 못하기 때문이다. 국어는 문제가 빨리 풀리고, 답이 맞았다 하더라도 자신의 정답 선택이 올바른 논리적 귀결에 의한 것인지 의심하고 점검해야 하는 과목이다. 그만큼 사고의 과정이 중요하므로 논리적 글 읽기를 통해 사고력을 높이는 노력을 게을리해서는 안 된다.

독서감상의 비교를 통한 보편적 정서와 연결하기

시험을 떠나서 문학은 개인적 감상의 영역으로 무엇이 맞고 틀린지를 논하기 어렵다. 그렇지만 국어 교과목에서는 문학작품의 감상과 해석에 대한 질문을 한다. 엄밀하게 말해서 문학 문제는 개인의 주관적 감상이 아니라 '보편적인 정서'에 입각한 해석을 요구하는 것이라고 보아야 한다(수능 등 주요 시험에서는 보편에 대한 해석상 이견을 줄이기 위해 작고한 작가의 작품만을 제시문으로 출제한다.). 이에 대비하기 위해서는 문학작품을 평소에 많이 접하게 하는 동시에, 우리 아이가 '보편적인 정서'에 공감할 수 있는지를 점검하고 훈련할 필요가 있다. 실제 자신만의 독특한 감상 기준으로 인해 문학 쪽에서 높은 오답율의 어려움을 겪는 학생들이 의외로 많다. 수능 시험에서 나온 문학 문제의 유형을 보자.

위와 같은 문학 문제에서 보편적 감상과는 다른 자신만의 느낌을 갖고 있다고 해서 잘못되었다고 비난할 수는 없다. 문학의 감상이야말로 어디까지나 주관의 영역이기 때문이다. 그러나 대다수 사람들이 가지고 있는 보편적 정서와 공유할 수 있어야 원만한 사회적 커뮤니케이션도 가능하다는 점에서, 특정한 답을 요구하는 국어 문학 시험은 충분한 의의를 가진다고 하겠다. 또 내 아이가 보편적 정서에 공감하지 못하고 헷갈려 한다면 국어 점수를 떠나, 사소한 문제로 여겨서는 안 되고 정확한 진단과 이를 조정하는 훈련이 있어야 한다.

독서감상의 비교 훈련을 들어가기에 앞서, 수능에 출제되는 문학작품의 범위가 그리 광범위하지 않음을 알 필요가 있다. 매년 현대시 2~3개, 현대소설 1개, 수필/희곡 1~2개, 고전 문학 2~4개의 작품이 인용되고 있으며, 수능이 처음 적용된 1994년 이래 지금까지 출제된 모든 문학작품을 다 합쳐도 150개 수준에 그친다(이 중 30%는 몇 번이고 반복해서 읽은 수 있는 짧은 '시문'이다). 그리고 교과서나 EBS를 통해 앞으로의 출제 작품도 어느 정도 가늠할 수 있어서 수능과 논술의 문학 준비에 대해 과도하게 염려할 필요는 없다.

시험에 출제되는 작품의 수가 한정되어 있으므로, 교과서, EBS에서 인용되고 있는 문학작품만은 가급적이면 다 찾아서 전문을 읽도록 한다. 가장 나쁜 문학의 대비법은 '수능 필독서 요약본'과 같은 책을 외우는 행태이다. 짧은 시간에 핵심적인 줄거리와 요점들을 파악할 수 있다는 점에서 아이들에게 매력적으로 보일 수 있지만, 작품에 대한 편협하거나 잘못된 이해와 정서를 줄 수 있는 치명적인 위험이 있다.

일단, 문학 작품을 정독하고 나서는 반드시 감상문을 적도록 한다. 엄마의 강요와 의무감에서 어쩔 수 없이 하는 형식적 작성으로는 아무런 도움이 되지 못한다. 따라서 앞에서 설명한 '독서교육지원 시스템 (www.reading.go.kr)'을 적극적으로 활용하는 것이 좋다. 독서 감상문 작성을 완료한 후에는 해당 작품에 대한 평설을 찾아서 읽도록 한다. 고전 작품에 관한 수준 높은 해설은 인터넷 등에서 쉽게 찾을 수 있다. 평설에는 대개 저자의 개인적 성향과 시대적 배경, 연관 작품들까지 함께 소개하며, 작품에 관한 가장 보편적인 감상 기준과 이해를 제공한다. 평설 읽기를 통해 아이들은 첫 독서에서 놓쳤던 해석의 포인트를 찾고, 자신의 감상을 보편적 정서와 비교하여 점검하게 된다. 그러나 감상문을 적지 않고 바로 평설을 보는 것은, 수학 문제가 풀리지 않는다고 바로 뒷면의 답안을 참조하는 것과 같아서 실력 향상에는 아무런 도움이 되지 못한다.

이 과정들을 거친 후, 자녀에게 가급적 작품을 다시 한 번 읽도록 권면하는 것이 좋다. 지루할 수 있는 고전을 다시 읽어야 하는 것에 아이

들은 부정적인 반응을 보이기도 하지만, 처음 읽었을 때와는 확연히 달라진 관점과 이해의 폭에 놀라워하며, 그 작품을 완전히 자신의 정서적 자산으로 삼을 수 있을 것이다. 또 편향된 감상의 기준을 가졌던 경우라면, 자기의 느낌과 보편적 정서 간의 차이를 분명히 인식하고, 그 사이를 연결하는 방법도 조금씩 찾아갈 수 있다.

개념어 정리로 이해의 공백 연결하기

올바른 국어 학습법의 세 번째 가이드(Guide)는 개념어 정리이다. 우리가 쓰는 단어의 70% 이상은 한자어로 되어 있다. 특히, 국어를 포함해 교과 학습에 필요한 개념어들은 거의 모두가 한자어라고 하겠다.

 **2011학년도 수능 언어 영역에 사용된 개념어들**(괄호 안 숫자는 문항 번호)

논점(論點, 4), 포괄(包括, 8), 대구(對句, 10), 활유(活喩, 10), 용례(用例, 11), 접두사(接頭辭, 12), 화자(話者, 13), 내포(內包, 14), 공감각적심상(共感覺的心象/心像, 15), 형상화(形象化, 23), 설의(設疑, 27), 풍자(諷刺, 27), 의인화(擬人化, 29), 용언(用言, 38), 합성어(合成語, 38), 희화화(戲畫化, 40), 내적독백(內的獨白, 40), 간접인용(間接引用, 40), 신빙성(信憑性, 40), 암시(暗示, 41), 각색(脚色, 42), 형상화(形象化, 43), 인과적(因果的, 44), 서술자(敍述者, 49)

2011학년도 수능 언어 영역에서도 대구(對句), 활유(活喩), 설의(設疑), 희화화(戱畵化)와 같은 한자 개념어들이 질문에 다수 등장하여, 학생들의 문제 접근 자체를 어렵게 만들었다. 그러므로 영어 단어 못지 않게 한자 개념어의 정리와 충분한 이해가 절실히 필요하다.

개념어 노트는 상시 지참이 용이하도록 작은 크기의 것을 준비하고, 기재할 개념어는 과목에 관계없이 정확한 사전적 의미를 모르는 단어 모두를 대상으로 한다. 즉, 개념어 노트는 국어 수업시간 외에도 모든 수업과 자습시간에 가지고 다니며 기록하고, 수시로 보면서 숙달해야 한다. 개념어 노트의 구성은 영어 단어장과 크게 다르지 않다. 다음의 예시와 같이 개념어들은 전체 의미와 각 한자가 가진 뜻을 적고, 해당 개념어가 나온 지문까지 예문으로 함께 기록하도록 한다.

중·고등학교 6년간 학생들마다 편차는 있겠지만, 실제 개념어 노트를 사용하는 학생들을 보면, 개념어 노트에 쓰여진 단어의 수가 평균 300개를 넘지 않는다. 영어 단어장과 비교하면 부담이 매우 적다.

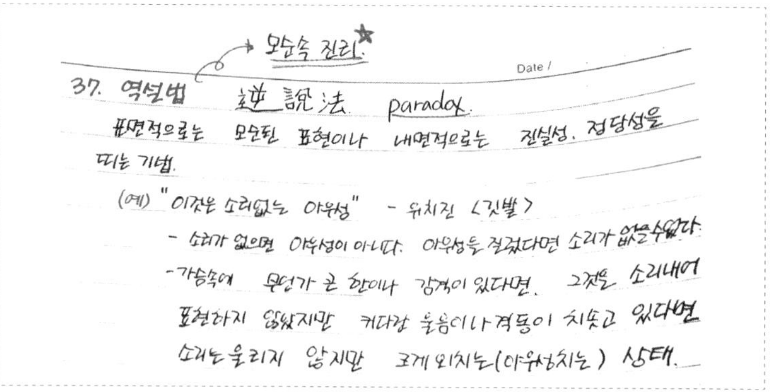

▲ 개념어 노트 작성 예

　그럼에도 불구하고, 우리말이라는 이유로 너무 쉽게 생각해서 개념어 노트를 관리하는 학생이 드물고, 개념어 사용을 익히는 데에도 인색하다. 그러나 개념어를 잘못 이해해서 비롯된 개념 공백과 시험장에서의 실수는 매우 치명적이며, 반대로 개념어 정리를 통해 취할 수 있는 학습 효과는 투자한 노력 대비 몇 배에 해당한다. 특히 대학논술, 면접에서 개념어 노트로 숙지한 고급 언어 사용은 다른 어떤 준비 활동보다 높은 평가로 이어질 수 있다.

　우리는 올바른 국어 공부법으로 '개념어 정리'를 마지막으로 '글 읽기의 논리적 훈련'과 '독서감상의 비교 점검'의 세 가지 기준을 제시했다. 이 공부법 가이드는 당장 내신 몇 점을 높이기 위한 것들은 아니다. 물론 국어 내신을 높이는 데에도 충분한 가치가 있지만, 단기적인 성과에 초점을 두고 있는 학원들의 내신 중심의 테크닉과는 근본적인 목적과 방향 자체가 다르다. 이 책을 읽는 우리 코칭맘들은 조금만 더 중장기적인 관점으로 국어 교육의 현명한 선택에 동참하기를 바란다. 이 책의 지침을 2년 이상 꾸준히 따르면 누구나 견고한 국어의 기반을 닦을 수 있고, 대학입시의 관문에서 여타 학생들과는 다른 성과를 거둘 수 있을 것이다.

기출 문제 풀이로
빠진 취약점을 찾아라

앞의 중·장기적인 국어 학습법을 따르기에는 시간적 여유가 없는 엄마와 아이들도 있다. 그래서 대입을 목전에 둔 고등학생들에게 맞는 국어 공부법도 소개해 보려 한다.

"전 언어 영역이 제일 약한 것 같아요."

"언어 영역 어떤 부분이 취약하지?"

"… 그냥 전체적으로 부족한 면들이 많아요."

언어 영역, 국어가 약하다는 고등학생들을 붙잡고 물어보면, 정작 자신이 국어의 어떤 부분이 취약한지를 말할 수 있는 아이들이 거의 없다. 수학이라면 '함수, 미적분' 등의 단원을 중점 보완 영역으로 말할 수 있고, 영어는 어휘력, 대화 듣기 등을 꼽지만 국어는 막연하게 점수가

안 나온다고 말할 뿐이다. 자신의 취약점을 이렇게 몰라서는 효과적으로 개선할 방법도 찾을 수 없다. 그래서 수능을 가시권에 두고 있는 고등학교 이상의 학생들은 가장 먼저 수능을 기준으로 자신의 취약점이 어디에 있는지부터 명확히 아는 노력을 해야 한다.

최선의 방법은 수능 기출 문제 몇 세트(Set)를 실제 수능과 똑같은 조건으로 풀어서 유의한 통계를 얻는 것이다. 수능의 출제기관인 '한국교육과정평가원(www.kice.re.kr)'에서는 지금까지의 모든 수능과 모의고사 기출 문제를 무상으로 제공하고 있다. 최근 연도부터 최소 3~4개의 기출문제를 다운로드(Download) 받아서 풀어 보면 국어(언어 영역)의 분야별, 출제유형별로 자신의 오답율을 확인할 수가 있다. 수능 국어의 문제 구성은 다음 표와 같다.

총 문항 수 : 60문항	문학 분야 : 약 20문항	비문학 분야 : 약 28문항
듣기 : 6문항(15분 방송) 쓰기 : 6~8문항 읽기 : 46문항	시(현대, 고전) : 5문항 현대 소설 : 5문항 수필/희곡 : 5문항 고전 문학 : 5문항	인문/사상 : 5문항 사회/문화 : 5문항 과학/자연 : 5문항 예 술 : 4~5문항 언어 이론 : 4~5문항 철학/기술 : 4~5문항

▲ 수능 국어 문제의 구성

문학 분야	비문학 분야	쓰기 분야
문맥적 의미 화자의 태도 저자의 의도와 주제 의식 작품 감상의 적절성 등	글의 주제 파악 핵심 내용의 진위 세부 내용의 이해 심화-발전과 재설정 등	관련 내용의 추리 개요의 수정과 전개 단어의 바른 사용 바꾸어 쓰기 등

▲ 수능 국어 문제의 출제 유형

이 밖에도 출제 목적에 따라 어휘·어법의 올바른 사용, 사실적 사고, 추론적 사고, 비판적 사고, 창의적 사고 영역으로 문제 유형을 나누어 자신의 약점을 찾는 등 다양한 기준들을 적용해 볼 수 있다.

실전 문제를 통한 점검은 수능이 지식을 물어보는 시험이 아니므로 고1 학생들도 얼마든지 해 볼 수 있다. 이른 자기 점검으로 어떤 부분이 취약한지를 빨리 발견했을 때, 훨씬 효율적인 대비가 가능하다. 가령 비문학 중 '과학/자연'에서 유달리 문제가 많이 틀리는 것으로 확인되었다면, '과학/자연'에 해당하는 지문을 집중적으로 연습하는 동시에 과학 수업에 좀 더 밀도 있게 참여함으로써 국어와 과학 모두의 성적을 높이고자 노력해야 한다. 또 고전 문학에서 취약하다는 통계가 나왔다면 고전 문학 분야를 보강하는 인강이나 참고서를 선택적으로 공부함으로써 효율적인 학습성과를 거둘 수 있다. 주의해야 할 점은 기출 문제를 통한 점검에서 연습이라는 생각에 긴장을 놓거나 시간을 초과하여 문제를 풀게 된다면 몇 세트를 다루어도 의미 있는 통계를 산출할 수 없다. 그러므로 이 단계에서는 가상의 시험 감독관으로 엄마가 곁에서 꼭 지켜 주는 세심함을 갖도록 한다.

사고의 흐름과 과정을 점검하라

그런데 부족한 분야에 대하여 집중적인 보완을 어떻게 해야 할까? 핵심은 '사고의 흐름과 과정'을 점검하는 것에 있다. 언어 영역은 다른 과목과는 달리 개념을 몰라서 틀리는 문제는 많지 않다. 국어가 모국어이기 때문에 글이 전혀 이해가 되지 않아서 틀리는 경우도 거의 없다. 국어 오답은 주로 사고의 과정이 잘못 흘러가거나 착각해서 빚어진 결과이다.

수능 국어 문제를 잘 살펴보면 다른 과목과는 질문 자체가 다르다는 것을 알 수 있다. 예를 들어 수리영역이나 탐구영역은 '다음 중 맞는 것은?', '틀린 것은?', '다음 식의 값은?' 과 같이 옳고 그름을 묻거나 절대값을 도출하는 문제들이 대부분이다. 이에 비해 국어는 '다음 중 적절한 것은?', '가까운 것은?', '거리가 먼 것은?' 등의 상대적인 선택지가 많다. 따라서 국어 교과의 부족한 부분이 있다면 암기 등을 통해 지식체

계를 공고히 함이 아니라 자신의 사고의 과정에서 잘못된 부분을 찾아야 하는 것이다.

엄마는 아이가 국어 문제를 풀고 나면, 정답 여부만 체크하지 말고, 왜 그 선택을 하게 되었는지 이유와 생각의 흐름을 점검하도록 한다. 국어의 답은 정확한 계산에 의한 절대값이 아니므로, 출제 의도와 다른 경로를 통해서도 정답을 고를 수 있다. 맞았다고 생각하고 이유를 알지 못한 채 넘어가면 다음 유사 문제에서는 틀릴 가능성이 높아진다. 해설과의 치밀한 비교로 맞으면 맞은 이유를 확인하고, 틀렸으면 잘못된 사고의 과정을 점검해 보아야 한다.

이를 위해서 수학과는 반대로 해설지와 더 친숙해질 필요가 있다. 국어에 배정된 자습시간에 몇 문제 밖에 풀지 못한다 하더라도, 이것이 점수를 높이는 가장 확실한 시험 대비법이므로, 해설지를 확인하면서 정답·오답이 되는 적절한 이유를 빠짐없이 확인하고 넘어가기를 권한다.

통합 논술에 대해 이해하라

지금까지 대학수학능력시험 국어 교과의 실력 향상을 위한 학습방법과 지도법을 살펴보았다. 그러나 우리가 이쯤에서 멈출 수 없는 것은 상위권 대학입시에 수능보다 더 중요한 논술이 있기 때문이다. 앞에서 누차 언급했듯이 전체 정원의 60% 이상을 수시모집으로 뽑고 있는 현 추세에서 수능 시험에서 승부를 보려는 전략은 매우 어리석다고 하겠다. 특히 상위권 대학 진학을 노리는 학생이라면 반드시 수시모집의 핵심 전형 요소인 논술을 철저히 준비해야 한다.

논술에서도 몇 차례의 추세 변화가 있었고, 2006년 이후로는 통합 논술이 정착되어 있다. 통합 논술이란, 특정 분야에 한정되지 않는 여러 교과의 내용, 즉 고전문학에서부터 각종 계량화된 자료, 시사적인 글에 이르기까지 분야를 넘나드는 통합 교과적 제시문을 주고, 논제가 정한 범위 안에서 자신의 생각이나 주장을 논리적으로 펼치게 하는 논

술 유형을 말한다.

가령 서울대 논술을 예로 들자면, 철도가 남한강 인근 주민의 삶을 구체적으로 어떻게 변화시켰는지에 대한 질문에, 김정호의 대동여지도와 국사 교과서의 포구와 장시에 대한 내용, 근현대사의 철도 발달사를 제시문으로 활용했다. 또 새만금 간척 사업, 동강댐 건설에 대한 정부 측의 조사 결과와 찬반 논쟁, 건설사의 초기 개발 비용의 보전 문제 등을 제시하고 환경 보전과 투자의 효율에 관하여 수험생의 의견을 묻기도 하였다. 이런 몇 가지 예만 보더라도 단기간에 급조된 논술 작문력이나 지식의 암기로는 통합 논술의 대응이 불가능함을 알 수 있다. 다양하고 균형잡힌 독서를 오랫동안 꾸준히 지속한 학생만이 창의적으로 문제를 해석하고, 타당성 있는 해결책을 논리적으로 표현해 낼 수 있는 것이다.

통합 논술 이전에 '무엇을 논하시오'와 같은 문제에는 학원에서 미리 연습한 판에 박힌 유사 답안들이 속출했고, 대학들은 정답이 어느 정도 정해진 교과 지식형 문제를 출제하면서, 무늬만 논술인 변형 본고사라는 빈축을 샀었다. 그러나 이제는 논술이 주입식 반복 훈련으로는 대응하기 어려운 사고력 중심의 시험으로 확실하게 진일보했다. 그래서 아이들에게는 제시문과 논제를 통찰력 있게 이해하는 독해력, 그리고 자신의 논지를 일관되고 명확하게 펼쳐나가는 비판적 사고능력과 논리력 등이 독서를 통해 닦여 있어야 한다.

논술고사 제시문의 출처의 다양화

여러 교과 영역에 걸친 텍스트를 분석하고 종합하는 통합적 사고능력을 검증하기 위해 고전 문학에서 교과서, 통계자료(표, 그래프 등), 그림 등에 이르기까지 다양한 출처의 지문을 인용한다.

문항의 다양화, 세분화

과거 논술은 하나의 긴 글(1,500~1,800자)을 요구하던 단일 논제 방식이었으나 통합 논술에서는 3~5개의 문항으로 세분화된 논제가 출제된다.

논제별 분량의 단축화

제한된 시간을 고려하여 핵심적인 독해력과 사고력을 집중적으로 평가하기 위해 300~500자 내외 짧은 논술로 단축하는 추세이다. 단, 일부 학교에서는 마지막 논제에 1,500자에 이르는 논술을 요구하는 경우들도 있음을 유의하자.

수리논술

수리적 사고를 강조한 글쓰기로, 다른 과목과 통합된 제시문과 논제를 이해하고 수학적 풀이를 중심으로 한 논리력이 요구된다. 과거 심화형 본 고사에 가까우며, 대체적으로 제시문과 논제는 고교 교육과정의 범위 안에서 출제된다.

과학논술

과학논술은 '교과 지식형, 응답제한 서술형, 에세이형'의 세 가지 유형으로 구분된다.

구분	교과 지식형 과학논술	응답제한 서술형 과학논술	에세이형 과학논술
평가 초점	과학 교과의 심화지식을 측정	과학적 사고력을 바탕으로 한 문제 해결력 측정	과학 논쟁, 철학적 문제에 대한 견해와 논리적인 주장 측정

구분	교과 지식형 과학논술	응답제한 서술형 과학논술	에세이형 과학논술
모범 답안	어느 정도의 모범답안 존재	논지에 따라 상이한 정답 가능	모범 답안 없음
고득점 방법	문제가 요구한 교과지식을 정확히 답변	자신의 논지에 부합하는 과학적인 근거	과학적 사고력에 기반한 논리 전개와 타당한 근거 제시

인문계 논술의 종류로는 크게 '인문·사회형 논술, 수리통합형 논술, 일반언어형 논술'로 나누어 볼 수 있다. 인문·사회형 논술은 가장 일반적인 형태로 여러 교과 영역에 걸친 텍스트를 분석하고 종합하여 논제에 답하는 형식이다. 수리통합형 논술은 일반사회형 논술에 수리적인 요소를 통합시킨 문제라고 할 수 있다. 마지막 일반언어형 논술은 제시문의 요지를 밝히고 비판적으로 논술하는 형식이다.

인문계의 경우 각 학교의 출제 철학 및 원칙, 선호 주제, 시험 영역, 제시문·논제의 난이도 등이 확연하게 다르므로 지원대학에 따라 꼼꼼하게 출제경향을 파악하고 그에 맞는 대비를 하는 것이 중요하다(예를 들어 서강대학교 논술은 제시문이 어렵기로 유명하고, 고려대학교의 경우에는 요약 문제를 한 문제씩 출제하는 등 학교들의 특색이 분명하다.). 또 같은 학교라도 정시모집 논술과 수시모집 논술의 유형이 다를 수 있으므로 치밀한 준비가 필요하다.

자연계열 통합논술도 학교에 따라 출제 형태와 경향이 다르지만, 인문계 논술만큼 학교별로 큰 차이가 있는 것은 아니다. 전체적으로 문

제 해결력을 중요시하는 심화형 수능문제 또는 본 고사형 문제들이 출제되고 있다. 인문계 논술은 다양한 지문을 통해 독해력과 사고력을 평가하는 반면에 자연계 논술의 경우 제시문과 관련한 수학/과학 교과지식을 활용한 답을 요구하는 일반적이다. 따라서 교과 내에서 심층적인 개념 이해가 필요하며, 반드시 원리, 증명을 중심으로 수학/과학 교과 복습을 충실히 해 두어야 한다.

TIP. **주요 대학의 논술 출제 방향**

다양한 유형의 텍스트를 분석하고 이해하는 능력, 자신의 견해를 정해진 시간 안에 제한된 분량으로 조리 있게 표현할 수 있는 능력, 주어진 자료 속의 정보와 자신의 생각을 종합하여 새로운 관점으로 발전시키는 창의적 능력을 고르게 평가할 수 있는 문제를 출제한다.

▶ 2011학년도 고려대 수시논술(인문계) 해설

사교육을 통해 급조된 암기 지식이 아니라 공교육을 통해 배양된 종합적 사고력과 창의적 문제 해결 능력, 논리적 글쓰기 능력을 측정한다.

▶ 2011학년도 서울대 정시논술 보도 자료

학생들이 고등학교 교육과정에서 배운 지식을 바탕으로 각 교과목을 통합적으로 이해하면서 얻게 되는 상상력과 창의력을 논리적으로 정리하는 능력을 측정하는 '다면사고형 논술 문제'를 2006년부터 출제해 왔다.

▶ 2011학년도 연세대 수시논술 출제 의도

통합 논술 준비를 위한
단계별 전략 공부법

이제 논술을 준비하기 위한 단계별 전략을 살펴보도록 하자. 일단 통합논술에서는 계열을 막론하고 제시문에 대한 비판적 독해력이 절실하다. 아무리 좋은 문장력과 논거를 가지고 있더라도 제시문의 핵심 논점을 정확하게 이해하지 못한다면 좋은 점수를 받기 어렵다. 따라서 일차적으로 제시문을 파악하는 훈련을 해야 한다.

많은 사람들은 이러한 읽기 훈련의 재료로 신문 기사, 특히 일간지 사설을 꼽는다. 논리적이고, 시의성이 높으며 많은 정보 또한 담고 있다고 생각하지만, 그러나 실제로 일간지 기사나 사설은 별 도움이 되지 못하고 오히려 역효과를 내기도 한다. 일간지는 적시성이 가장 중요하므로 사실 위주로 간략하게 보도하는 것이 중심이고 전후 배경, 다른 의견과 근거, 심층적인 해설을 담은 긴 논리적 구조를 가지고 있지 못하다. 특히 사설을 두고 논술 준비를 하는 학생들이 있는데, 사설은 지

면의 한계로 대안이 없는 문제 제기 수준에 머무르거나, 각 신문사의 정치적 편향성이 반영되어 있을 가능성이 높아서 논술 준비에는 부적합하다고 말할 수 있다.

그렇다면 어떤 글을 아이들에게 읽히는 것이 좋을까? 우리는 현실적인 대안으로 시사주간지 기획심층기사를 권한다. 일간지가 사실기사 위주의 뉴스 전달에 집중한다면, 시사주간지는 동일하게 시사적인 사안을 다루면서도 전후 배경, 다양한 입장, 장기 전망, 타 분야와의 연관성 등 입체적인 시각에서 다양한 해설기사를 제공한다. 특히 시사주간지는 매 호마다 '기획, 특집, 표지이야기, 심층보도'와 같은 이름으로 시리즈 기사를 내보내는데, 하나의 주제에 대하여 다양한 측면의 관점과 자료를 담음으로써 독자들의 종합적인 이해를 돕는다. 다루는 주제의 폭도 정치, 사회적인 이슈는 물론 과학, 국제, 스포츠, 문화에 이르기까지 다양하며, 시의성도 높다. 단, 시사주간지 기획심층기사의 독서량을 무작정 늘릴 것이 아니라 엄마가 참여하여, 질적인 글읽기를 하도록 해야 한다. 먼저 기사를 정독한 후 배경 문제점 원인 결과 주장 반론 근거 등을 요약하여 기사의 논리적 흐름을 잡게 한다.

국내 대표적인 시사주간지		국내 대표 주간경제지	
뉴스위크	한국판, 중앙일보사	매경이코노미	매일경제신문사
주간경향	경향신문사	한경비즈니스	한국경제매거진
주간동아	동아일보사	이코노믹리뷰	주간아시아경제
주간조선	조선일보사	이코노미인사이트	한겨레신문사
시사 IN	시사 IN	이코노미스트	중앙일보
한겨레21	한겨레신문	동아비즈니스리뷰	동아일보사

특히 객관적인 사실과 주관적인 해설을 구분하여 보는 것이 중요하다. 아울러 주관적인 해설이나 의견에 대해서는 논지과 근거를 분리하여 추론 과정을 살펴보게 한다. 주관적인 판단을 내리게 한 근거가 무엇이고 충분한 객관적 타당성을 갖고 있는지, 또 문제점에 대하여 어떤 수준의 대안을 제시하고 있고, 반론에 대하여 적절한 방어를 하고 있는지 등을 꼼꼼하게 분석할 필요가 있다.

자녀가 특별한 관심을 보이는 주제가 있으면, 같은 이슈를 다루고 있는 다른 정치색의 시사주간지를 추가로 구입하여 비교해 보는 것도 좋은 방법이다. 언론사마다 동일한 사안에 대하여 서로 다른 접근하고 심지어는 정반대의 대안을 내놓기도 한다. 따라서 주간지를 활용하고자 한다면 특정 잡지의 정기구독보다 성향이 다른 여러 주간지를 교차하여 보는 것도 좋다. 그리고 자녀가 진로를 삼고자 하는 분야나 관심이 가는 이슈가 다루어진 과월호들을 저렴하게 여러 권 구입할 것을 추천한다.

시사주간지의 경우, 처음에는 아이들이 어려워할 수 있으므로 처음부터 무거운 주제를 접하도록 하는 것은 좋지 않다. 일단은 가볍고 친숙한 기사에 집중하도록 하면서 점차 사회적이고 다양한 의견을 포괄하는 주제로 옮겨가도록 한다. 또 자신의 희망 계열, 학과와 관련한 읽기 주제를 자주 선정하여 통합 논술 대비와 함께 다른 분야를 주제로 한 기사를 읽을 때에도 자신의 희망 진로 분야와 연계하는 습관을 들이게 한다.

[특집 – 2010 남아공 월드컵] – 주간조선 (2112호, 2010. 07. 05.)

- **길거리 응원 '88만 원 세대'의 광장 축제**

  내가 누구게? 골 넣는 수비수의 끝없는 진화

  이정수, 非엘리트 코스·무명 설움 딛고… 한국 축구 '희망봉'으로

- **월드컵 한국 돌풍 진짜 승자는 SBS**

  단독중계로 광고·시청률 대박… 손익분기점 넘어 초대박 예감

- **1승! 1승! 할 때마다 기업들은 대박 하이킥**

  '공식 후원' 현대기아차 15조원 직·간접 효과 기대

[표지 이야기 – 2010 남아공 월드컵] – 한겨레 21 (817호, 2010. 07. 02.)

- **잊지 못할 빗속의 남자들 투지보다 아름다움!**

  박지성의 질주와 이청용의 발놀림을 보며 당신이 느낀 쾌감에 대하여

  축구라는 경기가 창조해 낸 무정형의 미학

- **식어가는 열광, 월드컵**

  유럽 클럽축구의 성장과 월드컵 위기론, 그리고 시들해진 한국의 축구 국가주의

- **축구는 버디무비, 축구는 록음악, 축구는…**

  각 분야 평론가 5명이 말하는 축구의 아름다움…

  "카타르시스가 폭발하고 육체적 에너지가 쏟아지는 축제"

- **'내 멋대로' 월드컵, 광장은 가라**

  장삿속 보이는 광장 응원 대신 K리그팀 홍보하거나 야구와 동시에 즐기기 등 선택

〈주간조선〉과 〈한겨레21〉은 2010년 남아공 월드컵 당시 각각 특집, 표지 이야기라는 타이틀로 다양한 측면에서 월드컵을 조망하는 기획기사를 실었다. 두 주간지 월드컵과 우리나라의 젊은 세대와의 관계, 월드컵 스타를 바라보는 새로운 시선, 월드컵의 상업주의 문제와 경제적 효과, 한국축구의 국가주의 변화 등을 다루었다. 또, 두 주간지는 좌와 우를 대표하는 매체로서의 정치적 색깔에 따라 동일한 월드컵을 각기 다른 기획 의도와 초점을 가지고 바라보았다. 따라서 단순한 사실 보도를 넘어 하나의 사건 또는 주제에 대하여 원인–결과, 과정–변화, 주장–반론, 중심–주변, 순기능–역기능 등의 여러 사안들을 종합적으로 제시하는 주간지를 비교해서 읽으면 균형잡힌 시각을 갖출 수 있다.

수능/논술 수준의 비문학 글읽기를 통해 제시문에 대한 비판적 독해력을 키웠다면 다음 단계는 실제적인 논술 준비이다. 그러나 학교/계열별로 논술 유형이 상이하고, 학생에 따라 준비에 대한 개인편차가 크므로 여기에서는 원론적인 수준에서 준비법을 논하고자 한다.

고1 중반을 거치면서 적절한 논술 준비를 시작하는데 이 시기에는 일단 관심 있는 학교의 논술 기출 문제를 한 번 정도 접해 보는 것이 좋다. 그래야 논술이 어떠한 시험이고 또 남은 기간 동안 무엇을 준비해야 할 것인지를 가늠할 수 있다.

그러나 우리는 최상위권이 아닌 이상 실전 논술 대비는 고2 가을 이후에 준비할 것을 권한다. 그때부터 논술을 본격적으로 준비해도 늦지 않다. 개념 이해 중심의 교과 과정 학습이 논술 대비의 연장선상에 있으며 각 대학별로 논술의 출제 경향과 전형별 반영 내용이 매우 다르기 때문에 어느 정도 진학 대학이 가시권에 들어왔을 때 그에 맞추어서 준비하는 것이 현명하다. 최근 수년간 인문계열 논술은 각 대학의 철학에 맞는 특성화가 거의 자리를 잡아서 목표 대학별로 준비를 다르게 해야 할 것들이 많다. 자연계열은 논술이 심화형 수능의 형태로 출제되고 있기 때문에 수능 수학을 착실하게 준비하는 것이 바로 논술 대비의 최선책이기도 하다. 이러한 이유로 우리는 이른 실전 논술 준비를 권하지 않는다.

실전 논술 준비를 할 때에는 먼저 목표로 한 대학의 출제 경향을 파악하는 것이 최우선 과제이다. 각 대학은 그동안의 논술 기출 문제를 공개할 뿐만 아니라 출제 의도, 채점 원칙과 통계와 채점평을 담은 보

도자료를 내고 홈페이지에 게시하는 경우가 많다. 따라서 가시권 대학의 기출 문제, 보도자료 등을 다운로드하여 집중적으로 분석해야 한다. 대학교육협의회에서 매년 발간하는 〈논술 길라잡이〉와 같이 각 학교의 출제 경향과 특징을 요약한 책자들을 이용하는 것도 좋다.

그 다음에는 기출 문제를 실제로 풀어 본다. 대개 학생들은 수시모집으로 2~5개 정도의 대학을 고려하므로, 풀어야 할 기출 문제의 양이 만만치 않다. 이때에는 정한 학교 중에서 하위권 대학 기출 문제부터 풀도록 한다. 상위권 대학일수록 변별력이 높고, 상당한 수준의 이해를 요구하므로 하위권 대학의 쉬운 글부터 연습하여 어려운 문제로 옮겨 가도록 한다. 기출 문제를 풀고 나서는 반드시 대학의 채점 자료와 비교·확인하여 문제점을 찾도록 한다. 논술 학원이나 전문가에게 첨삭을 받는 것도 매우 좋은 방법이지만, 대학의 채점 기준과 전혀 다른 첨삭을 해 주는 경우가 많으므로, 이에 의지하지 말고 반드시 직접 대학의 채점 기준을 확인하도록 한다.

지금까지 국어에 대한 오해와 공부법, 논술시험의 특성과 준비 방안에 대해 살펴보았다. 국어와 논술은 단기적인 효과가 나타나지 않는다고 해서 절대 포기해서는 안 된다. 그러므로 처음부터 전략적인 목표를 가지고 체계적인 준비를 하는 것이 중요하다. 특히 엄마는 아이가 마음이 급하다고 국어, 논술에만 오버페이스(over pace)하거나, 반대로 수학, 영어 등의 과목으로 관심에서 밀려, 방치되는 일이 발생하지 않도록 균형을 잡아 주어야 한다. 지금부터라도 국어와 논술에 튼튼한 기반을 쌓는다는 각오를 자녀가 새롭게 다지도록 마음을 다해 독려하자. 우

리가 제시한 공부법을 성실하게 따라가기만 한다면 반드시 국어와 논
술의 승전기를 올릴 수 있을 것이다.

자기주도
학습
자기주도
학습
자기주도
학습
자기
주도
학습
자기
주도
학습
How to study

Part 6.

목적이 이끄는 영어

영어는 언어다

"고1인 우리 애는 이번 겨울 방학에 영어를 끝내 놓으려고 합니다. 영어 중심의 학습 계획에 대한 지도 부탁드려요. 학원도 추천해 주시면 고맙겠습니다."

영어는 언어다. 상담 때마다 흔히 듣는 '언제까지 영어를 끝내겠다' 등의 말은 언어로서 영어의 존재 가치를 생각한다면 어불성설(語不成說)이다. 언어에는 끝내고 말고가 없다. 물론 이 말은 대입 수능 또는 논술 고사를 대비할 수 있는 수준의 공부를 미리 해 놓겠다는 뜻일 것이다. 그러나 '대학 입학'이라는 전제하에 영어를 시험에 대비한 공부의 한 영역으로 좁혀서 보는 것도 우리를 불편하게 만든다. 이 관점은 장기적인 영어 활용 능력에는 물론이고 중·고등학교 영어 학습 성과에 있어서도 적지 않은 부작용을 가져올 수 있기 때문이다.

우선 영어의 암기식 학습 태도가 우려된다. 영어는 언어를 전공하지 않는 이상, 학습의 대상이 아닌 커뮤니케이션 수단으로 이해해야 한다. 즉, 영어의 언어적 특성을 공부한다기보다는 외부 세계와 의사소통을 하고, 새로운 정보를 취득하는 수단으로 접근하는 것이 옳다. 수능 영어의 특성을 보아도 이러한 올바른 영어 공부란 어떤 것인지 알 수 있다.

학부모 세대의 학력고사에서는 문법, 어휘력 등 언어적 지식을 묻는 질문이 주를 이루었지만, 지금의 수능은 듣기와 장문의 독해 능력, 그리고 영어 사고 능력을 중점적으로 평가한다. 일종의 외국어로 된 국어문제라고 할 수 있을 것이다. 그래서 오늘날 영어 경쟁은 영어를 읽고, 듣는 동시에 번역의 과정 없이, 정보 처리가 가능한 '언어적 사고의 틀'을 만드는 것에 있다고 하겠다(우리는 앞으로 이것을 '영어의 그릇'이라고 부른다).

영어를 시험에 대비한 공부로 이해할 때의 또 다른 문제점으로는 아이들의 '학습 의욕 감퇴'이다. 범위가 있고, 암기해야 할 대상이 비교적 명확한 일반 과목과는 달리 영어는 학습 단위와 경계가 모호하고 알아야 할 지식의 끝이 없는 무한지대이다. 이 망망한 배움의 벌판에서 영어를 공부로만 접근하면 금세 지치거나 두려움에 사로잡히기 마련이다. 반면 '언어'로 인식했을 때에는 영어가 미지의 세계, 새로운 문화로 아이들을 안내하는 '다리(Bridge)'가 되어 그 너머의 있는 넓은 세계로 시선을 돌리게 하며, 영어를 배우고 익혀야 할 강한 동기도 부여받게 된다.

그러나 깨어 있는 소수를 제외하고 다수의 엄마들은 여전히 영어를 지식이나 학문의 한 영역처럼 여기는 경향이 강하다. 초등학교까지만 해도 여유를 갖고 자연스러운 영어 사용에 아이들을 노출시키려는 노력을 보이다가 중학교에 진학해서 본격적인 시험 경쟁에 진입하면, 은연 중에 단어를 암기하고 문법을 연구하는 공부 패턴을 아이들에게 강요한다. 이미 엄마 세대는 이러한 영어 공부의 폐해로 외국인 앞에서 영어 한 마디 제대로 하지 못하는 모순을 겪고 있지만 좀처럼 과거의 영어 공부 테두리를 벗어나려 하지 않는다. 어디 엄마들뿐인가? 아빠들은 직장에서 영어 경쟁력 상실의 쓴맛을 더 진하게 맛보았음에도, 영어를 다시 시작하려 하면 단어집(vocabulary)을 찾고 녹슨 문법 기억부터 점검한다. 조금 나은 부류가 영어 회화책을 따라하는 수준이다.

"해석을 빨리 하면 영어가 느는 것이 맞죠?"
"해석을 안 하는 것이 영어가 느는 겁니다."

학력고사와 수능의 영어 세대 차이

학력고사 세대에서 영어는 '밑줄 쫙! 동그라미 땡땡!' 구호를 외쳐가며 마치 수학 공식에 대입하듯 영어 문법을 익히고, 그 안에서 기계적인 조합과 해석을 반복 훈련하는 것이 최선으로 여겨졌다. '영어적 사고의 틀', 곧 '영어의 그릇'이라는 개념 자체를 가질 수 없었다. 이 당시의 영어 사용법이 오늘날 대입 시험에서 통할 리 만무하다. 즉, 영어를 우리말로 해석한 후 외워 두었던 문법에 비추어서 답을 고르는 긴 번역형 프로세스는 구시대의 잔재에 불과하다. 이제는 영어로 사고하고, 영어로 커뮤니케이션할 수 있는 '영어의 그릇'이 모든 평가의 중심 체계가 되었음을 분명하게 인지하여야 한다.

앞에서 언급한 바와 같이 학력고사에서는 영어가 암기해야 할 지식의 대상이었다. 시제문제, To 부정사 용법과 같은 문법과 어두/어미/유의어 등을 묻는 어휘 문제들이 영어 실력 측정의 기준들이었다. 물론 어휘나 문법적 지식은 정확한 영어 활용을 위해 꼭 필요한 조건이지만, 이것이 언어로서의 영어를 익히는 주된 방법일 수는 없다. 대학에서의 수학 능력(修學能力)에 부합하는 영어는 자유롭게 정보를 습득하고, 자신의 생각을 전달할 수 있는 커뮤니케이션의 수단이다. 즉, 전공 분야의 영어 원서를 읽고, 영어 강의를 들으며 영어로 발표를 할 수 있는 수준의 영어인 것이다.

🔒 대학수학 능력 평가 외국어 영역 총 50문항의 구성

- 듣기 : 17문항(34%)
- 장문이해 : 29문항(58%)
- 문법/어휘 : 각 2문항(총 8%) 이내

그래서 대학수학능력시험에서는 듣기와 장문 독해 비중을 높이고 문법과 어휘 문제는 각각 2문항 정도에 불과하며, 그마저도 장문의 제시문 안에서 출제된다. 또 시험시간은 학생들이 문제의 제시문을 읽어 내려가기에도 턱없이 부족하게 배정되어 있다. 따라서 '영어의 그릇'없이 우리말 체계로 해석해 가며 제 시간 내에 문제를 푼다는 것은 불가능하다. 영어 지문은 '직독직해'라고 부르는 영어식 사고에 의한 정보 처리가 동시에 이루어져야 한다. 전체 문제의 3분의 1이 넘는 듣기 평가도 구시대의 학습법으로는 대응할 수 없다. 지문 읽기와 마찬가지로 번역의 과정없이 바로 이해하고 문제를 해결하는 훈련이 되어 있어야 한다.

이미 학교 교육도 문법 중심의 일본식 교육법의 흔적들을 많이 떨쳐내었고, 실용형 지도와 평가 패러다임으로 상당 부분 변화하고 있다. 내신 시험에서도 단편적인 문법 중심의 유형을 탈피하여 서술형, 대화형 문제 등 언어 활용 능력을 평가하려고 안간힘을 쓴다. 이에 덧붙여 쓰기 말하기까지도 평가하려는 노력들이 추가되고 있다(단지 아쉽게도 제도적, 체계적 변화라기보다는 학교 영어 선생님 개개인의 역량과 의지에 따르는 부분이 많다.).

그러므로 엄마가 우선 아이의 언어적 사고의 틀인 '영어의 그릇'이 빨리 자리 잡도록 학습 지도의 원칙을 명확히 가져가야 한다. 이 차원에서 본다면 학년을 막론하고 다량의 단어 암기 테스트와 힘에 벅찬 숙제를 내 주는 스파르타식 문제 풀이 영어 학원은 목적에 부적합하다고 하겠다. 강제된 주입과 영어의 '언어적 사고의 틀' 간에는 하등의 연관성이 없기 때문이다. 반면 다양한 학습자료와 아이들의 눈높이에 맞추어 흥미를 이어가는 학원이 당장에는 별 것 없고, 느리게 보일 수 있지만 '영어의 그릇'을 만들어 가는 데에는 전자보다는 훨씬 유익하다.

사교육을 하고, 안 하고를 떠나서 무엇보다 아이가 스스로 영어에 대한 자극을 받고, 언어로서의 영어를 지속하는 데에 엄마는 학습 지도의 초점을 맞추어야 한다.

"어머니 자물쇠반이라고 들어 보셨나요? 우리는 오전 10시부터 6시까지 학원 문을 자물쇠로 잠궈 두고, 정해 준 성과를 달성할 때까지 철저히 책임지고 가르칩니다."

엄마들 중 하루에 100개 이상의 단어를 외우지 않으면 하원시키지 않는 강도 높은 교육을 자랑하는 학원들을 선호하는 분들이 많다. 그러나 공부하라는 엄마의 잔소리에 꿈쩍하지 않던 아이가 꼼짝없이 잡혀서 공부를 하는 것이 좋은 것만은 아니다. 오히려 '영어의 그릇' 형성에는 심각한 부작용을 초래할 수도 있다. 참고로 매일 시험의 대상이 되는 100개에 이르는 단어 암기는 결코 영어 실력이 되지 못한다. 오직 목표는 학원문을 빠져 나가는 것에 있으므로 아이들은 단어들을 순간적으로 머릿속에 담아 두었다가 시험지 위에 쏟아붓고 금방 잊어버린다. 더욱이 고통의 기억으로 얼룩진 영어는 심리적 저항의 대상으로 남아, 엄마의 통제력을 벗어난 고등학교 진학 이후에는 결국 아이가 영어를 멀리하게 되는 원인이 되기도 한다.

누차 강조하지만 영어는 '언어'이다. 영어를 통해 새로운 세상을 접하는 만족감을 느낌으로써 자신의 언어적 감각을 자발적으로 일깨우지 않는다면, 다른 과목과 같이 지식을 주입하고 강제한다고 해서 실력이 상승하지 않는다. 그래서 우리는 영어에 관련한 몇 가지 잘못된 편견부터 깨고 나서 올바른 영어 학습법을 본격적으로 논의하도록 하겠다.

❶ 출제 범위

– 범교과적인 소재를 활용하여 출제함. 특정 과목이나 교과서를 상정하지 않음.

❷ 평가초점

– 사실적 이해력, 추론적 이해력, 종합적 이해력, 적용 능력, 기본 어휘, 문법적 판단력

❸ 문항 유형

– 듣기 및 말하기 : 17문항

　• 듣기 : 화자의 할 일, 화자의 심정 추론하기, 대화 장소 추론하기, 화자가 말한 목적
　　　　　이해하기, 화자 간의 관계 파악하기

　• 말하기 : 상황에 적절한 대화 찾기, 화자의 마지막 말에 대한 응답하기, 상황에 적절
　　　　　한 화자의 응답하기

– 독해 및 작문 능력 측정 : 33문항

　• 문학, 예술, 교육, 철학, 역사, 과학, 취미, 실용문 등의 소재 활용

　• 읽기 : 지칭어가 가리키는 내용 추론하기, 어법에 맞는 표현 찾기, 빈칸에 들어갈
　　　　　단어·구·절 문장을 추론하기, 지문의 내용에 근거한 사실 찾아내기, 글의
　　　　　주제·요지·제목을 추론하기 등

　• 쓰기 : 주어진 글에 이어질 내용의 순서를 적절하게 배열하기, 문단 단위의 지문을
　　　　　문장 단위로 요약하기, 글의 흐름에 맞는 문장이 들어갈 적절한 곳 찾기 등

　• 문법과 어휘 : 문맥에 맞는 적절한 어법과 어휘, 문법에 맞는 표현

　▶ 출처 : 2011학년도 대학수학 능력시험 출제본부, '2011학년도 대학수학 능력시험 영역별
　　　출제 방향' 내용을 재구성

조기 영어 교육의 한계는 중학교부터 온다

국내의 영어 교육 시장은 흥미 위주, 회화 중심의 초등 이하의 조기 실용영어와 중학교 이상의 시험영어로 나누어져 있다. 그런데 이 둘 사이의 차이를 이해하지 못하고 중학교 진학의 전환기에서 급격한 변화의 큰 골(chasm)에 갇혀 헤어나오지 못하는 아이들이 너무 많다. 적지 않은 엄마들이 영·유아 시기부터 영어 유치원, 영어캠프, 심지어 언어연수, 유학 등 조기영어 교육에 엄청난 투자를 하며, 영어에서만큼은 다른 아이들보다 한걸음이라도 앞서고자 노력하지만 대부분의 영어 비만아들은 중학교 이후의 시험 영어에서 힘을 쓰지 못하고 또다시 영어 사교육에 매달린다. 특히 일반적인 통념과는 달리, 2~3년 이상 조기 유학을 다녀온 아이들 중 상당수가 국어, 수학 등 일반 과목들은 물론이고, 영어에서도 한국식 시험과 수업에 적응하지 못하는 사례들이 많다.

대한민국 교육열의 1번지를 자처하는 지역으로는 대치, 목동, 노원,

평촌, 일산을 들 수 있다. 이 지역의 단위 면적당 학원 수와 매출액이 타 지역을 압도한다는 점에서 대한민국 사교육의 열풍을 가장 크게 느낄 수 있다. 그래서인지 이곳의 영어 학원에 다니는 중·고교 학생 중 영어 유치원, 원어민 영어 교실 등을 어릴 때부터 거치지 않은 아이는 극히 드물고, 해외에서 영어를 배운 비율도 매우 높다. 하지만 이 지역 학원 영어 강사들에 의하면 '조기영어 키드'라고 해서 영어 성적이 상위권에 랭크되어 있는 것도 아니라고 한다. 특히 어학연수나 유학을 다녀온 아이들 중에는 이상하리만큼 영어에 실패하는 사례가 많다고 한다. 앞에서 언급한 '언어'로서 영어를 가르치기 위해 막대한 비용을 들여서 다양한 자극을 주고, 영어 생활 환경까지도 제공하였는데, 무슨 이유로 성과는커녕 영어 교과목에서도 뒤처지는 것일까?

영어를 습득할 때에는 두 가지 유형이 있다. 하나는 제2국어로 받아들이는 것(ESL, English as a second language)이고, 다른 하나는 외국어로서 받아들이는 것(EFL, English as a foreign language)이다. 전자는 영어권 국가로의 이민과 같이 완벽한 영어 환경에서 영어를 배우는 것이고, 후자는 한국이나 일본에서처럼 영어를 쓰지 않는 환경에서 영어를 배우는 경우를 말한다. 요즘 조기 교육의 문제는 EFL의 환경 속에서 ESL의 원리를 어설프게 적용하면서 효과를 보려는 것에 기인한다.

한 번 ESL환경에 노출되었다 하더라도 지속하지 않으면 의미가 없다
6살 어린아이가 영어권 국가에서 2~3년간 살면서 영어를 잘 습득했다고 가정해 보자. 이 아이는 6살에 맞는 언어를 100% 쓸 수 있을 것이다. 그러나 그렇다고 해서 15살짜리가 쓰는 영어 체계를 자연스럽게 배울 수는 없다. "응가 했다"는 뜻을 알고, 정확히 발음한다고 하여, "똥 쌌다", "배변했다", "속이 안 좋아 화장실에 다녀왔다", "큰

일을 봤다"라는 수준의 단어를 알게 되는 것은 아니다. 더욱이 상황에 맞게 적절하게 어휘를 골라서 쓰는 능력은 사실 조기 영어 교육이 아니라 국어를 통해 언어 사고력이 어느 정도 잘 형성되어 있느냐에 달려 있다.

학교 영어 시험과 수능 시험은 ESL이 아닌 EFL로서의 영어 수준을 측정한다
중요한 것은 학교와 대학 입시에서의 영어시험이 EFL로서의 영어 수준을 측정한다는 점이다. 수능 외국어(영어) 영역 시험의 목표는 영어권 국가 실생활에 필요한 영어 회화 능력을 측정하는 것이 아니라 대학 수학에 필요한 영어 사용 능력과 제7차 고등학교 영어과 교육과정에 제시된 교육 목표 및 내용의 습득 정도를 측정하는 데 있다.

중학교에 들어서는 순간 영어 교과의 성격과 평가방식이 초등학교 이전과는 확실하게 바뀐다. 영어에 대한 관심과 흥미는 관심의 대상에서 멀어지고, 줄 세워 평가하기 위한 본격적인 '시험 영어'가 시작된다. 즉, 시험 영어에는 유창함 이전에 문법적인 정확성과 언어 이해력, 그리고 체계적 사고능력을 갖추어야 한다. 그러나 제 나이에 요구되는 국어능력과 독서 활동을 희생해 가며 키운 조기영어 키드의 유창성은 그다지 시험 영어에 직접적인 관련성을 갖지 못한다. 더욱이 아이들은 시험 영어로의 변화에 대한 내적 적응의 시간, 기회를 받지 못한 채 높은 투자의 기대치를 감당해야 한다. 이 전환기의 적응 프로세스(Process)를 엄마들은 그동안의 투자와 성과만을 가지고 쉽게 간과해서는 안 된다.

"미국사람들은 그렇게 말하지 않아도 다 알아들어요."
"꼭 문법에 맞추어 쓰는 것이 더 어색하고, 중요하지도 않아요."

조기영어 키드들은 영어의 정확한 표현법과 용례들을 무시하는 경향이 크고, 집중력이 현저히 낮다고 한다. 그동안 배우고 써왔던 영어의 수준에서 보면 대수롭지 않게 느껴지기 때문이다. 그러나 국어가 우리에게는 모국어이지만 준비 없이는 좋은 시험 성적을 거두지 못하는 것처럼, 정확하고 수준 높은 표현과 장문의 독해에 영어 학습의 채널을 맞추어 놓지 않으면 조기 영어가 독으로 작용하게 된다. 오히려 사교육 없이 초등학교의 영어지도만 따라왔던 아이들의 적응력이 좋아 중·고교 영어에서 두각을 드러내는 경우가 많다.

안타까운 것은 중학교 초반에 받게 되는 충격과 혼돈으로 조기영어 키즈 중 일부는 영어에 흥미와 연속성을 잃고 정작 자신 있었던 실용영어도 퇴화하는 사례가 빈번하다는 점이다. 믿기지 않지만, 그토록 영어에 정성을 기울였던 중·고교 자녀에게 그 유창했던 스피킹을 주문해 보면 얼굴이 붉어지는데, 그것은 아이들이 부끄러워서라기보다는 어릴 적 영어를 자신의 연령대에 맞는 영어로 끌어 올리는 데에 실패했기 때문이기도 하다.

TIP. **조기영어가 시험영어로 발전되지 못하는 원인**

- 과도한 조기 영어 교육이 빚어낸 피로감
- 영어 학습 방법, 평가 방법의 급격한 변화에 대한 미흡한 대처
- 시기별, 수준별 영어에 대한 몰이해

그렇다고 조기영어의 장점이 전혀 없다고 주장하는 것은 아니다. 영어는 언어이므로 어린 나이때부터 영어 환경에 자연스럽게 노출되면, 언어적 사고의 틀인 영어 그릇이 훨씬 수월하게 생성될 수 있다. 그러나 특수한 영재가 아닌 이상 그 나이 때의 사고력 안에서 언어습득이 이루어진다는 점을 잊어서는 안 된다. 가령 10세 아동이 아무리 훌륭한 영어를 한다고 해도, 그것은 10살짜리의 영어일 뿐이다. 결국 11살 때에는 11살의 영어를, 12살 때에는 12살의 영어를 계속 배워가야 한다. 많은 사교육 업체(영어 유치원, 유학원 등)에서 강조하는 '이중 언어 환경'과 '조기 영어 완성', '영어의 결정적 시기' 등은 그들이 창조해 낸 마케팅 개념에 불과하다.

아이의 브랜드와
영어 콤플렉스

조기영어에 대한 엄마들의 열기 자체를 비난할 생각은 추호도 없다. 그러나 조기영어로 인해 치루어야 할 막대한 기회 비용과 앞에서 언급한 부작용 등을 감안했을 때, 맹목적인 조기영어의 신봉과 투자는 냉정하게 따져볼 필요가 있다. 또 이 책을 읽고 있는 엄마들과 분명하게 조기영어에 대한 합일점을 찾아야할 듯 싶다. 그래야만 곁눈질하지 않고 목적에 맞는 영어 공부법에 집중할 수 있을 것이기 때문이다.

영어와 관련된 학원, 학습지의 광고에는 천편일률적으로 유창한 발음을 자랑하는 어린 학생들이 등장한다. 내 아이와 크게 달라보이지 않는 평범한 아이가 뿜어내는 자신감과 굴러다니는 영어 발음에 엄마들은 우리 아이도 저렇게 됐으면 하는 열망에 휩싸인다. 그래서인지 조기영어 성과의 판단 준거를 미국식 영어를 흉내내는 발음과 말의 속도로 가져가는 엄마들이 너무나 많다. 그리고 원어민 못지 않는 발음이 아니면 영어를 못하는 것이라고 생각하는 듯하다. 그래서인지 엄마들은 한결같이 조기영어 자랑에 이웃과 친척 앞에서 굴러다니는 발음을 해 보라고 성화고, 아이들은 영어를 써야 할 상황에서도 의사소통에는 관심이 없고, 발음이 어색하게 들리면 어쩌나 하고 위축되기 십상이다. 그러나 정작 영어권 국가에서 발음과 말의 속도를 가지고 트집을 잡는 사람들은 주로 패스트푸드점에서 주문을 받는 점원 정도이다.

반면 전문화된 영역, 상위 문화로 갈수록 영어 사용에 대한 포용력이 넓고 모국어의 특성이 담긴 영어의 가치를 인정하는 분위기가 지배적이다. 반기문식, 김대중식 영어를 꼭 예로 들지 않더라도 대학강연, 비즈니스 미팅, 주요 국제 세미나 등 어디를 가봐도 쉽게 확인할 수 있다. 불어, 인도어, 중국어, 스페인어 등이 반씩 섞인 듯한 묘한 영어 발음과 표현에 대해 지적하는 사람을 찾기 어렵다. 오히려 알아듣기 어렵다고 불편해 하면 문화적 포용력과 언어적 이해력이 낮은 사람으로 낙인 받기 쉽다.

사회적 시선이 중요한 동북아권 문화의 특성 때문이겠지만(열등감, 사대주의라는 표현은 쓰고 싶지 않다.) 지나치게 영어 사용에 대해 조심스럽고 어려워한다. 현 정부의 인수위 활동 시절에 있었던 '오렌지'와 '어륀지' 같은 에피소드에서처럼, 여전히 대다수의 사람들은 미국식 발음이 아니면 영어를 못하는 것이고 한국적인 느낌이 강한 영어는 부끄럽게 생각한다. 조기영어는 어쩌면 아이의 영어 능력 증진을 표면적 이유로 한 엄마의 영어 콤플렉스와 욕심의 복합체가 아닐까 생각한다.

영어 공부를 시키면서 꿈꾸는 내 아이의 모습은 어떠한가? 전 세계 여러 문화권의 사람들과 영어로 자유롭게 교류하고, 전문 영역에서 자신을 발표하며 국제적인 주류에 동참하는 것 아닌가? 그 비전에 도달하기 위해서는 조기영어가 절대 답이 될 수 없다. 커뮤니케이션의 수단인 영어를 익히기 이전에 자신의 분야의 전문성과 교양을 모국어로 먼저 구비하고, 수준 높은 언어적 사고력을 발전시키는 것이 먼저다.

세계 무대에서는 누구도 미국식 영어발음과 속사포 스피킹을 가지고 경쟁력을 평가하지 않는다. 아이가 아직 초등학생이라면 '어륀쥐'로 발음하는 것에 집착하지 말고, 차라리 그 시간에 국어로 된 다양하고 깊이 있는 책을 읽히는 것이 훨씬 미래에 유익하다. 그렇게 해서 갖추어진 자존감과 독서능력만 있으면 중·고등학교에서는 영어 최상위권에 들 수 있고, 대학 이후 공부와 훈련을 통해 얼마든지 최고 수준의 영어를 구사할 수 있다.

"주변 엄마들이 자녀들을 영어 교육 때문에 해외로 조기유학 보내더라구요. 저도 아이를 키우고 있는 엄마 입장에서 미안하고, 부럽기만 합니다."

첨언하자면 교포 2, 3세들의 '이중언어 환경'을 부러워하지 않았으면 한다. 어릴 때에는 한국어와 영어를 자연스럽게 병행하며 사용하는 것이 대단해 보이겠지만, 취학 연령에 접어드는 순간부터는 양쪽 언어 모두에서 어휘와 표현력이 상대적으로 점점 떨어지는 일들이 벌어진다. 아이들의 학습시간은 정해져 있는데, 언어는 둘로 나누어져 있기 때문에 당연한 결과라고 할 수 있다. 결국은 선택과 집중에 의해 어느 한 쪽 언어는 기본적인 의사소통 수준으로만 정체된다. 그리고 이중언어 환경에서 자란 아이들 가운데 한국과 영미권 양쪽에서 활동하는 인재가 되는 경우는 연예인, 학원강사를 제외하고 극히 드물다. 하물며 국내의 영어 유치원, 학원 등 영어 사용 환경을 인위적으로 만들어 영어에만 전적으로 매달린다고 한들 사교육 업체 사람들의 호언장담하는 장미빛 미래가 펼쳐질 리 만무하다.

오히려 영어로 인해 소홀해진 우리말과 아이들이 겪어야 할 정신적 스트레스, 부족해진 독서량 등은 자녀교육에 치명적인 독소가 되어 돌아올 가능성이 높다. 이 책은 중·고등학교 자녀를 둔 학부모에 초점을 맞추고 있기 때문에 '영어 교육의 결정적 시기', '이중언어 환경', '조기 영어' 등의 허황된 신화에 대해 더 이상 언급하지는 않겠다. 다만 이 책을 읽는 엄마들은 영어 콤플렉스와 불안감을 자극하는 사교육 업체들의 주장에 휘둘리지 않기를 바랄 뿐이다. 모양뿐인 영어와 퇴보된 국어 능력은 중·고교 자녀의 발목을 잡는 요소로 두고두고 작용한다. 내 자녀에게 있어 영어 공부의 목적이 무엇인지를 명확히 하여 그에 걸맞은 투자와 방법을 현명하게 결정하기를 바란다.

영어와 스포츠의 공통점

반대로 중학교 진학 전 실용영어, 생활영어 교육에 상대적으로 소홀한 경우에는 영어에 대한 경외감, 심리적 거리가 너무 커서 영어를 수학이나 암기과목 공부하듯이 급하게 학습하는 경향이 있다. 마치 엄마 세대가 공부하듯이 밑도 끝도 없이 어휘책을 사서 외운다거나 학원에서 문법을 배우는 것으로 영어를 충분히 대비하고 있다고 생각한다.

그러나 경직된 영어 학습 방법은 영어의 그릇을 만드는 것을 방해하여 17문항에 이르는 수능의 듣기 평가와 장문 중심의 문제 유형에 대응하지 못하는 패착으로 이어질 수 있다. 영어가 뒤처졌거나 늦었다고 생각될수록 언어 습득에 맞는 올바른 학습법에 많은 주의를 기울여야 한다.

양비론처럼 들릴지 모르겠지만, 중·고교에 이르러 본격적으로 영어를 무턱대고 외우게 하거나 역으로 영·유아기 때부터 조기 교육을 밀어 붙이는 것 모두 득보다 실이 많은 잘못된 학습법이다. 영어 교육의 목적을 분명히 함과 동시에 이에 맞는 학습법을 설계하고 영어 학습의 원칙을 준수하는 것이 최선의 길이다. 그럼 올바른 영어 학습의 원칙은 무엇인지 효과적인 이해를 돕기 위해 스포츠와 비교하여 설명하겠다.

목적에 따라 훈련 방법과 내용이 다르다
- 진로와 목적에 맞게 영어공부를 설계하라

학원 스포츠는 신체 단련, 레저 목적의 일반 체육과 선수 육성 차원의 엘리트 체육으로 그 목적상 구분된다. 엘리트 체육은 예비 프로선수(pre-professional) 육성에 목표를 두고 있으므로 스포츠 활동에만 모든 역량을 집중하는 등 일반 체육과는 눈높이와 훈련량, 훈련 방법이 다를 수밖에 없다(최근에는 엘리트 체육도 학생들을 교과 과목에 참여하게 하는 등 변화가 있다.).

영어 교육에 있어서는 늘 우리의 선례가 되어 왔던 일본은 스포츠처럼 목적에 맞게 영어 지도법을 달리 한다. 성문 영어로 대표되는 학력고사식 문법 공부는 구식 일본 영어 교육을 답습한 것으로, 지금까지도 비난의 대상이 되고 있는데, 일본 영어 교육은 여전히 그 자리에 머물러 있다. 더욱이 일본 국민들의 영어 수준은 선진국 중 최하위로 우리나라 언론에서 조롱거리로 다루어지기도 한다. 그러나 번역, 통역, 국제 협상 등 영어가 필요한 전문 영역에서 인력의 양성과 영어 수준은 반대로 세계적 수준을 자랑한다. 무엇보다 일본은 영어 잘하는 다른 다라들을 저만치 뒤에 두고 있는 최강국이다.

다시 말하면 일본에서는 영어를 생업으로써 익히는 것과 수단적 차원으로 목적을 분리하여, 영어 학습의 목표와 방식을 전략적으로 달리한다. 일본은 영어가 도구이지, 목적이 아니므로 모든 사람이 영어를 잘해야 할 필요가 없으며, 각 분야의 전문성을 높이는 것이 우선되어야 한다는 입장이다. 일본은 그들이 영어를 잘해서 경제 대국이 된 것이 아니듯이, 필리핀이나 케냐, 나이지리아가 영어를 못해 가난한 것은 아니라고 말한다.

일반 교육은 뒷전에 두고 스포츠 활동에만 집중하는 예비 프로선수와 영어 말고는 내세울 것이 없는 영미권 후진국의 비교를 우리 자녀들의 영어 교육에 적용해 보자. 아이들의 학습목표는 영어만을 잘하는 어학 전문가가 아니다. 전략적인 영어 교육을 펼치는 경제강국 일본처럼 목적이 분명한 영어 교육의 전략을 세우고 있어야 한다. 자녀 진로계획상에 영미권 대학으로의 유학이나 영어특기자 전형이 들어 있지 않다면, 일단은 대입 수능 영어 1등급에 목표를 잡고 이에 맞는 수준과 방법론을 도입해야 한다. 어디까지나 1차 목표는 대학입시에서 좋은 성적을 거두는 것이고, 그리고 나서 영어를 보강해 전문성과 경쟁력을 갖춘 국제인으로 자녀들을 성장시키는 것이다.

따라서 영어를 포함한 대입시험 전 과목에서의 고른 성적을 거두는 것이과 무조건 최우선이다. 시간, 노력 등 공부 자원은 그에 상응하여 배분함이 옳다. 수능 영어 1등급 달성은 조기영어와 어학연수 없이도 우리가 제시한 원칙과 학습법만 지킨다면 얼마든지 가능하다. 불요 불급한 비용, 시간을 영어에 과도하게 할애하는 것을 지양하고, 공부의 균형을 잡아야 한다.

덧붙여 입학사정관제 등에 대비해서 토플, 텝스 등의 점수를 최상 으로 준비해야 한다는 일부 사교육 업체들의 논리는 확실히 잘못된 것 임을 밝힌다. 우선 입학사정관제의 관찰 대상은 지원 학과에 부합하는 학생의 잠재력과 자기주도학습 능력이지 교외 수상실적이나 공인영어 성적이 아니다. 이에 해당하는 입학전형은 '특기자 전형'으로 별도 구 분되어 있고, 정원도 해외 유학, 거주 경험이 있는 소수의 어학 우수자 에 한정하고 있어서 매우 적다. 이에 동화되어 온통 영어에만 매달려 필요 이상의 막대한 기회 비용을 치루는 시행 착오를 하지 않기를 바 란다.

기본이 올바르지 않으면 일정 수준 이상으로 발전하지 못한다
- '영어 공부'가 아닌 '영어 사용 훈련'을 하라

스포츠 세계에서는 자세 등 올바른 기본기를 다지지 않고서 운동선 수로 대성하는 예가 없다. 타고난 재능과 감각으로 잡식성 성장은 어느 정도까지 가능하지만, 일정 수준에 오르면 기본기가 강한 경쟁자에 밀 리게 되어 있다. 만약 그 이상으로 발전하려 한다면 처음으로 되돌아가

기본 자세부터 바꾸는 대수술을 해야 한다. 스포츠처럼 극단적이지는 않지만 영어도 언어적 기본기를 무시한 채 학력고사식의 공부법에 일단 익숙해지고 나면 영어 틀이 무너져서 직독직해와 영어로 듣고 영어로 사고하는 체계로는 좀처럼 발전하지 못한다.

우리 말의 틀에서 영어를 쓰려는 고집을 꺾기 위해서 천하의 타이거 우즈도 스윙폼을 교정했듯이 영어를 언어로 받아들이는 기본 훈련부터 다시 시작할 필요가 있다. 타이거 우즈는 2003년까지 PGA에서 5차례나 우승 트로피를 들어올렸으나 발전의 한계를 느끼고 스윙 교정 작업에 들어갔다. 이후 얼마간의 적응 기간 동안 극심함 슬럼프에 빠지며 '그의 시대는 갔다'는 혹평까지 들었지만, 스윙 교정이 끝났다고 선언한 다음 해부터는 이전보다 훨씬 뛰어난 성적으로 메이저 대회 정상 등 가공할 위력을 떨쳤다.

더 나은 발전을 위해 정상에 있었던 타이거 우즈가 스윙폼을 교정했듯이 중학교 때까지 영어 내신을 받쳐 주던 학습방식도 영어를 언어로 수용하는 것에 부적합하다면 더 늦기 전에 기본으로 돌아가야 한다. 두뇌의 언어 중추에 영어의 그릇을 만들고, 다양한 정보들을 영어 그릇을 활용해 처리하는 연습이 그것이다.

'영어의 그릇'을 만드는 기본이라고 해서 대단한 다른 무엇이 있는 것은 아니다. 우리말을 기준으로 단어를 외우거나 문법을 분석하려 들지 말고, 영어적 사고로 직접 정보를 처리하는 과정을 연습하고 익히는 것이다. 영어 단어는 우리말 해석으로 외우지 않고 단어의 뜻을 대표할

수 있는 문장으로 암기한다. 또 문법은 영어적 사고 및 표현 방식을 익
숙하게 수용할 수 있는 능력을 구비한다는 목적으로 익히고, 반드시 장
문 독해 훈련을 병행한다.

'영어의 그릇'을 만드는 훈련을 처음 시작할 때에 모르는 단어가 등
장하거나, 생소한 형태의 구문을 만나게 되면 자신감을 잃기 쉽다. 분
절된 의미들이 머리 속에서 연결되지 못하고 떠다닐 수 있다. 그럼에도
불구하고 우리말 번역 과정을 거치지 말고, 의미 단위로 영어 정보들을
이어가는 훈련을 지속해야 한다. 이 장벽을 뛰어넘지 못하면 영어 경쟁
력을 갖추는 것은 불가능하다. 학습의 목표도 막연히 영어 실력을 높이
는 것이 아니라, 이 영어의 그릇을 만들어 가는 데에 있어 부족한 부분
을 채워 나가는 것으로 구체화해야 한다.

꾸준함이 생명이다
- 꾸준한 영어 학습을 위한 자기만의 방법과 계획을 찾아라

꾸준한 훈련과 연습을 건너뛰는 천재성이란 없다. '하루를 쉬면 내
가 알고, 이틀을 쉬면 코치가 알고, 삼일을 쉬면 관중이 안다'는 말은 모
든 스포츠에서 진리로 받아들여진다. 매일의 훈련으로 몸에 최적화된
근육을 붙이고, 그 안에 필요한 동작의 정보가 각인되도록 해야 하기
때문이다. 스포츠와 동일하게 핵심 역량인 영어 그릇을 언어 중추에 만

들기 위해서 매일 지속적인 학습이 필수적이다. 어린아이가 말을 배울 때 매일 부모와 주위 환경으로부터 언어 자극이 주어지듯 조금씩이라도 영어에 노출되지 않으면 언어적 틀인 '영어 그릇'은 형성되기 어렵다.

엄마는 영어의 꾸준함, 지속성만은 놓치지 않도록 영어 학습의 동기 요인과 규칙적인 관리를 신경 써 주지 않으면 안 된다. 그러나 중·고등학교 들어서면 영어의 수준은 이미 엄마가 감당하기 어려운 수준으로 올라가 있다. 초등학교 이전처럼 옆에 끼고 앉아서 꾸준히 영어를 학습하도록 강제할 수 있는 수단과 방법, 능력이 있을리 만무하다. 그래서 우리는 이를 구체적으로 다룰 '매일 영어 작문'을 강력히 추천하는 바이다. 즉, 스포츠, 영화, 역사 등 아이가 관심이 있는 주제를 정하게 하고 그에 맞는 영문 기사나 자료를 인터넷으로 찾아서 읽고, 이를 바탕으로 자신의 생각을 조금씩이라도 영어로 작문해 보는 것이다. 영어는 단어와 문법을 외우고 문제를 푸는 것이라는 소극적 학습태도에서 벗어나 영어 사용의 주체가 되어 봄으로써 아이는 영어에 대한 재미와 학습을 지속할 힘을 얻는다. 매일 영작문의 유용성과 가치, 지도방법 등은 다시 설명하도록 하겠다.

우리는 이제 '영어는 영어의 그릇에 담아야 한다'는 영어 교육의 본질을 견지(堅持)하면서, 영어 학습의 올바른 지도법을 목적과 시기별·수준별로 나누어 설명하고자 한다.

어떻게 영어 실력은 누가 어떻게 평가할 것인가? 우리나라는 영어 교육이 시작된 이래 '영어는 영어를 쓰는 사람들이 평가해야 한다'는 통념을 벗어날 생각을 못한 채, TOEIC, TOEFL시험 체계를 신봉해 왔었다. 1999년에서야 서울대학교 언어교육원에서 TEPS라는 한국형 영어시험의 모델을 제시하였지만, TOEIC, TOEFL의 아성을 넘기는 역부족이었다. 그러다 2008년 일명 '토플대란'이 발발하고 나자 영어능력 평가 시험에 외화 낭비가 크다는 국민적 인식이 확산되어 공기업, 공교육 기관의 주도로 TEPS의 활용 비중을 늘리게 되었다. 이때부터 정부 차원의 '한국형 영어능력 시험'이 검토되기 시작하여 구체적인 그림이 최근에 발표되고 있다.

이 정부 주도의 한국형 영어 시험인 국가영어능력 평가(NEAT)는 빠르면 2012학년도부터 시행될 예정이고, 수능의 영어를 대신하여 점진적으로 수험생들의 영어능력을 평가할 계획이라고 한다. 일부 언론에서는 2016년 수학 능력시험 대체가 확정된 사실인 것처럼 보도하기도 하였으나, 교과부는 수능 대체 여부는 아직 결정되지 않았으며, 2011년까지 시범평가를 거친 후 2012년 하반기에나 결정될 것으로 보인다.

NEAT는 실용영어 능력 측정을 강화한 것이 특징이며, 영어의 4개 영역인 듣기, 읽기, 말하기, 쓰기를 인터넷 기반(IBT)의 형식으로 2시간 반 동안 치루게 된다. 시험의 종류로는 대학생과 성인들을 대상으로 하는 1급 시험과, 고등학생을 대상으로 하는 2,3급 시험이 있다. 고등학생용 시험은, 수능 외국어 영역 수준의 2급 시험과 실용영어능력에 주안점을 둔 3급 시험으로 구분되며, 고3에게는 2회, 향후에는 고2까지 응시대상을 늘려 최대 4회를 볼 수 있도록 한다. 성적 부여는 여러 가지 안이 있지만 일단 점수가 아니라 등급을 적용할 것이라고 한다. 이에 관한 세부 논의들은 계속되고 있다.

앞서 언급했듯이 아직 수학 능력시험 대체 여부는 확정된 것이 아니지만 계속해서 현재 지불되고 있는 영어능력 평가에 대한 외화 부담을 줄이기 위해서라도 국가영어능력 평가가 시행될 것은 명백한 사실이며, 현 중1학년 자녀부터는 대체된 시험으로 영어능력을 평가받을 가능성이 높다. 본 시험을 대비해 유의해야 할 사항은 먼저 아이들이 익숙하지 않는 인터넷 방식(IBT)로 시험을 치루어야 한다는 것과 듣기와 읽기의 비율이 1:1이라는 점이다. 또 쓰기와 말하기도 평가의 대상이 된다. 쓰기와 말하기는 아무래도 공교육의 아킬레스건이 아닐 수 없다. 이를 대비한 체계적이고 꾸준한 준비가 요구된다.

연결이 힘이 되는
영어통합학습법

통합학습법

'연결(Link)이 힘이 되는 영어'란 영어공부 방법론의 핵심인 '통합학습법'을 다른 말로 표현한 것이다. 지금까지 영어는 언어학습으로 접근해야 하며, 영어는 '영어의 그릇'에 담겨 있을 때 경쟁력을 발휘한다고 설명하였다. 그리고 이 영어의 대원칙은 앞으로 제시할 방법론인 통합학습법에서 구체화된다. 즉 언어의 네가지 영역인 '듣기와 읽기, 말하기와 쓰기'를 별도로 훈련하는 것이 아니라, 하나의 연결된 체계 안에서 학습할 수 있도록 하는 것이 바로 통합학습법이다.

다시 말하면 영어 평가는 명목상 '듣기 독해 문법 어휘'로 나누어지지만, 언어라는 큰 관점에서 보면 모두가 하나로 연결되어 있어서, 어느 한쪽만 강하거나 약할 수가 없다는 것이다. 읽기와 쓰기는 연결되어 있고, 말하기와 듣기는 떼어서 생각할 수 없다. 우리말을 배울 때 우리 중 어느 누구도 이것들을 따로 구분하여 익히지 않았다. 모든 언어 습득은 '통합적 학습'의 결과물인 것이다. 어떤 엄마들은 모든 언어의 영역을 연결하는 통합학습법이 영어 기초가 부족한 아이들에게는 효과적이지 못한 것이 아닌가라고 묻곤 한다. 그러나 이 질문에 대해서는 "통합학습법은 수준과 특성을 막론하고 영어을 배우는 모든 아이들에게 예외없이 적용되어야 할 최선의 방법이다."라고 단정지어 말할 수 있다.

일부 엄마들이 이에 반신반의하는 데에는 아마도 학원 등에서 통합학습법을 적용한다는 얘기를 잘 듣지 못하는 이유에서일 것이다. 통합학습법들의 가치는 모든 학원들이 잘 알고 있으면서도 주된 학습 지도법으로 적용하지 못한다. 그 이유는 3부 '사교육과 선행학습, 그 득과 실'에서 언급한 것처럼 1:1 학습 지도가 불가피한, 소위 수지타산이 맞지 않는 방법이기 때문이다. 더욱이 통합학습법은 단기간의 '반짝 공부'와는 달라서, 많은 엄마들이 학원에 기대하는 단기적 목표 달성이 쉽지 않다. 그러므로 우리 자녀들이 진짜 영어 실력을 높이기를 바란다면 학원에만 의존하지 말고, 엄마의 책임 지도 하에서 통합학습법을 시작하는 것이 필요하다. 이제 통합학습법의 세부 방안으로 '어휘, 문법을 함께 하는 읽기', '매일 영어작문', '말뭉치 끊어 읽기', '복합적 듣기 훈련'에 대해 설명하고자 한다.

어휘, 문법을 함께 하는 읽기

통합학습법의 시작은 읽기다. 많은 학생들이 단어 따로, 문법 따로, 읽기 따로 공부하는데 이러한 따로 학습법을 버리고 통합적인 읽기부터 시작해야 한다.

문법서를 따로 공부하며 영문법을 익히는 것보다 문장을 읽으면서 그 안에서 부족한 부분을 파악하고 보완하는 방식으로 배우는 것이 낫다. 수능에서는 학력고사식의 헷갈리기 쉬운 영문법을 가지고 문제를 출제하는 것이 아니라 글의 전체적인 맥락 안에서 적절한 어법을 물어보기 때문이다. 학교 영어수업이 기본적으로 문법을 중심으로 하고 있어서 학교 영문법 수업 내용을 따라가기만 해도 읽기에는 충분하다. 또 문법적인 규칙들을 따로 외우지 않더라도 반복적인 영문 읽기를 통해 자연스럽게 규칙들을 익혀나갈 수 있다. 그리고 읽는 도중 구문 이해가 되지 않아, 찾아서 확인하는 영문법이 '영어의 그릇'을 가장 확실하게 빚어내는 재료가 된다. 아무런 문법 이해의 필요성을 느끼지 않은 상태에서 명사, 동사, 관사, 구, 절 등을 문법서를 그대로 따라간다면 영어가 지겨운 공부가 될 뿐 실제 언어 사용 능력에는 별다른 영향을 미치지 못한다. 문법을 먼저 배우지 않고 무슨 영문 읽기가 가능하겠냐는 의심은 과감히 버려라. 충분히 읽기가 가능하며 그 과정에서 비롯된 필요와 문법적 이해야말로 올바른 언어 습득의 순서이다.

어휘력에 있어서도 마찬가지이다. '어휘가 부족한데 무슨 장문 읽기냐? 기초 어휘부터 충분히 외운 후에 읽기에 들어가는 것이 옳다.'라고 생각할지 모르겠다. 그러나 문장과 맥락을 통해서 익힌 단어야말로 살아 있는 언어의 기억이 된다. 또 한글 해석으로는 좀처럼 표현하기 힘든 단어의 여러 의미와 뉘앙스(nuance)까지도 실제 문장을 통해 익힐 수 있다. 별도의 어휘책으로 암기한 단어는 한글 뜻을 수없이 외워도 정작 시험의 장문 리딩에서는 자연스러운 해석으로 이어지기가 매우 어렵다. 기억도 나지 않을 뿐만 아니라 한 단어에도 여러 가지 복합적 의미가 담겨 있어서, 특정한 우리말 뜻으로만 기억되어 있다면 큰 혼란만 불러일으키게 된다. 단어를 점검하려면 반드시 읽기 지문에서 맥락을 찾아야 하며, 단어장을 정리할 때에도 반드시 예문과 함께 정리해야 한다.

TIP. **단어장 정리 방법**

단어장을 정리할 때는 예문이 없는 '단어만을 위한 단어장'을 만들지 않도록 주의해야 한다. 단어는 지문 내의 문장으로 우선 외워야 하고, 사전에 나와 있는 용례별 대표 예문도 함께 단어장에 기록하는 것이 바람직하다. 앞에서도 언급했듯이 모든 영역은 영어라는 큰 틀 안에서 유기적인 관계를 갖고 있기 때문에 애써 이런 관계를 끊으면서 단어만 암기할 필요는 없다.

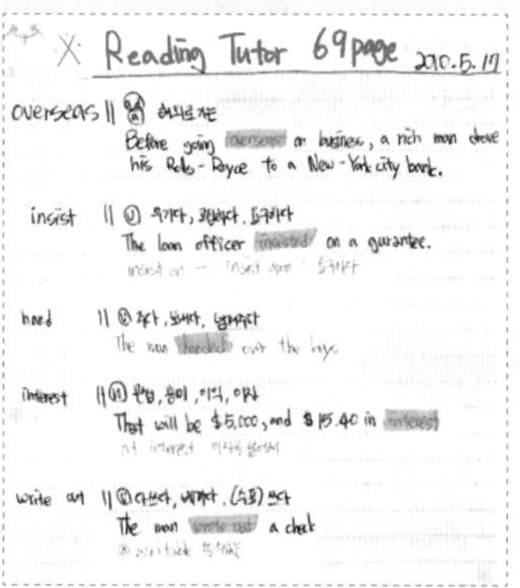

❶ 지문 읽기에서 발견한 생소하거나 정확히 모르는 어휘로 단어장을 만든다. 별도의 Vocabulary(어휘책)에서 다수의 단어를 뽑아내지 않도록 한다.

❷ 사전에서 단어의 의미를 대표하는 문장, 또는 단어를 포함하고 있는 본문을 적어 봄으로써 실제 영어 사용 용례로 어휘를 이해하고 이 문장 단위로 단어를 외운다.

❸ 사전에서 해당 단어의 1, 2번 뜻과 읽기 본문에 적용되는 의미까지만 단어장에 기재한

다(너무 많이 적지 않도록 한다.).

❹ 사전에 있는 관련 어휘 또는 숙어 등을 적는대(역시 1~2개 정도로 간단히 한다.).
이렇게 정리된 단어장은 반드시 예문을 소리내어 읽으며 복습한다.

통합학습법을 위한 최고의 읽기 지문은 교과서이다. 교과서의 본문은 많은 연구와 노력이 결집된 최고의 문장과 구문으로 다른 학습 자료를 구하기 전에 엄마는 교과서를 충실히 보았는지부터 점검해야 한다. 간혹 지루한 학교 수업의 여파로 교과서까지 소홀하게 여기는 아이들이 있는데, 교과서의 문장과 표현 하나 하나를 완전히 자기의 것으로 만들 수 있도록 자녀들을 잘 다독여 보자.

교과서를 처음 공부할 때, 자습서부터 참조하는 것은 지양해야 한다. 교과서에 나오는 단어와 문법을 친절하게 정리하여 설명하는 자습서의 존재가 통합 학습을 방해할 수 있다. 반드시 스스로 교과서를 읽고 모르는 단어와 이해되지 않는 구문은 일일이 사전과 문법서를 찾아본 후에 필요할 경우 가장 나중에 참고서를 꺼내야 한다. 교과서를 충분히 공부한 이후에는 아이의 학년과 수준에 맞는 시중의 영어 독해(문제)집을 고르도록 한다. 영어로 된 지문이라면 뭐라도 좋다는 식으로 대충 정해서는 안 된다. 모르는 단어가 너무 많으면 아이가 질려 하거나 수준에 맞지 않는 단어의 정리로 본문 읽기에 집중하지 못하게 된다. 읽기 지문에서 모르는 단어가 5~10개 수준이 가장 적절하다. 그러므로 엄마는 아이의 수준에 맞는 책을 선택하고, 아이가 감내할 수 있는 분량을 일정하게 정하여 영어 읽기를 지도하는 것이 좋다.

매일 영어작문

'매일 영어작문'은 말 그대로 매일 단 한 문장이라도 아이로 하여금 영어 문장을 작문노트에 적도록 지도하는 것을 말한다. 영어도 잘 못 읽는 아이한테 작문을 요구하는 것이 무리로 들릴 수 있다. 그러나 매일 영어작문은 끌려다니는 공부가 아니라, 자신이 좋아하는 주제의 영문을 스스로 찾고, 자신의 느낌과 생각을 영어로 표현해 보게 함으로써 영어의 그릇을 만드는 데에 탁월한 효과를 가져오게 된다.

매일 영작을 위한 지도 과정은 이렇다. 아이에게 연예인, 영화, 게임, 스포츠 등 자신이 원하는 주제라면 무엇이든 정하고, 해당 주제어로 인터넷에서 영어 지문을 구하게 한다. 포털 사이트에 메인으로 올라온 영문기사나 인터넷 키워드 검색, 또는 국내 영자신문 인터넷 판에서 얼마든지 양질의 지문(검색 순위가 높은 글)을 얻을 수 있다. 그 가운데서 자녀의 수준에 맞는 가급적 짧고 평이한 글을 읽게 한 후에, 인상 깊은(잘 이해되는) 문장들을 골라서 암기하듯 작문 노트에 적게 한다. 그리고 나서 읽은 내용을 기반으로 한 문장이라도 작문을 하게 하는 것이다.

'집-학교-학원-집'으로 이어지는 뻔한 일상사를 가지고 영어 일기를 쓴다거나, 아무 자료 없이 맨 바닥에서 작문을 하는 것은 매우 어렵다. 그래서 풍부한 영어 독서를 하는 최상위권의 학생이 아니면 영어 일기 쓰기는 권하지 않는다. 하지만 코칭맘스쿨이 제안하는 '매일영작문'은 아이가 스스로 자신이 좋아하는 주제와 글을 찾고, 이 참고문을 바탕으로 짧은 생각과 느낌을 적어 보게 하는 것이므로, 평균적인 중학

IU takes a break to get recharged.
Teenager IU is undisputedly one of the hottest singers of the moment.
She became popular with her new album "Real" released Dec. 9,
is putting an early end to promotional activities for the album.
"We are worried for IU's health because of her busy schedule,
and have decided to end the promotional period two weeks earlier than scheduled,"
Leon Entertainment, her management company, said on Monday.
"She will take a brief breather from her music career to regain her strength.
"The entertainment company also said the singer has been suffering from frequent colds.
IU recorded a video message and posted on her official fan page after the performance,
saying, "I thank all my fans for their support and will return soon.
I will also focus on my role in the KBS drama, "Dream High."
She tremendously enjoys shooting the teenage drama "Dream High" currently airing on
KBS2 TV .

▲ 영작 노트의 예

생이라면 어렵지 않게 따라갈 수 있다. 하루 30분 정도의 짧은 시간이지만, 이때에는 철저하게 아이가 영어 학습의 주체가 되어 영어 그릇을 빚어 보는 것이다.

단, 절대 작문한 문장이 짧거나 문법상 오류가 있다고 해서 지적함으로 아이를 위축시켜서는 안 된다. 작문을 하며 턱없이 부족한 영어 능력과 한계를 느끼게 되는 사람은 아이 자신이다. 30분 이상을 투자하여 달랑 조잡한 한 문장이 나와도 밀도 있는 칭찬과 격려를 해 주고, 문장 오류는 학교 선생님께 질문하거나 나중에 책을 통해 확인하여 수정·보완란에 정정문을 적도록 하게 하라.

말뭉치 끊어 읽기

'영어의 그릇'이 온전히 형성되기 전까지 장문의 영어를 읽을 때 해야 할 훈련 방법이 있다. 바로 '말뭉치 단위로 끊어 읽기'이다. 기본적으로 언어는 도형, 그림처럼 한번에 정보를 전달할 수 없으므로, 적절한 '의미 단위'로 묶여진 말을 이어서 전달한다. 말을 할 때 미세한 끊김(pause)이 생기는 이유도 이러한 '의미 단위'가 존재하기 때문이다. 한국어나 영어도 여기에서 예외일 수는 없고, '의미 단위'에 의존하여 말하기, 읽기 등의 언어활동을 하게 된다. 이 의미 단위를 우리는 '말뭉치'라고 부른다.

'말뭉치 끊어읽기'를 한다는 것은 영어를 한국어로 재구성하여 번역하려는 것을 멈추고, 영어를 영어자체의 의미단위로 이해해 받아들인다는 뜻이다. 문장을 읽어 나가면서 앞에서부터 차근차근 의미 단위가 되는 말뭉치의 내용을 파악해 더해가는 작업이다. 따라서 굳이 문장을 한국말의 어순으로 헤쳐 모여 시켜서 뒤에서부터 번역하는 등의 번거로운 작업을 하지 않아도 된다. 그리고 이것이 가능해 지면 자연히 독해의 속도가 붙게 되며 영어를 들을 때에도 말뭉치 단위로 이해할 수 있게 된다.

말뭉치 끊어 읽기의 효용성이 널리 알려지면서, 중·상위권 이상의 학생들이라면 한번쯤 듣고 시도해 본 내용일 것이다. 하지만 실제로 정확한 말뭉치 끊어 읽기를 통해 직독직해를 하고 정확한 의미 파악에 유용하게 사용하는 학생들은 그리 많지 않다.

Thanksgiving

Thanksgiving in North America/had originated/from a mix of European and Native traditions/Typically in Europe/festivals were held/before and after the harvest cycles/to give thanks to God/for a good harvest/to rejoice together after much hard work/with the rest of the community./At the time/Native Americans had also celebrated/the end of a harvest season./When Europeans first arrived/to the Americas/they brought with them/their own harvest festival traditions/from Europe/celebrating their safe voyage, peace and good harvest. /Though the origins of the holiday/in both Canada and the United States/are similar/Americans do not typically celebrate the contributions/made in Newfoundland/while Canadians do not celebrate the contributions/made in the Plymouth, Massachusetts./

▲ 말뭉치 끊어 읽기의 예

처음 시도하는 학생의 경우 어디까지 말뭉치를 끊어 읽어야 할지 모를 수 있지만, 걱정하지 말자. 시중에 나와 있는 독해집들 가운데 상당수가 지문 풀이를 이러한 방식으로 하고 있다(해설지를 보면 대부분의 독해집이 지문을 의미 단위로 끊어 놓았다.). 문제는 학생들이 지문을 풀이 목적으로만 대충 읽고 그냥 지나친다는 점에 있다. 따라서 영어 독해에는 말뭉치 단위의 끊어 읽기 훈련을 주된 목적으로 하여 익숙해질 때까지는 나누기가 적절했는지 독해집의 해설지와 비교하는 노력을 아끼지 말아야 한다.

복합적 듣기 훈련

'복합적 듣기 훈련'란 '통합학습법'의 듣기 편이라고 보면 된다. 영어 듣기의 반복으로만 훈련하는 것은 평가에 익숙하게 만들어 일정 수준 점수 향상에 도움이 되지만, 아이의 영어 실력이 바로 자라지는 않는다. 고수들은 영어 듣기 실력을 높이기 위한 방법으로 듣기와 함께 받아쓰기와 따라 읽기를 예외 없이 추천한다. 인간의 지능 특히 언어지능은 복합 감각을 사용할수록 발달 속도가 빨라지기 때문에, 받아쓰기와 소리내어 읽는 것을 병행하는 것이다. 세부 방법과 순서는 다음과 같다.

먼저 엄마는 시중에 있는 듣기 문제집을 구입하여 처음에는 듣기 평가 상황과 동일한 조건을 만들어 시뮬레이션 테스트를 하게 한다. 그리고 이미 한번 치른 시험이라고 해서 넘어가지 말고, 복합적 듣기 훈련을 이어서 지도한다. 우선은 몇번이고 반복해서 들리는 부분까지만이라도 받아쓰게 하고, 더 이상 진전이 없으면 본문 확인을 시켜준다. 본인의 실수와 모르는 단어를 점검한 후 다시 받아쓰기를 한다. 문장이 완성되었으면 받아 쓴 내용을 3회 이상 성우의 발음과 속도에 맞추어 읽는 연습으로 마무리한다.

영어 최상위권 학생들 중에는 영어 듣기 문제를 자신의 목소리로 MP3에 녹음하여 듣는 경우가 많다. 듣기 문제의 녹음으로 듣기 훈련과 동시에 발음과 인토네이션(Intonation, 성조, 억양)을 점검하는 효과를 거둘 수 있다. 자신이 발음하지 못하는 단어는 들리지 않기 때문에 이러한 과정의 유용성이 매우 크다. 이밖에 장문 읽기 녹음은 영어 사고하기와 교과서 내의 좋은 문장을 암기하는 훈련법으로 쓰인다.

'복합적 듣기 훈련'을 마지막으로 영어의 네 가지 통합학습법(어휘·문법을 함께하는 읽기, 매일 영어작문, 말뭉치 끊어 읽기)을 알아보았다. 사실 겉으로는 쉬워 보이는 방법이지만 실제 해보면 각 방법마다 많은 시간과 노력이 필요하다. 그리고 언어의 그릇을 만드는 개별적이고 세밀한 도움을 사교육만 의지해서는 불가능하다. 어렵더라도 엄마가 나서서 적절한 방향을 초기에 잡아 준다면, 그 이후는 아이가 스스로 통합적인 언어 습득을 해 나갈 것이다. 듣기, 어휘, 독해, 문법 이 각각 따로 학습했던 패턴에서 벗어나 통합적으로 영어 사용을 훈련할 수 있도록 지도 체계를 과감하게 바꾸어 보자.

아이의 수준에 맞추는 시기별 영어 지도법

이 장의 마지막은 시기별 영어 지도법이다. 영어는 언어이기 때문에 학생들의 지적인 성장 수준에 보조를 맞추어 학습해야 한다. 영어를 아무리 잘해도 초등학생이 토플을 배울 수는 없는 것이고, 아무리 영어를 못한다 해도 고등학생이 영어 동요를 들으면서 학습 효과를 높일 수는 없다. 또 영어 능력에 상관없이 고등학교에 진학하게 되면 대학수학능력시험이라는 최종 관문을 항상 염두에 둔 학습 전략이 필요하다. 단 시기와 관계없는 개인차는 분명히 존재한다. 따라서 우리가 말하는 시기별 공부법은 수능 대비 시기를 제외하고 학생의 수준에 따라 1~2년 빠르게 또는 느리게 탄력적으로 적용할 수 있음을 미리 밝힌다.

유·초등 시기 영어

유·초등 시기에는 영어에 대한 흥미와 친근감을 만들어 주는 것이 가장 현실적인 과제이다. 일부 학부모님들과 사교육 기관에서 어릴 때부터 강도 높은 영어를 해야 중·고등에 가서도 영어를 잘 할 수 있다고 생각하는데, 이는 학생들의 언어 발달에 대한 몰이해에서 나온 견해이다. 언어는 사고력과 함께 발달한다. 유아와 초등 학생이 아무리 영어를 잘해도 그것은 유·초등 영어에 불과하다. 어차피 중·고등 때 그 시기에 맞는 학습이 되지 않으면, 어릴 적 영어가 대단했어도 성적이 떨어질 수밖에 없다.

오히려 유·초등 시기의 과도한 영어 교육 투자는 사고력, 독서능력 등 다른 영역의 발달을 방해할 수 있다. 단, 영어를 언어로 자연스럽고 받아들이고 관심의 끈이 끊어지지 않도록, 초등학생들의 특성이 반영된 활용 위주의 교육과 영어노출을 권장한다. 영어학원, 학습지, 영어 비디오 등 영어 학습의 채널 선정에 있어서도 유경험자들의 평가와 경제적 요건 등을 복합적으로 고려해야겠지만, 무엇보다 영어에 대한 아이들의 관심 유지를 최우선 조건으로 삼는 것이 좋다. 본격적으로 영어에 몰입해야 하는 이전 시기에 영어에 대한 거부감이 생기거나, 자신감을 잃게 된다면 영어 교육은 하지 않는 것만 못하다.

예비 고등, 중학교 시기 영어

초6과 중1, 2학년 영어는 시험영어로의 전환기이다. 이 단계에서 아이들은 초등학교 때의 흥미 위주의 영어와는 다른 영어를 배운다는 심리적 부담감을 많이 받게 된다. 실제 중1부터 주요 영문법의 비중과 학습해야 할 과제의 양이 급격히 늘어나면서 많은 아이들이 평가 중심의 영어에 적응하지 못하고 어려워한다.

이 시기에는 큰 욕심을 부리지 말고 교과과정을 충실히 따라가면서 기본기를 탄탄하게 다지겠다는 목표를 가져가는 것이 좋다. 일부 성급한 학부모님들은 빨리 문법을 끝내고, 독해 중심의 공부로 속도를 내려 하지만 영어에는 긴 호흡이 필요하다. 언어적 능력이 뛰어난 1~2%의 극소수를 제외하고는 교과과정을 성실히 따라 가면서 적절한 수준의 독해 교재를 2, 3개월에 한 권씩 충실히 마스터하는 방식의 공부로도 충분하다. 사실 대수롭지 않게 보여도 이 정도의 꾸준한 학습에는 영어에 대한 상당한 열정과 성실성이 필요하다. 단순히 문제 풀이만 할 것이 아니라 통합학습법에 맞추어서 말뭉치로 끊어 읽고, 읽으면서 배운 단어를 예문을 찾아 기록하고, 지문에서 사용된 문법들을 정리해야 하기 때문이다.

학교의 커리큘럼을 따라가면 중학교 3년 과정 내에 영어에 필요한 거의 모든 문법을 배운다. 별도의 학원 도움 없이, 정규 교육 과정을 충실히 따라가도 수학 능력 시험의 핵심인 장문독해에 큰 무리가 없을 정도의 문법 지식을 갖추게 된다. 그러므로 자녀가 교과서와 학교 수업의 내용을 충실히 따라가게 하고, 추가적으로 너무 어렵지 않는 구문 중심의 문법서 하나를 선택하여 교과에 해당하는 내용을 빠짐없이 점검하도록 하자.

중학교 시절 독해에만 치중한 나머지 듣기를 소홀히 하는 경우가 많다. 이 시기에는 듣기 문제집을 사서 풀기보다는 학생 수준에 맞는 오디오북(Audio Book)을 구입하여 복합적 듣기 훈련을 해야 한다. 특히 듣고 받아 쓰는 훈련을 반복해서 해야 하는데, 초기 단계에 아이들이 쉽게 포기할 수 있으므로 꾸준히 격려하고 쉬운 책부터 하나하나 실천해 가도록 하는 것이 중요하다.

중3~고2 여름 방학

중3부터 고2 여름 방학까지는 아이들의 영어 실력이 가장 비약적으로 성장하는 시기이다. 영어 이전에 사고력과 언어적 감각이 갖추어지기 때문이다. 또 이때에 영어가 인생에 있어 매우 중요하다는 자기 의식이 눈을 뜨기도 한다. 따라서 엄마들은 이에 부응하여 올바른 영어 공부에 가속을 더할 수 있도록 해 주어야 한다. 이 기간에 아이가 대학 입시에 필요한 영어의 그릇을 완성한다는 목표를 갖도록 동기를 부여하고, 통합학습법의 습관이 완전히 자리 잡힐 때까지 지도하는 것이 중요하다. 먼저 중3까지 배운 문법에 대한 총괄적인 정리와 고등학교의 심화된 문법을 총정리한다. 단, 수능에 나오는 2개의 문법 문제가 타깃

이 되어서는 안 된다. 문법은 수능의 주류인 장문 독해에 있어서 문장 구성을 제대로 이해하고, 이를 통해 추론적인 사고까지 가능하도록 만드는 바탕이 되어야 한다.

따라서 내신 수준보다 어려운 독해집을 정해 꾸준히 단계별로 학습 강도를 높이면서, 그에 필요한 문법 지식을 병행해서 익히는 전략을 취하도록 하자. 문법만을 따로 공부해서는 독해 중심의 영어 평가와의 연결고리가 좀처럼 만들어지지 못한다. 어휘력 강화도 문법과 마찬가지로 통합학습법의 습관이 완전히 배여지도록 한다. 별도의 어휘책으로 단어를 따로 외워서는 막상 시험에 임했을 때 뜻이 기억나지 않거나 엉뚱한 해석으로 흐르기 쉽다. 이는 영어 단어의 다양한 의미와 문장 내에서의 뉘앙스 차이를 무시한 채 단편적인 우리말 뜻만 외운 결과이다. 그러나 독해를 통해서 정리된 문장 중심 어휘는 읽기 뿐만 아니라 듣기 평가에서도 정확한 의미를 적용해 낼 수 있다.

고2 가을 학기 ~ 수학 능력시험

실전 중심의 영어 대비를 본격적으로 해야 하는 마지막 시기이다. 이 안에서도 수능에 가까워질수록 실전감각을 키우고 학습 리듬감을 유지하는 Simulation Training의 비중을 높여가야 한다. 그러나 초기에는 실전감각의 유지와 함께 취약점을 분석하고 보완해야 한다. 즉 최소 일주일에 1~2회 정도 모의고사풀이를 통해 모의 실전 경험을 가져 가고 이를 통해 보완해야 할 자신의 취약점을 찾아내야 한다.

수능에서는 어휘를 알고 문장 해석을 했음에도 정답을 찾지 못하는 경우가 많이 발생한다. 대부분의 문제들이 '주제 및 제목, 글의요지 및 주장, 문단 요약, 내용 추론' 등 단순 독해능력 이상을 요구하고 있기 때문이다. 따라서 지문 해석와 이해의 부족까지 취약점을 구체적으로 찾아서 맞춤형 대응을 해야 목표 점수에 도달할 수 있다. 또 실전 감각과 학습 리듬감을 유지하기 위해 공부하는 시간과 양까지도 정교하게 가져갈 필요가 있다. 예를 들어 수능 영어는 점심 이후에 치루기 때문에 영어 공부도 오후의 집중력 저하, 긴장감 등을 감안한 유사 시간대에 하고, 수능의 문제 풀이 속도에 맞추어 리딩을 하는 연습도 계속 가져가야 한다. 단, 통합학습법은 이때에도 놓쳐서는 안 된다. 실전 연습과는 별도로 리딩과 어휘, 어법, 읽기를 연결하고, 듣기에 받아쓰기와 읽기를 더하는 훈련은 지속한다.

마지막으로 고3 9월 평가원 모의평가가 있고 난 후에는 집중적으로 수능의 유형별 특징과 문제해결 방법을 숙지하고, 기출문제나 수능의 실제 난이도에 맞는 실전 문제집을 선택하여 반복해서 풀도록 한다. 실전 준비에서 유의할 점은 최대한 유사한 환경을 조성해야 한다는 것이다. 실제 시험과 같은 시간 안에 소음 등 돌발 요인을 감안한 상황에서 연습을 해야 한다. 특히 듣기의 경우 평소 공부하던 이어폰을 끼고 하는 방식을 버리고 실제 시험장과 같이 스피커(될 수 있으면 너무 성능이 좋은 것은 피한다.)를 멀리 떨어뜨려 놓고 연습하는 것이 바람직하다.

어떠한 경우에도
통합학습법이 최선이다

어느 학년 어느 수준에서이든, '읽기 듣기 말하기 쓰기'가 연결(Link) 된 통합학습법은 영어 학습의 원칙이고 최선의 방법이다. 고등학교에 진학하면 당장 입시가 코앞이라는 조급한 마음에 취약한 부분부터 닥치는 대로 영어 공부에 매달리기 일쑤이다. 가장 대표적인 케이스가 문법서를 열어 놓고 1단원부터 공부한다거나, '○○ 필수단어집'을 다 외우기 전까지는 독해나 듣기는 일단 뒤로 미루어 두는 식의 공부법이다. 앞에서도 이야기했듯이 각 영역을 분절된 영어공부로는 노력만큼 영어 실력이 향상되지 않는다.

특히 듣기 평가 비중이 높고, 장문 독해가 중심인 대입수능에는 전혀 도움이 되지 못하는 영어 공부법이라고 하겠다. 뒤처졌다고 생각할수록 오히려 다른 학생보다 더욱 질적인 측면에 집중하여, 언어의 전 영역이 연결된 영어 통합 학습을 하도록 노력해야 한다.

언어란 원래 영역별로 나누어지지 않는다. 유독 듣기 평가에서 점수가 안 나온다면 듣기 외에도 종합적 영어 능력이 아직 일정 수준에 미치지 못한다고 보는 편이 옳다. 듣기 평가에서 심리적인 장애가 있는 학생이 아닌 이상, 독해 능력이 좋으면서 듣기가 안 되는 경우는 거의 없다. 듣기 평가 대비를 연습했기 때문에 점수가 들쑥날쑥한 것이며, 영어를 그대로 수용할 수 있는 '영어의 그릇'이 아직 만들어지지 못한 탓이다. 성우의 말하는 속도만 바뀌어도 수험생들이 듣기에 대한 실제 체감 난이도가 높아지는 이유는 영어를 언어로 들으려 하지 않고 문제의 유형별로 나누고 해답만 찾으려 하기 때문이다.

듣기만의 요령이나 스킬만으로는 절대 실력이 발전하지 않는다. 통합학습법의 '복합적 듣기 훈련'만이 수능 고득점을 기대할 수 있는 최선의 방안이다. 듣기에는 반드시 받아쓰기를 이어가고, 발음, 엑센트(Accent), 인토네이션(Intonation) 등에 유의한 따라 읽기로 완성해야 귀가 열린다. 앞으로 수능에서 듣기 평가의 비중이 17문항에서 25문항 50%로 늘어난다. 이제는 듣기가 읽기 중심 영어의 보조적 평가가 아니다. 어쩌면 읽기 이상의 중요성을 갖게 될 것이다. 따라서 듣기만 따로 연습하는 식의 기존 학습법을 고집하지 말고, 최대한 언어적 훈련으로 접근하려는 통합학습법의 노력을 게을리하지 않도록 하자.

자기주도
학습
자기주도
학습
자기주도
학습
자기
주도
학습
자기
주도
학습
How to study

Part 7.

역전을 부르는 수학

수학 앞에만 서면
작아지는 엄마와 아이들

"왜 안 해 봤겠어요. 방학 중에는 학원 특별반에 보내기도 하고 명문대생한테 과외도 시켰었죠. 그런데 무슨 진전이라도 있어야 계속 투자할 의욕이라도 생길텐데…"

수학 앞에서 허우적거리는 아이를 볼 때, 엄마들은 수학과 인연이 멀었던 자신의 과거가 천형(天刑)처럼 유전되었을지 모른다고 불안해한다. 굳이 입으로 말하지 않더라도 수학에 한계를 긋고 심리적으로 체념하는 경우가 많다.

설상가상으로 아이가 수학을 왜 공부해야 하는지에 의문을 제시하거나, 안 되는 수학에 시간을 낭비(?)하지 않고, 그 대신 다른 과목에 집중하겠다는 선언이라도 하게 되면 엄마로서 어떻게 대응해야 할지 참으로 난감해진다.

아이의 입장에서 느끼는 고민과 어려움은 더 심각하다. 학년이 올라갈수록 새로운 개념과 외워야 할 공식이 많아지면서 성적은 둘째치고 수업을 따라가기에도 벅차다. 대학입시 말고는 어디에 써 먹을지 모르는 수학을 피해 갈 궁리만 하게 된다. 간혹 마음을 다잡고 공부를 시도해 보지만, 어디서부터 어떻게 시작해야 할지 막막하기만 하다. 결국 노력한 만큼 성적은 나오지 않고 수학에서 마음이 멀어져만 가는 악순환만 계속될 뿐이다. 이쯤 되면 아이는 자기가 수학을 못하는 것이 선천적인 머리가 나빠서라고 생각하기 시작한다.

하지만 과연 수학은 머리가 좋아야만 잘 할 수 있는 과목일까? 유전적인 지능의 한계가 수학 성적을 가르는 장벽일까? 결론부터 말하자면 "절대 그렇지 않다."이다. 사실 이 학생들 중 대부분은 머리가 나쁘다기보다는 수학이 어떤 과목인지 제대로 이해하지 못한 나머지 잘못된 학습법으로 공부했기 때문에 부진한 성적을 거두고 있는 것이다. 따라서 올바른 진단과 학습법만 찾는다면 성적 부진과 자신감을 상실로 이어지는 악순환의 고리를 얼마든지 끊을 수 있으며, 더 나아가 수학에 대한 흥미와 높은 성적이 뒤따라가는 선순환 구조도 만들 수 있다.

앞에서 최상위권 공부의 기본에는 자존감에 있다고 하였다. 수학 부진을 벗어나기 위한 출발점도 다르지 않다. 수학에 대한 막연한 두려움과 실패의 경험에서 비롯된 위축이 학습 부진을 가중한 측면이 크기 때문에 아이가 '해 낼 수 있다'는 자신감과 자기 긍정의 태도를 갖게 되는 것을 문제 해결의 첫째 과제로 삼아야 한다. 여기에 엄마의 중요한 역할이 있다.

‘선생님, 아무래도 저는 수학적인 재능은 없는 것 같아요.’

그런데 어떻게 수학에서 무너진 자신감을 회복할까? 먼저 실패의 원인을 분석하고 수학에 대한 잘못된 진단과 오해를 바로잡는 것부터 시작해야 한다. 불치병에 걸렸다고 판정받아 낙심해 있던 사람도 그동안의 진단과 처방이 잘못이었다는 것을 알게 된다면 바로 자신감은 회복된다. 따라서 여기에서는 수학의 실체를 밝히는 데에 주력하고 그에 기반한 학습법과 지도법을 하나하나 짚어 보겠다.

또 수학에 뒤처진 자녀와 엄마들을 위한 가이드와 함께 상위권에서 안정적 1등급 진입을 노리는 학생이 유념해야 할 공부법도 다루도록 하겠다. 자, 그럼 이제부터 본격적으로 대입에 있어 수학의 중요성과 수학 실패 원인, 수학의 핵심과 올바른 학습법에 대해 순차적으로 알아보자.

수학은 대학 입시에서
가장 중요한 과목이다

수학은 대학 입시에서 가장 중요한 과목이라고 단정지어 말할 수 있을만큼 당락에 미치는 영향력이 막대하다. 그럼에도 불구하고 단기간에 성적을 올리기가 어렵다는 생각에 고2, 3이 되면 많은 아이들이 수학을 포기하고, 수학을 공부하는 시간을 다른 과목에 배정하는 이른바 '선택과 집중' 전략을 과감하게 선택한다.

그러나 대학수학능력시험에서 수학은 국어, 영어와 원점수가 100점으로 동일하지만 이를 표준 점수로 환산하면, 그 중요도가 다른 과목에 비해 월등히 높아진다. 여기서 표준 점수란 서로 다른 영역이나 과목 간의 문제 난이도 차이로 인한 유불리 조정을 목적으로 한 상대 평가 지수를 말한다. 표준 점수하에서의 수학의 상대적 중요성은 2009학년도 수능을 예로 들어 설명하도록 하겠다.

2009학년도에 네 개 영역의 원 점수가 70점으로 같은 어느 학생을 가정했을 때, 표준 점수 산출 방식에 따른 최종 점수는 다음 표와 같다. 언어 영역과 외국어 영역의 표준 점수는 각각 107점과 108점이다. 그런데 수리(가, 나)는 원 점수가 70점으로 동일하지만 표준 점수는 122점과 130점에 이른다. 즉, 원 점수에서는 같은 2점짜리 문제라고 하더라도 수리 영역의 문제가 언어나 외국어 영역 문제보다 더 높은 가치를 가지고 있는 것이다.

영역	언어	수리(가)	수리(나)	외국어
원 점수	70	70	70	70
표준 점수	107	122	130	108

▲ 4개 영영의 원 점수가 70점인 학생의 예

높아진 수학(수리 영역)의 중요성은 표준 점수 체계만이 원인은 아니다. 상위권 대학들은 수리 영역에 가중치를 두어 실질 반영 비율을 높이고 있다. 수학 잘 하는 학생을 더 우대하겠다는 뜻이다. 자연계는 물론 인문계에까지도 수리 영역에 가중치가 부여되고 있는데, 서울대의 경우 수리 영역의 실질 반영 비율은 인문계가 27.8%, 자연계 29.4%에 달한다. 그렇기 때문에 수학을 포기하면 상위권 대학 진학에 대한 꿈도 함께 접어야 한다.

수학을 피해서 수리 영역 점수를 아예 입시에 반영하지 않는 대학을 가면 된다는 생각도 매우 위험하다. 대학마다 다양한 전형이 있기 때문에 수학을 못하더라도 다른 영역을 잘하면 원하는 대학에 들어갈 수 있다고 생각하는 학생들이 종종 있다. 수리 영역을 제외하고, 언어와 외국어 영역 기본에 탐구 영역 점수를 더한 소위 '2+1' 체제로 대학에 가겠다는 심산이다. 그러나 서울 시내 소재 대학들 중에서 극소수의 대학(2011학년도 기준 한성대, 삼육대, 서경대 등)을 제외하고, 나머지 대학들은 모두 수리 영역을 필수로 반영하는 '3+1' 체제를 적용하였다. 결국 수학을 포기하면 대학 선택의 폭이 극도로 좁아질 수밖에 없다.

그런데도 수포자(수학 포기자)들은 '수학 없이도 얼마든지 세상에서 성공할 수 있다.', '수학 대신 다른 과목에 선택과 집중을 해서 성적을 보완하겠다.' 등 얼토당토 않는 말들을 입에 담는다. 얼핏 들으면 그럴 듯하게 들릴지는 몰라도, 이는 완전히 잘못된 말이다. 수학이 대입에 차지하는 비중을 떠나서, 사회에 나가서도 경쟁력 확보를 하기 위해서는 수학적 능력이 필요하기 때문이다.

"수학은 대학 갈 때나 중요하지 구구단과 사칙연산만 할 수 있으면 되는 것 아닌가요?"

수포자들이 주장하는 대로 대학에 입학하고 나면 수학은 필요없는 것일까? 절대 그렇지 않다. 잘 생각해 보자. 상위권 주요 대학이 인문계열에도 수리 영역에 비중을 높게 가져가는 것은 단순히 변별력을 확보하기 위함만이 아니다. 사실 변별력을 높이려면 다른 방법들도 많다. 대학이 계열을 막론하고 가중치를 두는 이유는 현대 사회에서 수학의 쓰임새가 매우 넓고, 대학 교육에 있어서도 수학적 능력의 요구가 갈수록 커지고 있기 때문이다.

자연 계열과 공대 학생들만 수학을 배운다고 생각하면 오산이다. 인문계일지라도 경제학 또는 경영학을 공부한다면 수학은 선택이 아니라 필수이다. 더욱이 정치, 사회, 언론, 인류학 등 사회 과학 분야를 포함한 거의 모든 학문들이 계량 분석을 필요로 하면서, 대학들은 수학을 전공 또는 교양 과목에 편입시키고 있다. 서울대의 경우 전체 학생 열 명 중 일곱 명은 수학을 필수 과목으로 배워야 한다.

사회생활에서
수학은 경쟁력이다

아이들의 주장대로 "세상 살아가는 데에 구구단만 잘하고, 사칙연산만 할 수 있으면 되는 것 아니냐?"라고 생각할 수 있다. 그 대신 살아가는 데 있어 선택 가능한 옵션들을 상당수 포기해야 한다. 현대 사회에서 수학적 사고력과 능력은 경쟁력과 직결되어 있기 때문이다. 가령 수학적 기반이 필수인 'Network 설계와 운영' 분야를 예로 들어 보자. 매우 제한적이고 전문적일 것 같은 영역이지만, 실제 Network가 적용되는 직업들에는 교통 정책을 담당하는 공무원에서부터 백화점, 할인점과 같이 물류 체계가 경쟁력인 유통 분야, 인력 할당을 기획하는 인사 부서, 판촉, 홍보 활동을 하는 마케팅까지 상상 이상으로 방대하다.

중학생과 고등학생 모두의 직업 선호 1위를 달리고 있는 공무원은 또 어떠한가! 기술관료(技術官僚)라고 번역되는 'Technocrat'의 비중과 역할의 성장 속도는 예측이 어려울 정도로 급격하다. 전문화된 기술이 없이는 행정적인 업무를 할 수 없는 시대가 도래한 것이다. 기술 분야 출신의 기업 CEO가 많아지는 것도 같은 맥락이다. 따라서 수학을 피해다니는 학생들은 수학과 함께 인생의 기회도 피해다닌다고 보면 된다.

수학이 싫어 자기 사업하겠다고 큰 소리치는 아이들에게도 해 줄 말이 많다. 작은 규모의 포장 마차를 경영한다고 해도 '그냥 열심히'만으로는 성공을 담보할 수 없다. 매출 원가를 분석하고, 입지 선택을 위해 유동 인구를 조사하며, 수입 지출 등의 회계 처리를 하려면 수학적 사고가 반드시 필요하다. 이러한 사업 준비 능력이 부족한 상태에서 사업을 덥석 벌이고 나면 무수한 시행착오를 대가로 지불해야만 한다. 물론 수만 명 중 한 명 정도는 타고난 동물적 직관과 천우신조(天佑神助)로 수학적 훈련과 지식 없이 경쟁 세계에서 성공할 수 있을지 모르겠다. 그러나 내 아이가 그런 희박한 가능성을 믿고 수포자(수학 포기자)의 대열에 합류하겠노라고 했을 때 마음을 놓을 엄마는 세상에 없을 것이다. 아이들도 현재의 수학 공부가 훗날 사회에서의 실패와 치명적인 학습 비용을 줄일 수 있는 최선의 방법임을 깨달아야 한다.

정리하자면 수학은 대학 입시에서 가장 중요한 과목이며, 진로에 있어서 옵션 패키지와 같다. 만약 수학을 포기한다면 자신의 진로상의 많은 선택의 가능성들도 함께 포기해야 한다는 뜻이다. 시대가 요구하는 인재상은 수학적 문제 해결 능력과 논리력, 창의적 추론 능력을 갖춘 사람이다. 따라서 수학 때문에 당장 머리가 아프고 답답하다고 해서 포기하면 안 된다. 이런 약한 마음이 들 때마다 수학과 함께 인생의 많은 옵션들이 하나 둘 떨어져 나가고, 미래의 삶에서 경쟁자들보다 한 단계씩 뒤떨어진다고 생각해야 한다.

　수학의 중요성을 인지했다면 이제 왜 많은 아이들이 수학에 실패하는지를 살펴보도록 하겠다.

수학을 포기하는 아이들

사실 수학의 고통은 내 아이에게만 국한된 이야기가 아니다. 10명 중 8명 이상의 학생들은 수학을 힘들어 하거나 증오(?)한다는 조사가 있었다. 우리 아이들이 수학에서 이처럼 고전하는 원인을 보다 면밀하게 살펴보기 위해 수학포기자(수포자)의 유형을 다음과 같이 세 가지로 나누고 각 유형별로 특징과 대처 방법을 다루고자 한다.

1. 선천적 수포자 : "나는 수학 체질이 아니고 재능도 없어요. 성격상 힘들어요."

2. 낙오형 수포자 : "초등학교, 중학교 때는 그래도 좀 했었는데, 못 따라가겠어요."

3. 수포 대기자 : "내신은 그래도 나오는데, 모의고사 결과는 매번 암담해요."

선천적 수포자

선천적 수포자들의 변(辯)에 의하면 자신은 수학과는 체질상 맞지 않다고 한다. 하지만 실상 이 유형의 아이들은 성향과 지능의 문제가 아니라 수학 자체를 제대로 공부해 본 적이 없었다고 보아야 한다. 선천적 수포자들의 대부분은 수학 기초 개념을 제대로 배우지 못하고 처음부터 수학을 기계적으로 접해 왔던 경우에 해당한다. 문제는 이를 고쳐 줄 세심한 관리가 부족해서 학습 흐름을 놓쳤다는 데에 있다.

실제로 중학교 방과후 학교 수학 중·하위반에 가면 초등학교 수준의 분수 계산을 못하는 학생이 상당수이다. 이 아이들은 자신과 수학은 원래 맞지 않았다고 말한다. 그러나 분수를 풀지 못하는 중·고등학생들은 초등학교 때 분수에 대한 개념을 충분히 이해할 기회를 갖지 못했고 그로 인해 이후 학습 과정을 연달아 놓쳤기 때문이지, 수학과 선천적으로 맞지 않게 태어난 것이 아니다(분수는 초등수학에서 중등수학으로 넘어가는 핵심 단계이다.).

따라서 기초적인 수학적 지식 자체가 부족한 선천적 수포자들에게 현재 학년의 진도를 강행하거나 많은 문제를 풀게 하는 학습법을 적용해서는 안 된다. 몇 년이라도 거슬러 올라가 기초 개념의 공백을 찾고 이해를 바로잡는 것이 필요하다. 고등학생이라도 개념을 바로 잡기 위해서라면 초등학교 과정까지 내려갈 수 있어야 한다. 수학 최하위권에서 단숨에 치고 올라가 명문대에 합격한 이들의 수기들을 보면, 예외없이 이러한 개념 점검을 통해 실력을 높였다는 사실을 확인할 수 있다.

그러나 기초 개념의 점검과 복습의 필요성은 인식하면서도, 용기가 없어 시작하지 못하고 주저하는 경우가 많다. 남들은 선행학습을 하고 있는데 현재 학년도 아니고 수년 전의 수학을 다시 보려니 지금보다 더 뒤쳐질까 두려워 한다. 하지만 아이가 수학을 극복하겠다는 의지만 분명하다면 개념을 점검하는 데에 소요되는 시간이 의외로 짧다. 학습의 목표를 학교 수업을 따라갈 수 있는 정도의 개념 복습으로 정한다면, 초등 과정은 학년당 1~2주, 중학교 과정은 학년당 2~4주로 보통의 경우 총 2~3개월 남짓이면 충분하다.

"엄마는 잘 알지도 못하면서 기초가 부족하다고 내 탓만 하니 짜증나요."

이때 개념 복습에 문제집은 쓰지 말고, 가급적 이전 학년의 교과서 또는 교육과정을 통합한 개념서를 활용해야 한다. 개념서로 복습할 때에도 문제 풀이는 각 단원별로 개념 이해를 돕기 위한 수준으로 연습 문제 정도만 다루는 것이 좋다. 무엇보다도 엄마는 아이가 자존심에 상처받지 않도록 용기를 불어넣고, 자발적인 학습 참여가 이루어질 때까지 기다리는 마음가짐을 지녀야 한다. 아무리 취지가 좋다고 해도 자신의 열등한 수학 능력을 검증받거나, 한참 전의 공부를 다시 해야 한다는 것은 아이들의 자존심을 상하게 한다. 따라서 엄마와의 신뢰가 충분히 쌓여 있지 않다고 생각되면 직접 나서지 말고, 한시적으로 과외를 써서라도 기초 점검과 보완을 하는 것이 좋다. 또 용기를 내어 시작하는 자녀에게 칭찬과 격려를 아끼지 말아야 한다는 점도 잊지 말자.

낙오형 수포자

두 번째 낙오형 수포자는 초등학교 때는 상위권이었지만, 중학교 들어 점차 들쑥날쑥한 점수를 보이다가, 중3이나 고등학교에 들어와서 급격히 무너지는 유형이다. 이전에는 수학 공부를 열심히 했고 점수도 나쁘지 않았기 때문에 엄마를 더 안타깝고 조급하게 만든다. 많은 낙오형 엄마들은 이전에 좋았던 수학 성적을 생각하며, 현재의 상황을 머리보다는 노력과 환경에 탓으로 돌린다. 그리고 가계가 버틸 수 있는 한 사교육을 시켜서 부진한 수학 성적을 만회해 보려고 한다.

그러나 섣불리 사교육에 자녀를 몰아 넣어 오히려 상황을 악화시키는 예들이 많다. 낙오형 수포자는 공부 시간을 더 투자한다고 해결되는 문제가 아니다. 이 경우에는 무엇보다 수학에 대한 이해와 접근법 자체를 재점검하는 것이 필요하다. 이들의 공부를 자세히 관찰해 보면 개념 이해 없이 지나친 문제 풀이 중심의 공부를 하고 있음을 쉽게 알 수 있다. 절대로 학원을 바꾼다고 해서 나아질 문제가 아니다.

흥미롭게도 낙오형 수포자들의 대부분은 학원에서 선행학습을 거쳤다는 공통점이 있다. 학원의 선행과 반복학습 시스템에 길들여지게 되면 개념 이해에 입각한 수학 공부를 하지 않고, 유형암기와 많은 양의 문제 풀이를 학습의 주된 방법으로 따르지 않을 수 없게 된다. 빠른 선행 진도는 개념 이해의 기회와 시간을 학생들에게 주지 못하기 때문에, 같은 단원을 여러 번 반복하더라도 개념의 공백들은 좀처럼 메워지지 않는다. 대신 아이들은 학원의 선행 진도를 따라가기 위해 급한대로 문제의 유형과 공식을 암기한다거나, 부족한 개념 이해를 문제 풀이 훈련으로 대체하려는 행태가 나타난다. 결국 수학의 전체적인 기반이 취약해지거나 잘못 형성되어 응용 문제에서는 쩔쩔매고 수업 진도까지 따라가지 못하는 낙오하는 낙오형 수포자로 귀결되는 것이다.

"애가 중학교 때는 수학에 좋아하고 잘 했었는데, 고등학교 들어와서는 선생님을 잘못 만나서 꼬였어요. 전학을 갈수도 없고……. 보충할 수 있는 학원을 알아봐야죠."

이 부류의 학생들의 또 다른 특성으로는 교과서나 수학 개념서를 볼 때에 각 단원을 시작하는 개념 설명 부분은 대충 읽고 문제부터 풀어가며 이해하려는 성급함이다. 고등학교 수학은 문제 자체를 이해하는 단계부터 수학적 사고력이 요구되기 때문에 단순히 많은 문제를 푸는 훈련만으로는 한계가 있다. 몇 문제를 풀어 보고 그 단원을 이해했다고 생각하는 것은 중학교 때나 가능한 일일뿐, 개념 간 통합과 응용, 변형이 무수히 일어나는 고등학교 수학에서는 치명적인 개념 부족의 결과를 초래하기 쉽다.

따라서 낙오형 수포자는 선행학습을 당장 끊고, 개념 중심의 느린 공부로 학습 방법을 바꿔야 한다. 개념의 이해 없이 문제만 열심히 풀면서 풀이 과정만 기계적으로 암기했던 방식을 벗어나 수학적 개념을 천천히 이해하고 이를 바탕으로 응용력을 높이는 방향으로 가야 한다. 먼저 진도를 빨리 빼면서 대충 여러 번 본다는 생각을 버려야 한다. 학교에서는 학교 진도를 나가고, 학원에서는 선행학습을 하고, 과외를 통해서는 심화를 한다는 문어발식 공부는 전혀 도움이 되지 못한다. 오히려 학교 진도를 기준으로 하고, 수학 개념을 완전히 자신의 것으로 만들면서 천천히 가는 복습 위주의 공부로 방향을 선회했을 때 높은 성과를 기대할 수 있다.

고1 낙오형 수포자들이 대거 나타나는 시기

낙오형 수포자들이 주로 고등학교 1학년에서 나타난다는 것에 주목할 필요가 있다. 고등학교 수학으로 넘어가는 이 시기에 초등학교 때부터 이어져 온 수학의 기초가 본색을 드러내기 마련이다. 일단 공부해야 할 분량이 급격히 늘어난다. 단원 수는 중3이 17개인데 반해, 고1에서는 41개로 배 이상이다. 그에 더해 학습의 난이도도 더해지면서 기본이 갖추어지지 못한 학생들은 낙오하기 시작한다.

초등 수학은 대부분 문제 속에 모든 식과 조건이 담겨 있는 계산 중심의 문제를 출제한다. 그래서 초등학교에서는 계산이 빠르고 단기 집중력이 좋은 아이가 수학 점수가 높게 나온다. 그러나 중등 수학부터는 문자 및 추상적인 수학 기호를 많이 사용하고, 수식도 스스로 세워서 문제를 풀어야 한다. 연역적인 증명을 배우기 시작하므로, 계산력보다는 수학적 사고력이 더 중요해지게 된다.

고등 수학은 여기에서 한 걸음 더 나아가 추상화된 개념이 강화되고, 배워야 할 양도 훨씬 많아진다. 특히 수학 개념 간에 연관성이 많아져서 제대로 개념을 이해하지 못하면, 개념이 통합되고 변형된 문제는 해결할 수 없다. 낙오형 수포자들은 이러한 변화에 맞게 수학을 공부하지 않고 계산력 위주, 문제 풀이 위주의 예전 과정의 학습법을 계속하다가 결국 상위권에서 멀어진 것이다.

수포 대기자

마지막 유형인 수포 대기자는 수학 내신은 그나마 괜찮은데, 모의고사만 보면 수리 영역 성적이 1~2등급 이상 떨어지는 위태로운 상황의 학생을 가리킨다. 대개 이 아이들은 무척 성실하고, 특히 암기 과목에서는 타의 추종을 불허하는 실력을 가진 경우가 많다. 그러나 모의고사만 보면 다른 과목 성적은 크게 변동이 없는데 비해 유독 수학 성적만 계속 떨어지는 경향을 보인다. 결국 낮은 수학 점수로 인해 눈물을 머금고 목표 대학을 하향 조정하는 상황에 처하기도 한다.

수포 대기자의 원인은 '성공한 경험이 있는 얕은 공부'에 있다. 얕은 공부란 2~3개월마다 돌아오는 내신 시험에 최적화된 학습법을 의미한다. 내신 시험의 특징은 범위가 적을 뿐만 아니라 예측이 가능하다는 데 있다. 아무리 문제가 꼬여 나오더라도 제한된 개념과 단원을 넘지 않으므로 문제집을 통해 유형을 익히고 문제 풀이 훈련을 반복하면 어렵지 않게 고득점을 올릴 수 있다. 특유의 수포 대기자의 성실성이 빛을 발할 수 있는 방식이다.

그러나 모의고사에서는 대응이 막막하다. 모의고사의 출제범위는 대개 '지금까지 배운 모든 과정'이다. 고등학교 과정만 나오는 것도 힘든데, 가끔 중학교 때 배운 도형이 섞여서 출제되기도 한다. 그 많은 유형을 다 외울 수도 없고, 예측도 불가능하기 때문에 이런 시험 범위는 수포 대기자들을 완전히 무력하게 만든다. 특히, 모의고사에서 영역 간 통합 문제가 나올 경우에는 처참한 결과를 맞는다. 내신 위주 공부에 길들여지면서 좁은 범위의 단원에 속한 문제는 유형 암기로 자신이 있지만, 1년 전에 배운 수학 개념과 지금의 개념을 연관시키는 영역 간 통합 문제에는 개념, 이해가 부족한 얕은 공부의 바닥이 드러날 수밖에 없는 것이다.

수포 대기자들의 문제점은 내신 수학 성적을 자신의 평소 성적이라고 생각하고, 모의고사의 참패를 예외적인 현상으로 본다는 것에 있다. 너무나 오랫동안 내신 위주로 공부해 왔고, 나름의 효과를 보아 왔기 때문에 몇 번 모의고사 점수가 낮게 나와도 걱정만 할 뿐이지 공부법을 바꾸려는 시도는 하지 않는다. 오히려 현재의 학습 습관을 강화하여 더 많은 유형과 문제를 익히는 방향으로 가기도 한다. 즉 내신에서의 성공 경험이 오히려 수학 실력 향상의 걸림돌로 작용했다고 하겠다.

"저 진짜 수학 어떻게 해야 하죠? 절대 수학 포기 안 할 겁니다.
근데요… 수학 어떻게 해야하죠? 문제만 많이 푸는 것도 좋지 않은 방법이라고 하던데, 개념 정리를 다시 하려고 하면 마음만 초조해지고…."

수포 대기자들에게 내리는 처방은 이렇다. 일단 수학에 대해서는 내신 시험 위주의 공부법을 버려야 한다. 내신에서 성공했다고 해서 유형 암기 중심의 학습을 고집하면 절대 이 늪에서 헤어나올 수 없다. 일부의 주장처럼 수학 문제 풀이의 양을 무한정 늘리면 언젠가는 수학적 사고의 체계가 잡힐지도 모르겠다. 그러나 공부할 수 있는 시간이 제한

되어 있다는 점을 잊지 말아야 한다. 현실적으로 고등 수학은 유형 암기만으로는 해결이 불가능하다.

대신 수포 대기자들은 깊은 공부를 시작해야 한다. 깊은 공부란, 문제 유형의 습득으로 개념을 잡아가는 것이 아니라 명확한 개념 이해로 유형을 확장시키는 공부를 뜻한다. 수능 출제 기관인 한국교육과정평가원과 (수리)논술을 출제하는 대학 모두 정상적인 수학 교육과정을 이수한 학생들이라면 풀어낼 수 있도록 문제를 만든다. 대입 논술을 포함하여 중·고교 교육과정의 평가에서 기발한 창의력을 요구하거나 소수의 학생만 응용이 가능한 문제는 아예 출제 대상에 포함되지 않는다. 따라서 교과서를 중심으로 꾸준히 수학 개념을 정리하고, 이를 다른 사람들에게 설명할 수 있을 정도까지 완벽히 이해한다면 어떠한 유형 변화에도 능동적으로 대처할 수 있다. 이것이 수포 대기자에게 줄 수 있는 최선의 솔루션이며, 최상위권으로 진입할 수 있는 유일한 길이기도 하다.

수포 대기자들은 수학에 있어 교과서보다 문제집을 더 중요하게 여기는 특징이 있다. 이들이 문제집을 선호하는 이유는 한결 같다. "교과서에는 설명만 있고 문제는 적은 데 비해, 문제집은 핵심을 요약해 놓은데다가 다향한 문제를 유형에 따라 잘 정리해 놓아서 공부하기에 훨씬 효율적이고 좋아요." 문제집이 정리해 주는 유형을 파악하고, 문제 푸는 훈련에만 익숙해지면 정작 스스로 유형을 파악하고 새로운 유형에 대처하는 능력은 길러지지 않는다. 공부의 양이 비교적 적은 중학교 수학이나 내신에서는 기출 문제 유형을 익히는 것이 다소 효율적일 수 있지만 대학 입시 수학에서는 만들어 낼 수 있는 유형의 종류만 해도 수천 가지에 이르기 때문에 유형 중심의 문제 풀이는 반드시 한계에 봉착한다.

문제집이 던져 주는 물고기만 얻어먹다가 스스로 물고기 잡는 법을 잊어버리는 결과가 초래되지 않도록 교과서, 개념서 중심의 학습을 해야 한다. 교과서는 중등 교육과정(중·고등학교)의 결정체요 정수(精修)이다. 교육과정 내용을 모두 담고 있고, 개념을 설명하는 최적의 해설을 담고 있다. 핵심을 빠뜨리는 법이 없고, 오류나 모호함이 철저하게 걸러진 정제된 표현으로 수학 개념을 설명한다. 그러므로 교과서에서 익힌 개념으로 문제를 접근하는 훈련이 되어 있으면, 새로운 유형의 문제가 시험에 출제되어도 유연하게 대처할 수 있다. 그리고 교과서의 부족한 이해와 심화는 개념서(수학의 정석, 수학의 바이블, 개념 이해, 고등수학 만점공부법 등)로 보완하도록 한다.

특히, 수학 공부에는 현재 학습 단원을 이전에 배웠던 개념, 영역과 연관하여 이해하는 훈련을 해야 한다. 문제를 많이 푸는 것이 능사가 아니다. 문제 풀이는 개념 이해를 점검하고, 확장하는 수단일 뿐이다. 수학 공부의 목표는 이해한 개념을 다른 사람들에게 설명할 수 있을 정도로 확실히 자기 것으로 만드는 것임을 잊지 말자.

수학의 오해 1,
선행학습이 필수라는
생각을 바꾸자

수학 실패의 원인을 수포자를 중심으로 살펴보았다면 이제 수학에 대한 오해를 풀어야 할 차례다. 수학 공부에 대한 첫 번째 오해는 선행학습이 필수라는 생각이다. 앞의 '3부 사교육과 선행학습, 그 득과 실'에서 선행학습이 사교육을 중심으로 확대된 배경과 허상에 대해 충분히 설명하였다. 여기에서는 수학의 교과 과정을 중심으로 선행학습이 얼마나 위험한지 또 복습 중심, 적기 학습이 왜 필요한지를 설명하도록 하겠다.

"중3 선행학습을 하면 중2 내신도 같이 따라옵니다."

"고등 수학을 익히면 중학 과정은 당연히 마스터하게 되어 있습니다."

"고등학교에 가면 갑자기 공부량이 늘어나므로, 미리 준비해 두지 않으면 고생합니다."

수학 선행학습에 대한 학원의 메시지들이다. 이러한 메시지에 현혹되어 선행학습을 시작하는 학생과 부모님들이 많을 것이다. 그러나 선행학습을 하다보면 중요한 개념과 기초를 등한시하게 되고, 그 결과는 수학 전 과정을 마치는 고등학교 3학년 때 후회와 함께 찾아온다. 수학은 위계(Hierarchy)적 특성을 갖고 있는 대표적인 학문이다. 쉽게 말하자면 먼저 기초적인 내용을 배우고, 이를 기반으로 확장된 개념과 응용의 심화된 과정으로 일관성 있게 이어 나간다. 따라서 이전 개념이 견고하지 못하면 다음 과정으로 넘어갈 수 없고, 넘어가서도 언제 무너져도 이상하지 않은 사상누각에 불과하다.

즉, 수학 교과 과정은 다음 그림과 같이 단계적 학습을 나선형(Spiral) 구조로 배치하고 있다. 나선 모양의 달팽이의 집이 위로 갈수록 점점 커지고 넓어지듯이 학년이 올라갈수록 양적으로 많고 질적으로 심화된 내용을 배우도록 되어 있다. 또, 원을 그리며 확장하도록 만들어서

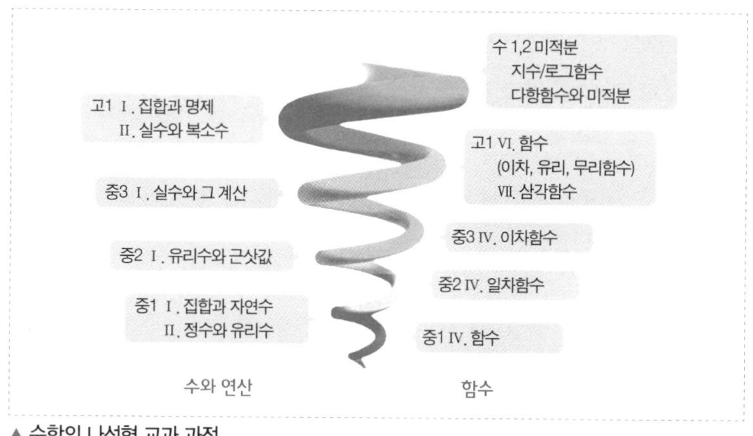

▲ 수학의 나선형 교과 과정

각 영역마다 주기적으로 반복하는 동시에, 다시 배울 때마다 이전 내용에 깊이를 더한다.

나선형 교육과정의 장점은 단계별로 안정적인 지식의 확장을 가져온다는 것에 있다. 처음에는 간단한 지식에서 시작하지만 충실하게 단계를 밟아가다 보면 마지막에는 고차원적 지식도 습득이 가능해진다. 그러나 나선형 구조는 아랫단계에서 지식의 공백이 생겼을 때 다음 단계로의 확장이 동시에 부실해진다는 맹점 또한 가지고 있다.

함수를 예로 들어 보자. 학생들은 중학교 1학년 1학기 때 함수의 개념을 배운다. 1년이 지나 2학년 1학기가 되면 다시 함수 영역이 돌아와서 일차 함수를 배운다. 또 1년 뒤가 되면 이차 함수를 배운다. 이런 식으로 고등학교에 가서는 더 복잡한 함수 체계로 발전되는 단계별 학습을 따르게 되어 있다.

그러므로 현 단계의 개념 이해가 불안한 상태에서 선행학습으로 다음 과정을 배운다는 것은 어불성설이다. 이는 두마리 토끼를 잡는 것이 아니라 동시에 놓치는 것과 같다. 수학을 잘하고 싶다면 선행학습이 아니라 '적시 학습'을 해야 한다. 또 수학 스케줄이 아니라 아이의 상황에 초점을 맞추도록 한다. 아이가 완벽하게 이해했다면 예습을 해도 좋지만, 아이의 실력이 부실하다면 과감히 이전 학년의 복습으로 돌아가야 한다. 중요한 것은 진도가 아니라 아이가 현재 배우고 있는 수학의 개념을 완전히 이해하느냐에 있기 때문이다.

한 학기 수학을 망치고 나면, 새로운 마음가짐으로 다음 학기에는 잘 해 보고자 이전 과정은 돌아보지도 않고 선행학습에 뛰어드는 경우가 많다. 아이의 입장에서는 망쳐 버린 지난 수학 내용은 두 번 다시 쳐다보고 싶지도 않을 것이다. 그러나 지난 과정 학습을 대충 덮어 두고 계속해서 진도를 나갈 수 없다. 나선형 교육과정에서는 망쳤던 지난 과정이 더 어려운 내용이 되어 돌아온다. 아이가 무턱대고 새 학기 공부만을 선행학습하려 할 때는 수학 교육 과정의 특성을 이해시키고, 전 학기의 복습과 점검을 먼저 하도록 지도해야 한다.

수학의 오해 2,
개념과 암기는
다른 공부법이 아니다

수학 공부에 대한 두 번째 오해는 수학의 학습법에 대한 오해이다. 수학 공부에 대해서는 크게 두 가지 상충된 방식이 대립하는 것처럼 보인다.

첫째는 모든 학생에게 수학적 이해력을 갖추게 하는 것이 어려우므로 현실적으로 입시에서 성과를 낼 수 있게 어느 정도는 문제의 유형과 풀이 방법을 암기시키는 것이 필요하다는 부류이다. 대부분의 사교육 업체들이 표방하는 관점이다.

둘째는 수학은 이해의 과목이고, 특히 수능과 논술에 대비하기 위해라면 절대 외워서는 안 되고 모르는 문제가 있으면 몇 시간이 걸리더라도 답을 가린 채 고민하게 해야 한다는 견해이다.

결론부터 말하자면 두 주장이 어느 정도 타당성을 갖고 있다는 것이다. 수학은 반드시 정확하고 충실한 개념 이해를 공부의 기본으로 하는 동시에 그 개념이 문제 해결로 발전되어가는 과정(Process)을 암기하는 것도 병행해야 한다. 각각의 극단적 관점은 학원이나 학습법 전문가들이 자신의 주장을 명료하게 펼치기 위해 다소 과장되게 표현한 데에서 비롯된 것이다.

예를 들어 이해력을 강조하는 학습법 전문가는 수능 문제를 마치 올림피아드처럼 어렵게 묘사하지만 이는 사실과 매우 다르다. 수능 수리 영역의 25문항 중 약 20문항은 기존 출제 유형을 따른다. 그리고 나머지 5개 문항만이 난이도를 결정짓는 신유형으로 출제된다. 특정 연도의 수리가 어렵다는 것은 문제 하나하나의 난이도가 높았다는 점도 있지만, 보통은 신 유형의 문제 비중이 1~2개 더 늘어난 경우를 말한다. 반대로 대부분이 기존 유형의 문제로 출제되었을 때에는, 학생들의 기출 문제 대비가 충실하므로 평균도 오르고 전반적으로 쉬웠다는 평가를 받는다.

즉, 수능의 성패는 얼마나 기존 유형의 문제를 충분히 경험하고 익혔는지에 성패가 달려 있다고 하겠다. 더욱이 문과생이 응시하는 수리 (나)형은 (가)형에 비해 상대적으로 평이하여 일정 부분 유형 암기가 점수 향상에 도움이 된다. 단, 앞에서 수포자에 대한 유형을 정의하고 처방을 내릴 때 공통적으로 지적한 바와 같이 수학의 개념 이해를 공부의 시작점으로 삼아야 하는 것은 불변의 원칙이다. 그리고 수학의 과정 암기는 일반적인 양치기나 내신을 준비하면서 특정 문제집을 달달 외우는 식의 공부가 아니라는 점은 명확히 해야겠다.

대부분의 엄마들은 학년이 올라갈수록 수학이 어려워지고, 공부해야 할 양이 늘어난다고만 생각하지 구체적으로 초·중·고 수학의 차이점은 잘 모른다. 그렇다 보니 특히 초등학교에서 중학교로, 그리고 고등학교로 넘어가는 전환기에서 학습 지도 방안을 찾지 못해 사교육에만 의존하는 경향이 많이 나타난다. 다음은 엄마들의 이해를 돕기 위한 초·중·고 수학의 개략적인 특성을 나타내는 비교 도표이다.

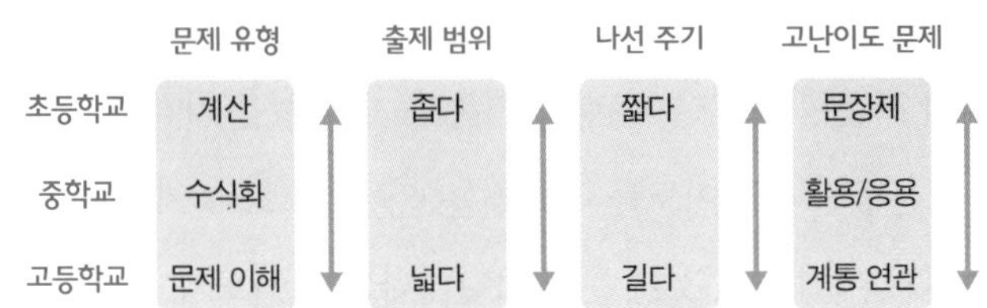

개념이해의 핵심은 '공식 이후'가 아니라 '공식 이전'에 있다

많은 학생들이 개념 이해에 공감하면서도 정작 개념 학습을 하려고 하면 힘들어 한다. 문제 풀이 공부에는 몇 문항을 풀었고, 그 중 얼마나 맞고 틀렸는지를 정량화할 수 있는데 비해, 수학 개념을 이해한다는 것은 규정하기가 어렵기 때문이다. 그래서 대다수 학생들은 개념 학습을 공식암기 정도로 생각하는 경향이 있다.

그러나 수학의 개념 이해는 용어와 공식을 외우기 이전의 단계를 가리킨다. 즉, 수학 개념 간의 연관성을 파악하고, 공식이 도출되기까지의 배경과 목적, 논리 전개 과정을 이해하는 것이 진정한 개념 학습이다. 개념 이해의 핵심은 '공식 이후'가 아니라 '공식 이전'에 있다.

"수학 개념이란 것이 무엇가요? 개념을 잘 알면서 공부하는지는 어떻게 확인할까요?" "듣기에는 쉬운데 제가 뭘 알아야 설명도 하고 가이드도 제시할 텐데…"

수학은 약속의 학문이라고 한다. 그래서 이 약속에 해당하는 '공식'의 암기와 이를 활용한 계산능력에 수학 고득점의 핵심 열쇠가 있다고 믿는다. 그러나 우리가 강조하는 개념은 '공식 이전의 단계'이다. 교과서와 개념서에서는 대뜸 공식부터 들이밀지 않는다. 반드시 해당 단원의 배경과 목적, 다른 단원과의 연관성을 언급함으로써 다각도의 개념 이해를 학생들에게 주고자 한다. 그리고 나서 결론에 해당하는 공식이 제시된다. 고등학교 수학 개념서로는 전통의 '수학의 정석'과 '수학의 바이블', '개념원리' 등이 있다. 그 중 엄마들에게 익숙한 '수학의 정석'의 구성을 보자. '개념 설명/예제(유제)/연습 문제'로 한 단원이 이루어져 있으며, 항상 개념 설명으로 시작한다. 그 뒤에 따르는 예제는 답과 해석이 책 별첨에 있지 않고 문제 바로 아래에 '정석연구'로 붙어 있다.

그 이유는 예제가 문제 풀이용이 아닌, 말로 풀어 쓴 개념을 구체적인 수식으로 보여 줌으로써 그 이해를 돕기 위해서이다. 따라서 각 단원의 공부를 시작할 때 가장 집중해야 할 부분은 바로 '개념 설명과 예제'이다. 하지만 대부분의 학생들은 이 개념 설명 부분을 한번 훑어 보고 지나친다. 핵심 공식만 외우고 바로 연습 문제에 가서 공식을 대입하고 계산을 해야 비로소 수학을 공부했다고 생각한다. 그렇지만 개념 이해의 소홀함은 문제 적응력을 떨어뜨리고, 문제 풀이 위주의 공부는 무의미한 계산 연습시간에 그치게 될 수 있다.

"수학 개념이요? 내용은 이해하고 있는데, 뭘 어떻게 더 해야 하는거죠?"

개념을 이해하려면
문제집으로 직행하지 마라

'다 아는 걸 가지고 뭘 이렇게 구질구질하게 썼나'라는 생각에 개념 설명을 건너뛰고 연습 문제나 문제집으로 직행했던 단원이 있다면 이미 함정에 빠졌다고 보아야 한다. 앞으로 그 단원은 두고두고 발목을 잡는 구멍(?)이 될 가능성이 높다. 꼭 수학의 정석을 들지 않아도 모든 수학 개념서들은 지나칠만큼 개념을 친절하고 꼼꼼하게 설명한다. 엄마는 아이가 이 개념 부분을 다룰 때 절대 자만하지 않도록 모든 주의를 기울여야 한다. 읽고 무슨 의미인지 알겠다고 해서 개념을 이해했다고 착각하면 안 된다. 책을 덮고 개념의 정의부터 사례, 응용까지 누구에게나 설명할 수 있어야 이해한 것이다.

수학 개념의 중요성은 고3이라고해서 예외가 될 수 없다. 수험생들은 '시험이 1년도 남지 않았는데 언제 개념을 공부하느냐'고 불안해 한다. 그러나 수능과 논술에서 문제를 얼마나 많이 풀었느냐는 전혀 의미가 없다. 내 것으로 만들었느냐가 핵심이다. 급한 마음에 대충 넘어가다 보니, 내용은 다 봤는데 남는 것은 없고, 시험을 보면 반복해서 틀린다. 문제를 열심히 풀었던 그 많은 시간이 무슨 소용인가? 문제 풀이는 개념 이해를 점검하고 확인하는 과정이다. 개념과 정의를 완벽히 이해하고 예제와 유제에 이를 적용해가면서 풀어야 그 단원이 내 것으로 남는다. 그리고나서 그 다음 단계인 유형 암기도 의미를 갖게 된다.

자녀가 개념을 이해했는지를 점검하는 방법은 앞으로 설명할 '개념 노트'에 있다. 개념 노트 작성은 교과서나 개념서의 내용을 그대로 베껴 적는 것이 아니라 각 단원의 내용을 이해한 후에 주요한 개념을 자신의 언어로 설명하고 작성해 보는 과정이다. 아이들로 하여금 각 단원별로 빠짐없이 개념 노트를 작성하게 하고, 그 내용을 엄마에게 설명해 보도록 부탁한다. 엄마가 내용을 몰라도 상관없다. 자신의 개념 이해를 타인에게 설명해 보는 경험을 갖는 것에 의미가 있다. 아이는 분명히 책을 읽거나 노트를 작성했을 때에는 완벽하게 이해했다고 생각했겠지만 막상 입으로 설명하려니 기억이 잘 나지 않거나 여기저기에서 말이 꼬이기도 한다. 이를 통해 어디가 틀렸는지 지적받지 않아도 스스로 개념 학습이 얼마나 엉성했는지 반성하고, 부족한 부분을 보완하게 되어 있다.

개념을 공부할 때 단원 안에서 이해하는 것도 중요하지만 단원을 넘어서서 확장된 개념과 논리로 이해하는 것이 더 중요하다. 고등 수학으로 갈수록 수학 개념이 복잡해지고 여러 영역의 개념과 논리가 연관되기 때문이다. 개념 학습이란 단원 내 학습이 아니라 수학 전체의 학습이 되어야 한다. 즉, 하나의 개념을 배웠다면 이전의 단원과 논리 전개를 연결시킬 수 있어야 한다. 수학을 잘 하는 학생들은 '개념 간 연관 지도 그리기'와 같은 방법을 사용하여 수학 개념의 전체적인 밑그림을 머릿속에 늘 담고 있다.

상위권 학생들의 비밀
_개념 간 연관 지도 그리기

수능 수리 영역에서 학생들이 가장 어려워하는 문제는 영역 간 연관 문제다. 예를 들어서, 함수 그래프를 해석하여 방정식을 노출하고 해를 구하되, 실수 범위의 해만 구하여 확률로 나타내는 문제가 있다. 여기에는 함수, 문자와 식, 수와 연산, 확률과 통계 등 여러 영역이 들어 있는 종합 선물 세트로 문제의 요구 사항만 읽어도 머리가 아프다. 이렇듯 난이도가 있는 문제들은 하나의 단원이 아닌 여러 단원의 개념과 풀이를 자유자재로 연결하여 풀어야 한다. 이런 문제는 절대 외워서 풀 수 없다. 그런데 상위권 학생들은 이런 문제를 푸는 비법을 가지고 있다.

What? 이들의 비법은 '개념 간 연관 지도 그리기'이다. 이들은 자신이 배운 여러 개념들을 모아 놓고 각 개념들 간의 관계, 확장 논리, 연관 수식을 정리한다. 각 개념을 독립적으로 이해하는 동시에 서로를 연결(link)함으로써 개념을 종합하고 관계를 파악한다. 나무뿐만 아니라 숲도 함께 보는 것이다.

How?　개념 간 연관 지도를 그리는 것은 간단하다. 큰 종이에 중등 수학부터 고등 수학까지 자신이 배운 단원의 핵심 개념들을 적는다. 그리고 각 개념들이 확장되거나 연관될 경우 화살표로 표시한다. 그리고 각 개념의 뜻과 필요한 공식을 적는다. 화살표 선을 따라서는 개념 간의 관계와 확장되는 전개식, 유형 등을 기록함으로써 자신이 배운 수학 과정 전체를 확인할 수 있다.

Where?　지도는 목적지까지 가는 과정에서 자신의 위치와 방향을 확인하는 목적으로 활용된다. 매 단원의 수학 공부를 시작할 때와 끝났을 때 지도를 놓고 자신이 지나온 길을 돌아보고, 앞으로 나갈 방향을 수학의 개념 간 연관 지도로 확인한다. 즉, 공부에서 한 걸음 물러서서 수학의 전체 흐름을 살피고, 전후 단원과의 연관 관계를 살펴보는 것이 핵심이다.

When?　개념 간 연관 지도는 각 단원의 공부 시작의 첫 단계로 그리는 것이 좋다. 거의 모든 개념서의 시작 부분에는 단원의 목적과 배경, 이전 과정과의 연계성에 대한 설명이 있다. 따라서 개념 공부의 과정에서 개념 간 연관 지도의 작성이 자연스럽게 이루어진다. 또한 가급적 단원이 끝날 때마다 학습 초기에 그린 연관 지도가 정확한지를 점검하는 것도 잊지 말아야 한다.

Who?　누구나 그릴 수 있다. 개념 간 연관 지도 그리기가 상위권의 비법이라고 해서 중·하위권 학생들은 그릴 수 없는 것이 아니다. 상위권이기 때문에 개념 간 연관 지도를 그리는 것이 아니라, 이 지도를 그리며 공부한 덕분에 상위권이 된 것이다.

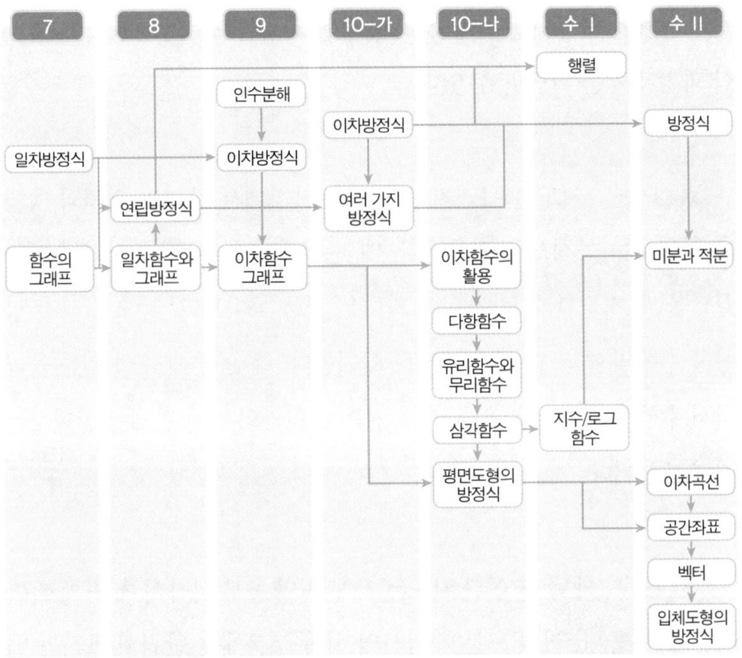

수학 공부에 필요한
'암기'

이제는 수학 암기를 가지고 이야기해 보자. 대학 입시 단계까지 요구되는 수학적 사고력은 다양한 전공을 깊이 있게 공부하기 위한 기초 소양일뿐 기발한 수학적 발상을 끌어내는 능력이 아니다. 쉽게 말하면 수능과 논술 시험은 교육과정 내의 범위에서만 문제를 출제하며, 배운 내용을 유추해서 수학의 창조적 활동을 하게 하지는 않는다. 그러므로 개념을 완벽하게 이해한 다음에는 짧은 시간 내에 문제 해결 과정을 진행시킬 수 있는 과정 암기의 훈련이 이루어져야 한다. 수학의 천재도 개념만을 이해하고, 공식과 과정의 암기없이 매 문제마다 그에 맞는 새로운 방법을 고안해 내지는 못한다.

일반적으로 수학 문제를 해결하는 Process는 '문제 이해−수식화−계산'의 3단계로 정리될 수 있다. 수능에는 어느 단계, 어느 개념에 속한 것인지를 수식을 바로 드러내지 않는 서술형 문제가 대다수이고, 여

러 단원에 걸친 통합형 문제가 나오기도 한다. 그래서 대입에 가까워질
수록 '수식화—계산' 단계보다 '문제 이해'에 더 많은 역량이 요구되어
진다. 기본이 약하면 문제를 읽고 무엇을 의미하는지조차 모르기 때문
에 수능형 시험에서는 개념 이해의 중요성이 절대적으로 커진다.

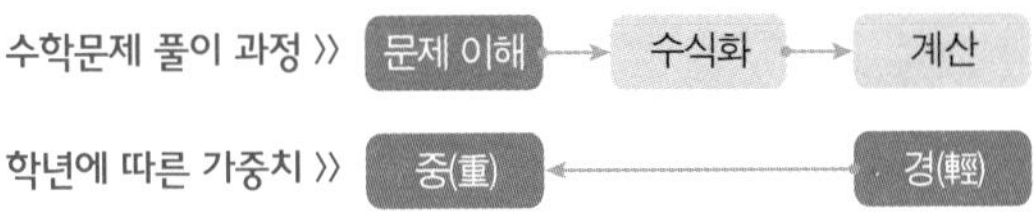

그런데 어느 단원, 개념에 속한 것이고, 문제의 조건이 무엇인지 파
악했다고 해서 답이 바로 도출되지는 않는다. 파악된 개념 조건과 자료
를 가지고 수식화를 하고 해결방안을 찾는 작업이 뒤따라야 한다. 그것
도 아주 빠른 시간 내에 계산하기에 가장 용이한 방식으로 말이다. 수
능에서는 100분 동안 30개의 수학 문제를 풀게 되어 있다. 1문제에 약
3분의 시간이 배정되는 셈이라 우리가 말하고자 하는 수학의 암기는
이러한 시간의 제약때문에 필요하다.

수학의 암기와
절차적 기억의 관계

수학 문제 풀이 단계(수식화와 계산)에 필요한 암기는 영어나 암기 과목에 사용하는 기억과는 차원을 달리한다. 소위 깜지를 만들만큼 공식을 반복해서 적거나 중얼거리며 암기하는 방식을 수학에 적용해서는 안 되고, 그렇게 공식들을 외운다고 해서 수능과 같은 실전 시험에서는 적용하지도 못한다. 그냥 외우고 있을 뿐이다. 그래서 우리는 시험에 필요한 수학 암기란 무엇이고 어떻게 외워야 하는지를 좀 더 구체적으로 설명하겠다.

인간의 기억은 '유지 기간, 정보 내용, 검색 방식'으로 분류되는데, 그 중 '정보 내용'을 기준으로 한 기억 분류 체계를 보면, 크게 '선언적 기억(declarative memory)'과 '절차적 기억(procedural memory)'으로 나누어진다.

선언적 기억은 의식적으로 정보를 불러와야 하는 것을 말하고, 절차적 기억은 학습과 반복에 의해 무의식적으로 행동하거나 떠올리는 것을 말한다. 선언적 기억에는 나라의 수도 이름이나 화학 주기율표처럼 지식을 떠올리는 '의미기억(semantic memory)'과 과거의 감각과 감정, 일들을 기억하는 '사건 기억(episodic memory)'을 포함한다. 우리가 일반적으로 말하는 기억과 암기의 내용들은 대부분 선언적 기억에 해당한다.

반면 우리가 강조하는 수학적 암기는 '절차적 기억'에 속한다. 예를 들면 자동차 운전 기술을 배우는 것과 같이 반복과 학습으로 이전에 경험하고 체득한 정보를 자연스럽게 활용하게 되는 것을 말한다. 수학 문제에서 필요한 개념을 파악하고 문제의 조건과 핵심을 이해했다면, 수식화와 계산은 약속된 기억을 활용하여 빠르고 정확하게 진행되어야 한다. 그렇지 않고 시험장에서 머리를 쥐어짜며 풀이법을 찾는다면 올바른 답을 구할 가능성도 낮고, 시간적으로도 낭비를 하게 된다.

정리하자면, 철저한 개념 이해는 수학의 기본이지만 동시에 개념을 수식화와 풀이로 이어가는 수학적 근육도 반복해서 단련해 주어야 한다. 문제 풀이의 과정과 절차를 몸이 기억할 정도로 반복하라는 의미이다. 단, 여기서의 기억과 암기는 '개념과 유형'이 아니라 '과정의 암기'임을 다시 한 번 밝힌다. 또 암기를 위한 훈련에는 많은 문제를 푸는 것으로 하지 않고, 앞으로 다룰 '풀이 노트'와 '오답 노트'를 활용하여 문제 풀이의 절차를 점검하고, 틀린 문제 풀이를 반복함으로써 수행해야 한다.

2012학년도 수능부터는 전년도보다 수학 시험의 출제 범위가 크게 늘어났다. 문과생들이 주로 응시하는 수리 '나'형에 미적분과 통계 기본이 포함되었고, 수리 '가'형은 '미분과 적분, 확률과 통계, 이산수학' 중 택일이었으나, '적분과 통계, 기하와 벡터'가 기본 출제 범위로 포함되었다. 이는 신입생들의 수학(數學) 능력의 저조로 대학에서 정상적인 전공 수업 진행이 어렵다는 대학 측의 이의를 교육 당국이 수용한 결과로 보인다.

수리 '가'형	수리 '나'형
– 수학 I : 25% 내외 7~8문항 – 수학 I : 25% 내외 7~8문항 – 적분과 통계 : 25% 내외 7~8문항 – 기하와 벡터 : 25% 내외 7~8문항	– 수학 I : 50% 15문항 – 미적분과 통계기본 : 50% 15문항

역전을 부르는 수학 프로젝트

_개념, 풀이, 오답 노트

앞에서 수학의 개념, 공식과 유형을 무작정 암기하는 것은 통합적인 사고력, 창조적인 문제 해결력을 길러 주지 못한다고 하였다. 또 수능과 논술에 이르러서는 여러 개념과 과정이 결합된 형태의 문제를 상대해야 한다. 결국 자신이 학습한 단원과 개념을 연결하고, 과정을 통합하여 응용, 변형할 수 있는 능력이 궁극적으로 갖추어져 있어야 하는 것이다.

이를 더 구체화하여 역전을 부르는 수학 공부법으로 다음의 세 가지 방안을 제시한다.

1. 수학 개념의 연결 : 개념 노트

2. 논리적 흐름의 연결 : 풀이 노트

3. 수학적 사고의 공백 연결 : 오답 노트

사실, 수학 공부에 있어 노트의 필요성에 대해서는 많은 사람들이 강조하지만 정작 이 노트들의 쓰임새는 무엇이고, 어떻게 작성하면서 활용해야 하는지는 잘 모른다. 그래서 우리는 '연결(Link)'이라는 공부의 방향에 입각하여 세 가지 노트 작성법을 하나씩 지도하도록 하겠다.

개념 노트로 수학의 개념을 연결하기

개념 노트란 자신의 관점과 언어로 수학 개념을 정리하고, 이해의 모든 과정을 적는 노트를 말한다. 핵심적인 공식이나 논리적 증명 과정은 물론이고 연관된 다른 개념, 수학 기호, 도형의 용례에 이르기까지 해당 단원의 개념을 정립하기 위한 모든 노력이 담겨 있어야 한다. 단, 책의 내용을 그대로 옮겨 담아서는 안 된다.

개념 노트를 군이 자신의 손으로 써서 만드는 것은 배운 개념을 이해했는지를 점검하고 완전히 자기 것으로 만들기 위해서이다. 앞에서도 언급했듯이 책을 보고 무슨 뜻인지 아는 것은 절대 개념 이해가 아니다. 책이 없이도 다른 누군가가 충분히 알아들을 수 있을 정도로 설명하는 수준에 도달해서야 이해했다고 말한다. 따라서 필요하다면 교과서, 개념서에 나와 있지 않는 부분도 찾아서 개념을 보강해야 한다.

먼저 개념 노트는 교과 과정(학년 또는 학기)마다 별권으로 준비하고 개념의 보강이 계속될 수 있도록 충분한 여백을 주도록 한다. 공책에서 좌측 3분의 2 정도까지만 쓰고 나머지를 비워 두는 것도 좋은 방법이다. 문제 풀이 등으로 추후 개념과 관련한 새로운 사실을 알게 되었을 때 추가하여 적어 두는 습관을 들이도록 한다. 그리고 개념 노트의 작성 시기는 수업 시간 또는 새로운 단원은 배우는 시점이 아니다. 책을 참조하지만 자신의 이해를 기준으로 작성하는 것이므로 교과서와 참고서 등을 몇 번 완독한 후, 자기 힘으로 그 내용을 풀어서 쓸 수 있게 되었다고 판단될 때 시작하도록 한다.

개념 노트의 전면에는 앞에서 설명한 '개념 간 연관 지도'가 그려져야 한다. 개념 이해는 특정 단원에 국한된 것이 아니고 이전 과정의 연속선상에서 이루어져야 하는 것이기 때문이다. 그리고 각 장의 상단에는 반드시 대단원부터 소단원 세부 목차까지 표기한다. 이렇게 목차를 적으면서 개념 간 흐름에서 지금 학습하고 있는 위치를 점검하고 학습 목표를 분명히 할 수 있다.

개념 노트는 자신이 처음 개념을 익힐 때뿐만 아니라 나중에 개념 공백이 생겼을 때에도 매우 유용하다. 또 시험을 앞두고 최종적인 개념 점검에 들어갈 경우나 새로 개념을 배우며 이전 개념을 되짚어 볼 필요가 있을 경우, 자신만의 개념 노트는 최고의 자습서 역할을 한다. 따라서 개념 노트는 늘 가지고 다니면서 들춰 보고, 새로운 개념을 알게 되었을 때마다 추가적으로 기록해 나가야 한다.

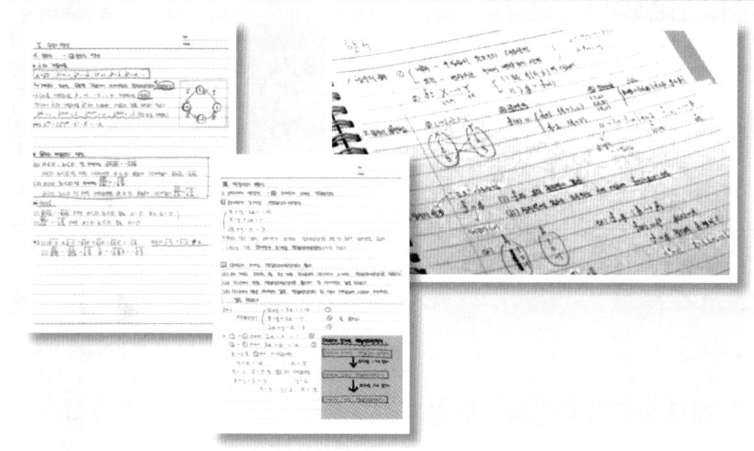

❶ 학년 또는 학기별로 별권의 노트를 준비한다.

❷ 어느 정도 개념의 윤곽이 잡혔을 때에 자신의 언어로 작성한다(베껴쓰지 않는다).

❸ 개념 노트의 전면에는 개념 간 연관 지도가 위치하도록 한다.

❹ 정리나 공식부터가 아닌 이들이 도출된 논리적 과정과 구체적인 용례들까지 기록한다.

❺ 개념 노트는 문제 풀이와 유관 단원의 학습을 통해 지속적인 업데이트로 보강한다.

❻ 학습 단원의 목차와 제목을 반드시 적으면서 자신의 학습 위치, 목표를 점검한다.

풀이 노트로
논리를 연결하기

수학은 응용의 학문이다. 마치 물과 같아서 어떤 형태의 용기에도 담길 수 있으면서도 본질은 변하지 않는다. 따라서 개념을 이해하였으면, 논리적인 전개 능력과 응용력을 길러야 한다. 그리고 풀이 노트는 이 능력을 길러 주는 핵심적인 도구의 역할을 한다. 풀이 노트는 말 그대로 문제 풀이를 적는 일종의 연습장이다.

빠른 계산과 암산에 익숙한 학생일수록 풀이 노트를 사용하는 것을 소홀히 한다. 그냥 문제집의 여백에 중요한 식만 간단히 쓰면서 풀거나 암산으로 빨리 답을 내는 것이 더 낫다는 생각에서이다. 그러나 풀이 노트를 쓰지 않는 학생들은 문제가 틀렸을 때, 그 원인이 개념 오해인지 아니면 풀이 과정에서의 실수인지도 잘 찾지 못한다. 원인 규명이 되지 못했기 때문에 정정이 불가능하고, 같은 문제를 반복적으로 틀리기 쉽다. 수학 문제를 푸는 목적이 개념 이해를 점검, 보완하고 응용하

는 훈련이라고 보았을 때 풀이 과정을 체크하기 위한 노트 사용은 필수
이다. 특히 학년이 올라갈수록 단순 계산에서 문제 이해와 논리적 수식
화로 수학의 무게 중심이 옮겨지므로 풀이 노트의 중요성은 더해진다.

그렇다면 풀이 노트를 어떻게 써야 할까? 첫째, 수학의 풀이 과정은
주로 위에서 아래로 전개되기 때문에 풀이 노트를 2~3등분하여 사용
하고, 풀이 과정의 점검이 용이하도록 상단에 교재와 페이지, 문항 번
호, 일자 등을 기재한다. 그리고 문제를 풀 때는 서술형 답안을 작성한
다고 생각하고 논리적 전개에 맞추어 쓰도록 한다. 사소한 계산까지 순
서대로 다 적도록 하는 습관을 들여야 한다. 문제 풀이의 모든 과정을
적어야 틀렸을 때, 후에 어느 부분에서 오류가 있었는지를 정확히 확인
할 수가 있다.

풀이 노트에 수식을 세우는 데 집중한 나머지 수식의 전제와 조건
을 생략하는 경우가 없도록 아이들에게 주의를 주어야 한다. 간단한 방
정식 문제로 예를 들어 설명하겠다. "철수는 1,000원을 가지고 200원
짜리 사과와 100원짜리 사탕을 몇 개씩 샀다. 철수가 산 사과의 개수는
사탕의 개수의 2배이다. 이때 사탕의 개수를 구하라."라는 문제를 보면
많은 아이들이 바로 '200$\times$ +100y = 1,000, 2x = y' 라고 적는다. 이 수식
화는 맞았지만, '사과의 개수를 x, 사탕의 개수를 y로 정의한다.'는 조건
을 수식 전개 과정을 생략하였다. 문자식을 만들 때, 이렇게 조건들을
쓰는 것을 습관화해야만 이후 복잡한 식을 세울 때, 그에 맞는 치밀한
전개 과정을 유도해 낼 수 있다.

마지막으로 틀린 문제는 풀이 노트상에 다른 색의 펜으로 오류의

원인을 기록하고 바로 정정한다. 수학의 실력은 틀린 문제의 점검과 반복을 통해서 상승한다. 그리고 우리는 중·하위권 학생들에게는 오답 노트를 추천하지 않는다. 틀린 문제가 너무 많아서 풀이 노트 외에 또 다른 오답 노트를 만들고 유지하는 비효율이 크기 때문이다. 수학의 틀이 잡힌 중·상위권을 제외하고는 오답 노트를 대신해서 풀이 노트상에서 오류를 찾고, 개념을 점검하는 것도 좋은 방법이다.

 풀이 노트의 작성

풀이 노트 작성 사례

풀이 노트 작성 기준

① 가능한 모든 풀이는 정해진 노트(연습장)에 기재한다.

② 문제의 출처와 일시를 적어 재점검이 가능하도록 유지한다.

③ 노트를 2, 3등분으로 접고, 서술형 답안을 작성한다는 생각으로 풀이한다.

④ 문제 풀이에 필요한 전제와 조건, 계산 과정은 빠짐없이 작성하도록 한다.

⑤ 틀린 문제는 오답 노트로 정리할 수 있도록 별도 표시와 문제점을 기재한다.

오답 노트로 빠진
고리를 연결하기

상위 학년에서 배우는 수학들은 모두 순차적인 위계에 맞추어 쌓아 올린 일종의 종합체이다. 그래서 이전 학년에서 개념 공백이 있거나 충분한 이해 없이 지나쳐 왔다면, '리비히의 최소량의 법칙' 또는 '약한 고리 이론'처럼 연속된 체계에서 하나의 개념이 부실하면 나머지가 아무리 견고해도 약한 개념 하나에 전체의 경쟁력이 결정되는 것과 같다.

따라서 역전을 부르는 수학 학습법에 마지막으로 필요한 것은 개념상의 빠진 고리를 연결하는 것이다. 그리고 이 연결은 오답 노트를 활용하는 것이 가장 좋다. 주변에는 개념 노트와 풀이 노트는 안 쓰더라도 오답 노트를 쓰는 학생은 제법 있다. 정답보다 오답이 중요하다는 것은 귀가 따갑도록 들어서이다. 그러나 오답 노트는 앞에서 제시한 개념 노트와 풀이 노트가 있어야만 의미를 가질 수 있다는 사실은 잘 모르는 것 같다.

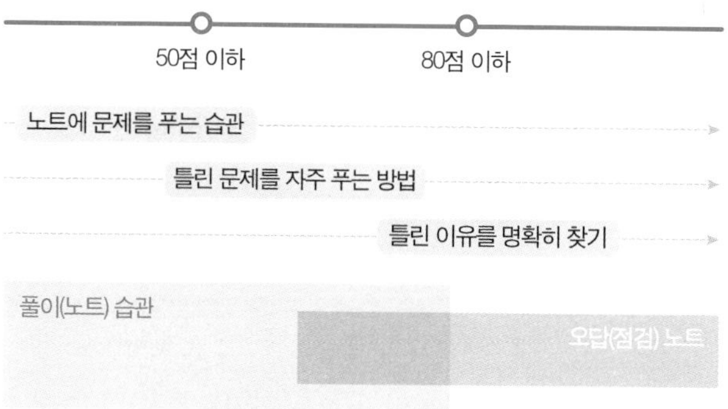

먼저, 오답 노트는 틀린 문제를 모두 적는 노트가 아니다. 또 위 그림에서 볼 수 있는 것처럼 오답 노트는 모든 학생이 작성해야만 하는 필수도 아니다. 풀이 노트를 사용하는 습관을 갖고, 틀린 문제의 이유를 찾아 개념까지 보완한다면 따로 오답 노트 형식을 지키지 않아도 반드시 수학 성적은 오른다. 즉, 틀린 문제를 중점적으로 점검하는 수단이 반드시 오답노트일 필요는 없는 것이다. 중·하위권 학생들은 푸는 문제의 상당수가 틀리는데 그것들을 오답 노트에 옮겨 적으려고 하니, 너무 힘들고 시간이 많이 소요되어 내팽개치기 때문이다. 따라서 이들 학생들은 오답 노트를 따로 관리하기보다는 풀이 노트에 오답 원인을 정리하고 이를 활용하여 반복 훈련을 하는 것이 훨씬 낫다.

그리고 아이들은 단순한 계산 실수로 수학 문제를 틀리기도 한다. 이 경우까지 오답 노트에 적는 것은 시간 낭비이고, 풀이 노트 습관을 통해 실수를 줄이는 노력을 해야 한다. 반면에 개념 자체를 몰라서 많은 문제가 틀릴 때에는 오답 노트가 아닌, 개념 노트로 돌아가 이해 중심의 공부를 다시 해야 한다. 즉, 오답 노트는 중·상위권 이상의 학생들이 30% 이내로 문제가 틀렸을 때, 유사한 원인과 유형을 한 노트에 정리함으로써 반복 훈련을 보다 효과적으로 할 수 있게 하는 수단이다. 그리고 오답 노트가 활용되기 위해서는 반드시 풀이 노트와 개념 노트가 함께 해야 한다.

　　오답 노트 작성 시에는 다음의 원칙을 지키도록 한다. 첫째, 오답 노트 작성에 많은 시간을 할애하면 안 된다. 따라서 단순 실수 문제는 점검만 하고 오답 노트에는 기재하지 않는다. 또 비슷한 유형의 여러 문제를 틀렸을 경우에는 그 중에 대표적인 문제만 적도록 한다. 둘째, 오답 노트에 정리할 때에는 풀이 과정뿐만 아니라 틀린 문항 전체를 모두 적도록 한다. 이렇게 해야 오답 노트만 가지고도 반복해서 재검토가 가능하고, 되새김의 시간을 가질 수 있어서 깊이 있는 문제 이해에도 도움이 된다. 셋째, 개념의 공백 부분은 반드시 별도의 표시를 하고 집중적으로 정리해야 한다. 예를 들어 문제 해결의 방법이 떠오르지 않아 틀렸던 문제의 키포인트(Key Point)가 '두수의 곱은 최대공약수와 최소공배수의 곱과 같다.'는 개념이었다면 오답 노트에 이와 관련한 부족한 개념을 비교적 상세히 적고 문제에 자유롭게 적용될 수 있도록 반복해서 보는 것이 좋다. 그리고 오답과 관련한 개념을 계속 반영할 수 있도록 오답 노트에는 가급적 한 페이지에 한 문제만을 기재한다.

　　수학 상위권 학생들은 시험 직전에 새로운 문제에 도전하거나, 개념서를 펼쳐들고 공부하지 않는다. 자신이 배운 수학 개념이 집대성된

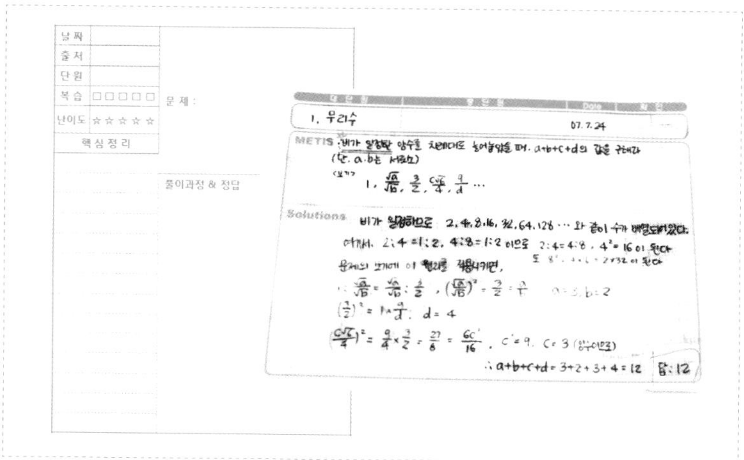

▲ 오답 노트의 작성 사례

개념 노트와 자신의 약점이 너무나 잘 정리된 오답 노트를 가지고 최종 점검을 마친다. 이 영리한 공부법은 상위권에만 적용될 수 있는 것이 아니다. 평소부터 개념 노트와 풀이 노트를 관리하는 습관을 들이고, 적절한 수준에서 오답 노트까지 만들 수 있는 내공이 쌓이면 누구나 가능한 공부법이고, 지금껏 부러워만 했던 수학꾼들 틈에 합류할 수도 있다.

수학에 대한 공포를 극복하라

우리는 이 장에서 수학을 포기하였거나, 해야만 할 것 같은 아이들의 유형을 다루었다. 대안을 효과적으로 제시하기 위해 세 가지의 유형으로 나누는 형식을 취하였지만, 근본적으로 아이들이 수학을 어려워하는 이유에는 공통적으로 자신감 부족이 있다. 수학 공부를 시작하기도 전에 심리적으로 위축되어 자신의 능력을 제한하고 있는 것이다. 수학에 대한 올바른 이해와 세부적인 학습법의 교정 가이드를 제공했지만, 결국 수학을 극복할 수 있는 힘은 높은 자존감, 즉 자기에 대한 확신과 긍정적인 사고방식에 있다. 그리고 세 가지 노트법을 비롯해 우리 코칭맘스쿨이 제시하는 학습법들은 수학 공부를 주도하겠다는 자존감 높은 아이들만이 따를 수 있는 방법이기도 하다.

이 장을 마무리하면서 이것만큼은 엄마들에게 꼭 강조하고 싶다. 수학은 잘할 수 있다는 믿음에서 좋은 성적이 나온다는 점이다. 절대로 우리 아이들이 머리가 나빠서 또 게을러서 수학을 못하는 것이 아니다. 수학이 무엇인지 잘 몰랐기 때문이고, 학습법이 올바르지 않았기 때문이다. 그러므로 우리가 제시한 올바른 지도법만 성실하게 따라온다면 학원, 과외의 도움 없이도 수학에 성공할 수 있다는 믿음을 자녀들에게 꼭 나누어 주었으면 한다.

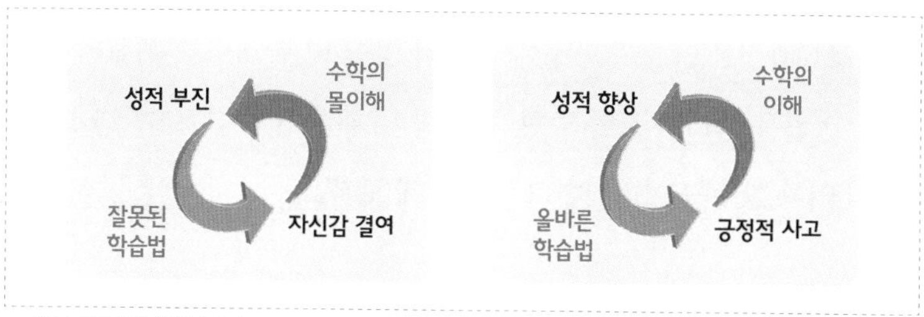

▲ 수학 공부의 순환 구조

'수학교육과정표'를 통한 개념 공백 메우기

수학 공부법 중 앞에서 제시한 세 가지 노트를 활용한 수학 공부법 외에 엄마들에게 '수학교육과정표'를 자녀교육에 사용할 것을 권한다. '수학교육과정표'란 교육과정에 맞추어 영역 및 단계별로 핵심적인 개념 및 단원을 정리한 표를 말한다. 가령 내 아이가 중학교 3학년 1학기 4단원 이차 함수를 어려워한다고 가정해 보자.

수학 교육과정(초등학교)

영역	초등학교		
	1학년	2학년	3학년
수와 연산	· 100까지의 수 · 간단한 수의 덧셈과 뺄셈 · 두자리 수의 덧셈과 뺄셈	· 1000까지의 수 · 두자리 수의 덧셈과 뺄셈 · 세자리 수의 덧셈과 뺄셈 · 곱셈 · 분수의 이해	· 10000까지의 수 · 네자리 수의 덧셈과 뺄셈 · 곱셈 · 나눗셈 · 분수 · 소수의 이해

이는 이차함수의 전 단계인 '이차식'에 대한 이해가 부족하거나, 중학교 1, 2학년 과정인 '일차함수와 함수의 이해'가 잘못되어 있는 경우가 대부분이다.

이와 같이 개념이 부족한 부분을 찾아서 보완할 수 있도록 지침이 되는 자료가 바로 다음의 '수학교육과정표'라고 하겠다.

초등학교		
4학년	5학년	6학년
1-I. 큰수	1-I. 배수와 약수	1-I. 분수의 나눗셈
1-II. 곱셈과 나눗셈	1-III. 약분과 통분	1-II. 소수의 나눗셈
1-V. 혼합계산	1-V. 분수의 덧셈과 뺄셈	2-I. 분수의 나눗셈
1-VI. 분수	1-VII. 분수의 곱셈	2-III. 소수의 나눗셈
1-VII. 소수	2-I. 소수의 곱셈	2-V. 분수와 소수의 계산
2-I. 분수의 덧셈과 뺄셈	2-II. 분수의 나눗셈	· 분수의 나눗셈
2-II. 소수의 덧셈과 뺄셈	2-IV. 소수의 나눗셈	· 소수의 나눗셈
· 다섯자리 이상의 수	· 약수와 배수	· 분수와 소수의 혼합 계산
· 자연수의 사칙계산	· 약분과 통분	
· 여러 가지 분수	· 소수와 분수	
· 분모가 같은 분수의 덧셈과 뺄셈	· 분모가 다른 분수의 덧셈과 뺄셈	
· 소수	· 분수의 곱셈과 나눗셈	
· 소수의 덧셈과 뺄셈	· 소수의 곱셈과 나눗셈	

영역	초등학교		
	1학년	2학년	3학년
도형	· 입체도형의 모양 · 평면도형의 모양	· 기본적인 평면도형 · 입체도형의 구성	· 각과 평면도형 · 평면도형의 이동 · 원의 구성요소
측정	· 양의 비교 · 시각 읽기	· 시각과 시간 · 길이 · 측정값 나타내기	· 시간 · 길이 · 들이 · 무게
확률과 통계	· 한 가지 기준으로 사물 분류하기	· 표와 그래프 만들기	· 자료의 정리, 자료의 특성 (막대 그래프, 간단한 그림 그래프)
규칙성과 문제해결	· 규칙적인 배열에서 규칙 찾기 · 자신이 정한 규칙에 따라 배열하기 · 100까지의 수배열표에서 규칙 찾고 말하기 · □를 사용한 식 · 실제로 해 보기, 그림 그리기, 식 만들기 등으로 문제를 해결하기	· 다양한 변화의 규칙 찾기 · 수 배열에서 규칙 찾고, 규칙에 따라 수 배열하기 · 곱셈 표에서 여러 가지 규칙 찾기 · 미지수 구하기 · 식 만들기 · 규칙 찾기, 거꾸로 풀기 등으로 문제를 해결하기	· 규칙에 따라 여러 가지 무늬 꾸미기 · 표 만들기, 예상과 확인 등으로 문제를 해결하기

초등학교		
4학년	5학년	6학년
1–IV. 삼각형 2–III. 수직과 평행 2–IV. 사각형과 다각형 · 각과 여러 가지 삼각형 · 다각형의 이해	1–II. 무늬 만들기 1–IV. 직육면체 2–III. 도형의 합동 2–V. 도형의 대칭 · 직육면체와 정육면체의 성질 · 합동 · 대칭	1–III. 각기둥의 각뿔 1–IV. 여러 가지 입체 도형 2–II. 입체도형 2–IV. 원과 원기둥 · 각기둥과 각뿔의 성질 · 원기둥과 원뿔의 성질 · 여러 가지 입체 도형
1–III. 각도 2–V. 평면도형의 둘레와 넓이 2–VI. 어림하기 · 각도 · 평면도형의 둘레 · 직사각형과 정사각형의 넓이 · 어림하기(반올림, 올림, 버림) · 수의 범위(이상, 이하, 초과, 　미만)	1–VI 평면도형의 둘레와 넓이 2–VI. 넓이와 무게 · 평면도형의 넓이 · 무게와 넓이의 여러 가지 단위	1–V. 원주율과 원의 넓이 · 원주율과 원의 넓이 · 겉넓이와 부피 · 원기둥의 겉넓이와 부피
2–VII. 꺾은 선 그래프 · 꺾은 선 그래프 · 자료를 목적에 맞 는그래프로 　나타내기	2–VII. 자료의 표현 · 줄기와 잎 그림, 그림 그래프 · 평균	1–VI. 비율 그래프 2–VI. 경우의 수 · 비율 그래프(띠 그래프, 　원 그래프) · 경우의 수와 확률
1–VIII. 규칙 찾기와 무늬 만들기 2–VIII. 규칙 찾고 문제해결하기 · 다양한 변화 규칙을 수로 　나타내고 설명하기 · 규칙을 추측하고 말이나 글로 　표현하기 · 규칙적인 무늬 만들기 · 규칙과 대응 · 단순화 하기, 논리적 추론 　등으로 문제를 해결하기 · 문제 해결 과정 설명하기	1–VIII. 문제푸는 방법 찾기 2–VIII. 문제푸는 방법 찾기 · 비와 비율 · 하나의 문제를 여러 가지 　방법으로 해결하기 · 주어진 문제에서 필요 없는 　정보, 부족한 정보 찾기 · 문제 해결의 타당성 검토하기	1–VII. 비례식 1–VIII. 연비와 비례 배분 2–VII. 연비 2–VIII. 문제 푸는 방법 찾기 · 방정식 · 비례식 · 연비와 비례 배분 · 정비례와 반비례 · 문제 해결 방법 비교하기 · 문제의 조건을 바꾸어 새로운 　문제 만들기 · 문제 해결 과정의 타당성 검토 　하기

수학과 교육과정(중학교~고등학교 1학년)

영역	중학교	
	1학년	2학년
수 와 연 산	1-I. 집합과 자연수 · 집합의 뜻과 표현, 포함 관계 · 집합의 연산, 소인수 분해 · 최대 공약수와 최소 공배수 · 십진법과 이진법 1-II. 정수와 유리수 · 정수의 뜻과 대소 관계 · 정수의 사칙 연산 · 유리수의 뜻과 대소 관계 · 유리수의 사칙 연산	1-I. 유리수와 근사값 · 유리수와 소수 · 유리수와 순환 소수 · 근사값과 오차 · 근사값의 표현
문 자 와 식	1-III. 문자와 식 · 문자의 사용 · 식의 값 · 일차식과 그 계산 · 일차방정식과 그 해 · 일차방정식의 풀이 · 일차방정식의 활용	1-II. 식의 계산 · 지수 법칙 · 단항식의 곱셈과 나눗셈 · 다항식의 계산 · 곱셈 공식 · 등식의 변형 1-III. 방정식과 부등식 · 미지수가 2개인 일차방정식과 연립 방정식 · 연립방정식의 풀이와 활용 · 부등식과 그 해와 성질 · 일차부등식의 풀이 · 연립일차부등식의 풀이 · 부등식의 활용
함 수	1-IV. 함수 · 함수 · 순서쌍과 좌표 · 함수의 그래프 · 함수의 활용	1-IV. 일차함수 · 일차함수의 뜻 · 일차함수의 그래프 · 일차함수와 일차방정식 · 연립일차방정식과 그래프 · 일차함수의 활용

중학교	고등학교
3학년	1학년
1–I. 실수와 그 계산 · 제곱근의 뜻과 성질 · 무리수의 개념과 실수 · 수직선에서 실수의 대소 관계 · 근호를 포함한 식의 사칙 계산	I. 집합과 명제 · 집합의 연산 법칙 · 명제와 조건 · 명제의 역, 이, 대우 · 필요조건과 충분 조건 II. 실수와 복소수 · 실수의 연산 · 실수의 대소 관계 · 복소수 · 복소수의 연산
1–II. 문자와 식 · 다항식의 곱셈 · 인수분해 1–III. 이차 방정식 · 이차방정식과 그 해 · 이차방정식의 활용	III. 식의 계산 · 다항식과 사칙 연산 · 항등식과 미정계수법 · 나머지 정리와 인수 정리 · 인수 분해 · 다항식의 약수와 배수 · 유리식의 계산, 무리식의 계산 IV. 방정식과 부등식 · 이차방정식의 근의 판별 · 이차방정식의 근과 계수의 관계 · 삼차방정식과 사차방정식 · 연립방정식 · 부등식의 성질 · 이차부등식과 연립부등식 · 절대부등식의 증명 V. 도형의 방정식
1–IV. 이차함수 · 이차함수의 뜻 · 이차함수와 그래프 · 이차함수의 성질	VI. 함수 · 함수의 그래프 · 일대일 함수와 일대일 대응 · 이차함수의 최대, 최소 · 이차함수의 그래프와 직선의 위치 관계 · 이차함수와 이차방정식, 이차부등식의 관계 · 유리함수와 그래프, 무리함수와 그래프

영역	중학교	
	1학년	2학년
함 수		
확 률 과 통 계	2- Ⅴ. 통계 · 도수 분포표 · 히스토그램과 도수 분포 다각형 · 상대 도수 · 누적 도수	2- Ⅴ. 확률 · 경우의 수 · 확률의 뜻 · 확률의 성질 · 확률의 계산
기 하	2- Ⅵ. 도형의 기초 · 점, 선, 면, 각 · 평행선의 성질 · 위치 관계 · 간단한 도형의 작도 · 삼각형의 작도와 결정 조건 · 삼각형의 합동 2- Ⅶ. 평면 도형 · 다각형의 성질 · 원과 부채꼴 · 부채꼴의 호의 길이와 넓이 · 원의 위치 관계 2- Ⅷ. 입체 도형 · 다면체 회전체 · 기둥의 겉넓이와 부피 · 뿔의 겉넓이와 부피 · 구의 겉넓이와 부피	2- Ⅵ. 도형의 성질 · 명제 · 이등변 삼각형의 성질 · 직각 삼각형의 합동 · 삼각형의 외심과 내심 · 평행사변형 · 여러 가지 사각형 2- Ⅶ. 도형의 닮음 · 도형의 닮음 · 삼각형의 닮음 조건 · 삼각형과 평행선 · 평행선 사이의 선분의 길이의 비 · 삼각형의 중점 연결 정리와 무게 중심 · 닮은 도형의 넓이와 부피

중학교	고등학교
3학년	1학년
	VII. 삼각 함수 · 일반각과 호도법, 삼각함수와 그 성질 · 삼각 함수의 그래프, 삼각 방정식과 삼각 부등식 · 사인 법칙과 코사인 법칙, 삼각형의 넓이
2-V. 통계 · 상관도와 상관 관계 · 중앙값, 최빈값, 평균 · 분산, 표준편차	VIII. 순열과 조합 · 경우의 수 · 합의 법칙, 곱의 법칙 · 순열 · 조합
2-VI. 피타고라스의 정리 · 피타고라스의 정리 · 피타고라스의 정리의 활용 2-VII. 원의 성질 · 원과 직선(현과 접선) · 원주각 · 원과 사각형 · 원과 비례 2-VIII. 삼각비 · 삼각비 · 삼각비의 활용	V. 도형의 방정식 [주] · 두점사이의 거리 · 선분의 내분과 외분 · 직선의 방정식 · 두직선의 평행과 수직 · 점과 직선 사이의 거리 · 원의 방정식 · 원과 직선의 위치 관계 · 평행 이동 · 대칭 이동 · 부등식의 영역 · 부등식의 영역에서의 최대, 최소

*주 : 고등학교 1학년 'V. 도형의 방정식'은 교육부 고시 교육과정상으로는 기하 영역 안에 포함되지만 실제로 중학교 과정의 기하 영역과의 연결성은 거의 없으며, 오히려 문자와 식(방정식) 영역과 연관성이 높음.